Entscheidungen

des

Ober-Seeamts und der Seeämter

des

Deutschen Reichs.

Herausgegeben

im

Reichsamt des Innern.

Zwölfter Band.

Heft 3.

Hamburg.

Druck und Verlag von L. Friederichsen & Co.

1898.

Inhalt.

(Fortsetzung folgt auf der dritten Seite des Umschlags).

51. Spruch des Seeamts zu Lübeck vom 12. März 1897, betreffend den Seeunfall des Schraubendampfers „Helix" von Lübeck.

Der Spruch des Seeamts lautet:

Der Untergang des Schraubendampfers „Helix" ist durch schweren Eisdruck verursacht. Den Führer des Dampfers trifft kein Vorwurf.

Gründe. Der in Lübeck beheimathete eiserne Schraubendampfer „Helix", — Unterscheidungs-Signal PBDL, 1857 erbaut, vermessen zu 1514,1 cbm Brutto- und 922,8 cbm = 325,74 britischen Register-Tons Netto-Raumgehalt, der Firma Wm. Minlos in Lübeck gehörig — trat am 9. Februar 1897 unter Führung des Schiffers Schultz mit 15 Mann Besatzung und einer aus Baumwolle, Lumpen und Stückgütern bestehenden Ladung eine Reise nach Reval an. Das Schiff lag hinten 11 Fuß 6 Zoll, vorne 7 Fuß tief. Es war gelindes Frostwetter. Das Schiff traf bis Slite auf Gothland kein die Fahrt wesentlich hinderndes Eis. Es lief am 12. Februar Slite an, von wo aus der Schiffer telegraphisch in Reval wegen der dortigen Eisverhältnisse anfragte. Es traf die Antwort ein: „Ein Dampfer angekommen, fünf ausgegangen heute, Baltischport ganz eisfrei, Reval kurze Strecke Eisdecke. Witterung günstig, milde". Nachdem dann der Schiffer telegraphisch um Entgegensendung eines Revaler Eisbrechers ersucht hatte, setzte er am selben Tage abends 7 Uhr 30 Minuten die Reise fort. Am 13. Februar mittags 12 Uhr wurde Dagö passirt. Bis dahin war die Fahrt durch Eis nicht behindert. Von Dagö bis Odensholm war dünnes Schlammeis, dann kam Treibeis in Sicht. Das Schiff steuerte, das Eis umgehend, in offenes Wasser. Um 6 Uhr kam der Eisbrecher „Reval" der „Helix" entgegen. Dessen Führer theilte dem Schiffer Schultz mit, daß bis Packerort offenes Wasser, dann aber bis Reval mehr Treibeis sei. „Helix" dampfte bis Packerort weiter, während der Eisbrecher zurückblieb, um die Dampfer „Elbe" und „Vesta", welche etwa 5 Seemeilen hinter „Helix" waren, abzuwarten. Bei Packerort holte der Eisbrecher, in dessen Begleitung sich nun die Dampfer „Elbe" und „Vesta" befanden „Helix" ein. Da dort Treibeis angetroffen wurde, setzte sich der Eisbrecher an die Spitze; „Helix", „Elbe" und „Vesta" folgten ihm in der Eisbrecherrinne. Das Eis nahm an Stärke bedeutend zu, sodaß die Schiffe wenig vorwärts kamen. Der Eisbrecher und die drei Dampfer arbeiteten die ganze Nacht im Eise, ohne nennenswerthe Fortschritte zu machen. Am 14. Februar Morgens nahm der Eisbrecher erst „Helix“ und dann „Elbe“ ins Schlepptau; es gelang ihm aber in dem Eise, das etwa 12 Fuß über einander geschoben war, nur wenig weiter zu kommen. Es wehte aus NNO, zunächst flau. Gegen Abend nahm der Wind fortwährend an Stärke zu, sodaß die Eismassen auf die Küste zu trieben. Das Eis war jetzt stellenweise mehr als 20 Fuß übereinander geschoben. Es war 15 Grad Reaumur kalt. Der Eisbrecher versuchte, indem er nach Norden zu arbeitete, die Schiffe vom Lande abzuhalten. Um 5 Uhr fing das Eis an stärker gegen die Backbordseite der „Helix“ zu schrauben, sodaß an dieser Seite des Schiffes die Platten in einer Länge von etwa 20 Fuß eingebeult wurden; das Schiff blieb aber noch dicht. Der Eisbrecher wurde durch das Schrauben des Eises 4 Fuß hoch gehoben. Nachdem die Bewegung des Eises etwa eine Stunde lang nachgelassen hatte, begann das Eis wieder gewaltig zu pressen. Dadurch entstand an Steuerbordseite der „Helix“ im Achterraum ein etwa 12 Fuß langes Leck in der Wasserlinie. Die Pumpen wurden sofort in Thätigkeit gesetzt; ein Theil der Ladung wurde über Bord geworfen, um das Leck über Wasser zu bringen. Das Schiff sank jedoch schnell hinten weg. Jetzt verließ die Besatzung, als letzter der Schiffer Schultz, das Schiff und rettete sich in eins der vorher losgemachten Boote. Nach etwa 2 Minuten versank das Schiff auf 30 Faden Wassertiefe, 7 Seemeilen nordöstlich von Packerort. Die Besatzung begab sich auf die in unmittelbarer Nähe der Unfallstelle liegenden Dampfer „Elbe“ und „Vesta“. Dort blieb sie bis zum 16. Februar Morgens und ging dann über das inzwischen fest zusammengefrorene Eis nach dem 5 Seemeilen entfernt gelegenen Orte Laggossal, von wo sie nach Reval fuhr.

Es ist zweifellos, daß das Schiff durch den starken Eisdruck leck geworden und in Folge dessen gesunken ist. Den Schiffer trifft kein Vorwurf. Das Schiff war zwar 40 Jahre alt, aber es war besonders stark gebaut, stärker als Schiffe gleicher Größe jetzt gebaut zu werden pflegen, und in einem durchaus seetüchtigen Zustande. Es ist zuletzt im Frühjahr 1896 auf der Kochschen Schiffswerft in Lübeck einer Reparatur unterzogen. Das Schiff hatte sich bisher auch im Eise stets bewährt und es war deshalb für den Schiffer unbedenklich, am 9. Februar die Reise nach Reval zu unternehmen. Reval war freilich nach den Eisberichten geschlossen, Libau aber war erreichbar; hier konnte der „Helix“ anlaufen, wenn Reval nicht inzwischen frei wurde. Der Schiffer lief vorsichtshalber Slite auf Gothland an und setzte erst die Reise fort, nachdem er günstige Auskunft über die Revaler Eisverhältnisse erhalten und die Entgegensendung eines Revaler Eisbrechers beantragt hatte. Als bei Packerort das Eis stärker wurde, entschloß sich der Schiffer, Baltischport anzulaufen, wo er weniger Eis zu finden glaubte. Diese Absicht gab er aber auf, weil der Führer des Eisbrechers, den er aufforderte das Schiff nach Baltischport zu bringen, ihm versicherte, daß nur noch eine kurze Strecke dickes Eis sei und daß der Eisbrecher am selben Tage in wenigen Stunden die Reise von Reval bis Packerort gemacht habe. Der Unfall wäre auch höchst wahrscheinlich vermieden, wenn nicht in Folge des fortwährend an Stärke zunehmenden NNOWindes die Eismassen in starke Bewegung gesetzt und auf die Küste zugetrieben wären.

Das Verhalten des Schiffers bei und nach dem Unfalle war durchaus angemessen.

52. Spruch des Seeamts zu Flensburg vom 13. März 1897, betreffend den Seeunfall des Schraubendampfers „Heinrich Schuldt“ von Flensburg.

Der Spruch des Seeamts lautet:

Die Kohlengas-Explosion am 28. Februar 1896 auf dem Flensburger Dampfer „Heinrich Schuldt“ ist eine Folge der aus der Kohlenladung entwickelten Gase.

Die Ausrüstung des Schiffes war mangelhaft, weil die Laderäume nur je mit einem Ventilator versehen waren.

Gründe. Der Schraubendampfer „Heinrich Schuldt“, Heimathshafen Flensburg, Unterscheidungs-Signal LMGB, vermessen zu 1734,0 cbm = 612,11 britischen Register-Tons Netto-Raumgehalt, hat einen Vorder- und einen Hinter-Laderaum. Beide Räume sind mit je einem gewöhnlichen Ventilator von 9 Zoll Durchmesser unten und 16 Zoll Durchmesser im Munde ausgestattet. Im Vorderraum steht der Ventilator dicht hinter der Back, im Hinterladeraum zwischen Mast und Maschinenkammer. Hinter dem Hinterladeraum ist die Achterpiek; sie ist durch ein 2½ Zoll dickes hölzernes Schott von dem Laderaum getrennt.

Führer des Dampfers ist der Schiffer Jürgen Christensen aus Flensburg.

Am 27. Februar 1896 Nachmittags 5 Uhr war der Dampfer in Walsend bei Newcastle mit 1243 Tons Steinkohlen für Pillau beladen worden. Die Kohlen waren trocken ins Schiff gekommen. Nachdem man sämmtliche Luken mit Persennings bedeckt und gehörig verschalkt hatte, verließ das Schiff um 5 Uhr 30 Minuten Nachmittags den Ladeplatz und dampfte die Tyne hinunter. Um 6 Uhr hatte man die Tyne-Mündung und damit die offene See erreicht. Bei frischem nordwestlichen Winde und mit offenen Ventilatoren, aber dicht geschlossenen Luken ging anfangs die Reise gut von Statten.

Um 6 Uhr am andern Morgen wurden Segel gesetzt. Nachdem dies geschehen wurde der Matrose Christiansen (Peter Rasmus Andreas Christiansen) aus Gjelsted auf Fühnen in die Achterpiek geschickt, um die dort liegende Schoote für das Achter-Schrotsegel herauszuholen. Der Matrose hob die Lucke zur Achterpiek ab und stieg dann auf einer Leiter hinunter. Er hatte schon die Schoote gefaßt und war im Begriff wieder an Deck zu gehen, als plötzlich eine Explosion erfolgte. Christiansen sah zunächst eine schwarze Wolke, hörte dann einen Knall und wurde gleichzeitig gegen das Achterschott geschleudert. Er verlor anfänglich die Besinnung, konnte sich jedoch alsbald wieder aufraffen. Am Gesicht und an den Händen arg verbrannt, aber mit unversehrten Kleidern, erreichte er das Deck. Es war mittlerweile 6 Uhr 40 Minuten morgens geworden. Die Achterluke war unter einem furchtbaren Getöse in die Luft geflogen. Aus dem Hinterladeraum erhob sich eine Feuersäule mit einer dichten Rauchwolke. Der Deckel von der Achterpiekluke war mit der in die Piek führenden Treppe in die Luft und dann über Bord geflogen. Das ganze Achterdeck war gehoben und zerrissen, der Achterbaum in zwei Stücke gebrochen.

Unter diesen Umständen beschloß der Schiffer umzukehren.

Nachdem man alle Luken geöffnet und eine Stunde lang mit der Dampfspritze Wasser in den Achterraum gepumpt hatte, verlor sich allmählich der aus der Achterluke aufsteigende Rauch. Mit forcirter Fahrt erreichte man Abends zwischen 9 und 10 Uhr die Tyne und vertäute etwas nach 10 Uhr das Schiff zwischen den Bojen von Shields. Eine nähere Untersuchung ergab, daß kein Feuer mehr in der Ladung vorhanden war, und daß es genügte, das Schiff hier provisorisch zu repariren, um die Reise wieder aufnehmen zu können. Nachdem das Schiff reparirt war, wurde die Reise am 3. März 1896 wieder aufgenommen. Am 8. März wurde der Bestimmungsort ohne weiteren Unfall erreicht. Die in Pillau gelöschten Kohlen zeigten keine Spuren davon, daß Feuer in der Ladung gewesen sei.

Der Matrose Christiansen hatte in Shields zurückgelassen werden müssen. Er ist hier 34 Tage lang im Krankenhause in ärztlicher Behandlung gewesen und dann als geheilt entlassen.

In seiner Vernehmung vor dem Seeamt hat er unter Eid aufs Bestimmteste ausgesagt, daß er beim Verweilen in der Achterpiek kein Licht oder Feuer angemacht habe. Die Aussage wird bestätigt durch die Aussage des Kochs Reese. Dieser sagt, Christiansen habe, als er ihn bald nach der Explosion entkleidete, auf die Frage, ob er in der Achterpiek Licht angemacht, verneinend geantwortet und seien bei Durchsuchung seiner Kleider keine Zündhölzer darin zu finden gewesen. Die Aussage des Christiansen wird auch bestätigt durch den ersten Steuermann. Nach dessen Angabe hatte nämlich Christiansen, als er vorher aus dem Vorderkabelgatt die Schooten für die Vordersegel holte, dazu die Lampe aus dem Volkslogis genommen, die Lampe aber wieder an ihren Platz gestellt, bevor er nach der Achterpiek ging.

Die Schoote, welche Christiansen aus der Achterpiek holen sollte, war an dem einen Ende mit einer sogenannten Teufelsklaue, am andern Ende mit einem einfachen eisernen Haken versehen.

Zwei Kohlenreste, welche den Schiffsräumen entnommen wurden, ein Rest aus dem Vorderraum und der andere aus dem Hinterraum, sind der Königlichen chemisch-technischen Versuchsanstalt in Berlin zur Untersuchung auf ihre Gashaltigkeit übersandt worden. Die Anstalt hat dem Seeamt mitgetheilt, daß die Untersuchung folgende Resultate ergeben habe:

Bezeichnung der Proben.	„I. Vorderraum."	„II. Achterraum."
1 kg der Kohlen geben, wenn sie 1 Stunde und 10 Minuten im luftleeren Raum auf 33° C. erwärmt werden	204,43 ccm Gas bei 0° C. und 760 mm Druck	250,34 ccm Gas bei 0° C. und 760 mm Druck.
Durch starkes Erhitzen der Kohlen bei Luftabschluß entweichen	28,2 %	30,4 %.
Wassergehalt der lufttrockenen Kohlen durch Trocknen bei 105° bestimmt	2,00 %	2,53 %.
Schwefelgehalt der lufttrockenen Kohlen	0,69 %	0,76 %.

Ueber die Entstehung der Explosion ist der Marine-Bauinspektor Uthemann in Kiel als Sachverständiger vernommen worden. Seine Ansichten hat der Sachverständige in dem auf Seite 326 abgedruckten Gutachten niedergelegt.

Dazu hat der Reichscommissar Folgendes an- und ausgeführt:

Daß die Gase nicht aus den Laderäumen entweichen konnten, sei darauf zurückzuführen, daß jeder Laderaum nur einen Ventilator hatte. Das die Achterpiek von dem Hinterladeraum trennende hölzerne Schott sei nicht einmal wasserdicht, geschweige denn luftdicht und demnach nicht im Stande gewesen, das Eindringen der Gase in die Achterpiek abzuhalten. Es gereicht dem Schiffer zum groben Verschulden, daß er ohne zwingenden Grund gleich nach der Beladung sämmtliche Luken habe verschalken lassen. Nach seiner Meinung könne das bloße Zuströmen atmosphärischer Luft keine Explosion bewirken. Es komme zur Frage, ob es nicht denkbar sei, daß bei fallendem Barometer und atmosphärischen Störungen, wenn die Luft mit Elektricität geladen sei, ein Ueberspringen der atmosphärischen Elektricität zu einem anderen elektrischen Heerde stattgefunden habe oder, was wahrscheinlicher, ob nicht beim Herausholen der Schoote aus der Piek in Folge des Reibens von Eisen auf Eisen ein Funke entstanden sei, welcher die Explosion verursacht habe. Vom Reichsamt des Innern sei eine Broschüre herausgegeben, betitelt:

„Darstellung der mit Steinkohlenladungen in Schiffen verbundenen Gefahren und der Mittel zu deren Verhütung."

Empfehlenswerth sei es, daß sich dieses Buch an Bord eines jeden mit Kohlen fahrenden Schiffes befinde und daß jedesmal bei Einnahme von Kohlenladungen der Schiffer an der Hand des Buches die Schiffsleute instruire. In wieder vorkommenden Fällen werde er gegen den Schiffer den Antrag auf Patententziehung stellen, sobald eine Unachtsamkeit des Schiffers hinsichtlich der ihm bekannten Maßregeln zur Abwendung von Gasexplosionen vorliegen sollte.

In Uebereinstimmung mit dem Gutachten des Sachverständigen nimmt das Seeamt an, daß eine Selbstentzündung der Kohlen nicht vorgelegen hat. Dagegen spricht zunächst, daß bereits nach einer Stunde der Rauch aufhörte, dann aber auch, daß weder in Shields noch in Pillau Spuren davon vorhanden waren, daß Feuer in der Ladung gewesen sei.

Somit haben wir es nur mit einer Gasexplosion zu thun. Die im Hinterladeraum entwickelten Gase sind durch das hölzerne Schott in die Achterpiek gedrungen und haben sich hier angesammelt. Als nun der Matrose Christiansen in die Achterpiek hinunter stieg, war durch das Hinzutreten der atmosphärischen Luft die Voraussetzung einer Kohlengasexplosion gegeben.

Ob die atmosphärische Luft allein genügte, die Explosion herbeizuführen, kann das Seeamt nicht entscheiden. Das Gutachten des Sachverständigen, welches diese Frage verneint und Hinzutreten von Feuer verlangt, hat allerdings die Erfahrung für sich; in allen Fällen, wo das Seeamt mit Untersuchungen derart befaßt gewesen ist, erfolgte die Explosion allemal alsbald, nachdem Jemand in den Raum gestiegen war, und dies läßt immerhin darauf schließen, daß die Explosion mit einer Thätigkeit des Hineinsteigenden in Zusammenhang gestanden hat. Indeß stehen dem Gutachten des Sachverständigen in dieser Richtung so gewichtige andere Autoritäten gegenüber, daß für das Seeamt die Frage vorläufig eine offene bleiben muß.

Angesichts der beeidigten Aussage des Matrosen Christiansen kann sich das Seeamt nicht zu der Annahme verstehen, daß er dennoch Licht in der Achterpiek angemacht habe. Dahingegen erscheint die Möglichkeit, daß beim Hantiren der Schoote durch Schlagen von Eisen auf Eisen Funken entstanden sind, welche das Kohlengas zum Explodiren gebracht haben, nicht ausgeschlossen.

Auf alle Fälle ist die Explosion eine Folge der in der Kohlenladung entwickelten Gase. Daß diese Gase sich im Schiffe angesammelt haben, ist auf die mangelhafte Ventilation zurückzuführen. Ein Ventilator für jeden Laderaum genügt nicht, weil er beim Mangel jeglichen Zugwindes das Entweichen des Methan nicht befördert. Sollte die Verwendung eines zweiten Ventilators bei anderen Ladungen, z. B. bei Holzladungen nicht angängig sein, so werden sich bei dem jetzigen Stande der Technik unzweifelhaft leicht Vorkehrungen treffen lassen, welche ein zeitweiliges Wegnehmen des Ventilators gestatten.

Im Allgemeinen verdient ein eisernes Schott den Vorzug vor einem hölzernen. Es kann aber nicht gesagt werden, daß die Gase von dem Achterladeraum in die Achterpiek nicht eingedrungen wären, wenn diese Räume durch ein eisernes Schott von einander getrennt gewesen wären. Auch eiserne Schotten sind meist nicht so dicht, daß sie keine Gase durchlassen.

Um die Bildung von Kohlengasen thunlichst zu vermeiden, ist es allerdings rathsam, die Luken möglichst lange offen zu halten. Das

Seeamt kann gleichwohl dem Schiffer daraus keinen Vorwurf machen, daß er vor der Ausreise alles dicht machen ließ. Da er voraussetzte, daß er keine besonders gashaltigen Kohlen geladen hatte und es andrerseits bei der Jahreszeit — mitten im Winter — gerathen sein mochte, vor gänzlicher Dunkelheit und vor dem Eintritt in die offene See das Schiff dicht zu machen, so läßt sich die getroffene Maßregel immerhin rechtfertigen.

Gutachten
über eine
Kohlengasexplosion auf dem Dampfer „Heinrich Schuldt."

Kohlenschiffe können aus zwei völlig von einander verschiedenen Ursachen durch ihre Ladung gefährdet werden, und zwar erstens durch Explosionen, welche im Laderaum entstehen, ohne daß zuvor eine Erhitzung der Ladung stattgefunden hat und zweitens durch eine in Folge innerer Wärmeentwickelung auftretende Selbstentzündung der Ladung, wobei als Begleiterscheinung auch Explosionen stattfinden können. Das Auftreten von Explosionen, ohne daß die Kohlenladung vorher sich entzündet hat, wird durch leichte Kohlenwasserstoffe bedingt, welche beim Beladen des Schiffes oder bei heftigem Seegang sich aus den hierbei theilweise zerbröckelnden Kohlen ausscheiden. Diese Kohlenwasserstoffe, deren Hauptbestandtheil stets Methan (CH_4) ist, vermischen sich mit der im Laderaum befindlichen Luft und bilden im Verhältniß 1 : 5 bis 1 : 16, besonders aber 1 : 7 bis 1 : 9, mit dieser gemengt ein explosives Gemisch, welches auch bei der normalen Temperatur des Laderaums durch einen irgendwie in der Ladung entstehenden Funken entzündet werden und dann eine äußerst heftige Wirkung ausüben kann, namentlich wenn zwischen der Ladung sich viel Kohlenstaub befindet.[1])

Die Untersuchung der betreffenden Kohlen durch die Königliche chemisch-technische Versuchsanstalt zu Berlin hat ergeben, daß die Kohle des vorderen Laderaumes 28,2 %, die des Achterraumes 30,4 % flüchtige Bestandtheile enthalten. Die Steinkohlen werden nach dem Gehalt an vergasbaren Bestandtheilen wie folgt eingetheilt: (Vergl. Taschenbuch der Hütte 1896 Theil II Seite 449). Magere Anthracitkohle 5 bis 10 %, gasarme Sniterkohle 10 bis 15,5 %, gasarme

[1]) Zeitschrift des Vereins deutscher Ingenieure 1895 Seite 1120.

(alte) Backkohle 15,5 bis 33,3 %, gasreiche (junge) Backkohle 33,3 bis 40 %, gasreiche (junge) Sniterkohle 40 bis 44,4 % und gasreiche (junge) Sandkohle 44,4 bis 50 %. Zum vorliegenden Falle übergeheud gehört die Kohle der Ladung daher nicht zu den gasreichen; es waren aber alle Bedingungen erfüllt, um die Ansammlung eines explosiblen Gasgemisches zu begünstigen. Die Luken waren unmittelbar nach Beendigung der Kohlenübernahme geschlossen und gut verschalkt worden, jeder Kohlenraum hatte nur einen Ventilator, sodaß keine Tendenz vorhanden war, die aus den Kohlen entwickelten Kohlenwasserstoffe aus den Laderäumen abströmen zu lassen. Hierzu wäre außer dem Ventilator mindestens noch eine möglichst an der entgegensetzten Seite des Laderaumes angebrachte Abzugsöffnung erforderlich gewesen und der Ventilator hätte dann in den Wind gedreht werden müssen, um eine wirksame Oberflächenventilation in den Kohlenräumen zu erzielen. Es ist sogar wahrscheinlich, daß der vorhandene eine Ventilator das Entweichen des Methan aus dem Laderaume nicht nur nicht bewirkt, sondern im Gegentheil durch Zuführung von atmosphärischer Luft die Mischung der letzteren mit den Kohlenwasserstoffen beschleunigt hat. Sehr wahrscheinlich ist es ferner, daß die Kohlenwasserstoffe durch die Fugen des Holzschottes, welches den hinteren Kohlenladeraum von der Piek trennt, auch in letztere übergetreten sind und sich dort mit der atmosphärischen Luft gemischt haben. Da die Kohlenwasserstoffe leichter sind als die atmosphärische Luft (das spezifische Gewicht auf letztere bezogen beträgt 0,557), so sammeln sie sich an der höchsten Stelle des Raumes, also zwischen den Decksbalken an. Ein hölzernes Schott ist jedenfalls nicht als ein wasser- oder gar luftdichtes anzusehen, und die Ansammlung von Methan in der Piek steht außer Zweifel, weil anderen Falles in derselben keine Explosion von solcher Heftigkeit, daß Treppe und Lukendeckel über Bord geschleudert und der Matrose verbrannt und gegen das achtere Schott geworfen werden konnte, hätte stattfinden können. Die Heftigkeit der Explosion ist, wie bereits gesagt, abhängig von dem Mischungsverhältniß des Gases mit der Luft, nach den von Clerk [1]) mit Leuchtgas angestellten Versuchen ist sie bei der Mischung von 1 Th. Gas und 6 Th. Luft am größten und hat eine Druckwirkung von 6,12 kg p. qcm. Bei größerem und kleinerem Mischungsverhältniß nimmt die Druckwirkung ab.

Nach diesen Erörterungen über die vor der Gasexplosion auf Dampfer „Heinrich Schuldt" am Morgen des 28. Februar 1896 ob-

[1]) The Gas-Engine by Dugald Clerk, London 1886.

waltenden Verhältnisse bleibt zunächst die Frage zu beantworten, „ist eine Selbstentzündung von Kohlenwasserstoffen im reinen Zustande oder auch in der Mischung mit atmosphärischer Luft möglich". Die eingehendsten Versuche hierüber sind von den Bergbehörden verschiedener Länder angestellt worden, weil diese das lebhafteste Interesse an der Erkennung und Behebung der Ursachen sogenannter Schlagwetter haben.

Die französische Kommission der Explosivstoffe, am 12. Februar 1887 ernannt, hat die Ergebnisse ihrer Forschungen in den Annales des mines 8. Reihe Band XIV Seite 197 u. f. veröffentlicht „Mallard a le Châtelier. Entzündung von Luft und Grubengasgemengen". Es heißt daselbst: „Die brennbaren Mischungen von Kohlenwasserstoffgas und Luft sowie von Kohlenoxydgas und Luft brennen sofort, sobald man sie plötzlich auf ihre Entzündungstemperatur bringt; sie beträgt für das erstgenannte Gasgemenge 555°, für das zweite 655° C. Bringt man ein Gemenge von Grubengas (CH_4) und Luft auf die Temperatur von 650°, so entzündet es sich gleichfalls, aber nur am Ende eines genügend langen Zeitraumes, welcher etwa 10 Sekunden erreichen kann. Die Dauer dieser Verzögerung bei der Verbrennung nimmt übrigens naturgemäß in demselben Maße ab, wie die Temperatur, auf welche das Gasgemenge gebracht ist, mehr und mehr über 650° hinausgeht".

Die Versuche sollten namentlich Aufschluß geben über den Einfluß der Sprengarbeit auf die Schlagwetterexplosionen, und es heißt an einer anderen Stelle: „Sobald übrigens die Temperatur der Verbrennungsgase des Pulvers beträchtlich über 650° steigt, so erfolgt die Entzündung des Schlagwettergemisches unfehlbar, genau so wie durch die Berührung mit der Flamme eines Zündhölzchens".

Zu den gleichen Ergebnissen gelangte auch die englische Wetter-Kommission, deren bedeutendstes Mitglied F. Abel ist, sowie die von der preußischen Bergbauverwaltung angestellten Neunkirchener Versuche.

Da eine Temperatur-Erhöhung in den Schiffsräumen bis auf 650° vollständig ausgeschlossen ist, so kann von einer Selbstentzündung des Kohlengas- und Luftgemisches nicht wohl die Rede sein, es bleibt also nur die Annahme einer direkten Zündung desselben übrig; denn auch ein schnelles Zuströmen von atmosphärischer Luft ist nicht im Stande eine Zündung hervorzurufen. (Siehe das Gutachten des Dr. Broockmann, Vorsteher des berggewerkschaftlichen Laboratoriums zu Bochum auf Seite 331.)

Bei einer großen Zahl von Kohlengasexplosionen an Bord von Handels- und Kriegsschiffen ist denn auch die fahrlässige Benutzung von Licht 2c. nachgewiesen worden (ob hierüber für das Deutsche Reich gesetzliche Vorschriften bestehen, wie z. B. in England, habe ich nicht ermitteln können).

Ist die erste Explosion auf dem Dampfer „Heinrich Schuldt" daher in der Piek entstanden, was sich schwerlich ermitteln lassen dürfte, und hat sich dann auf den hinteren Laderaum fortgepflanzt, so ist nur direkte Zündung durch Flammen oder starke Funken (glimmende Cigarre, Funken vom Schornstein, Kurzschluß einer elektrischen Leitung, wenn solche vorhanden) anzunehmen.

Hat dagegen die Explosion im Kohlenladeraum selbst ihren Anfang genommen, so liegt die Möglichkeit einer Selbstentzündung der Kohlen vor, sei es durch Zersetzung des Schwefelkieses in den Kohlen oder durch starke Sauerstoffaufnahme der zerbröckelten Kohlen vielleicht an einer Stelle des Holzschottes, wo die Wärmeentziehung naturgemäß geringer sein muß, als an den Eisenwänden des Schiffs oder an der Oberfläche. Eine derartige Erhitzung bis zum Glühen einzelner Kohlentheilchen in so kurzer Zeit von rund 24 Stunden ist zwar ungewöhnlich, aber nicht ganz unmöglich. Die stattgehabten Explosionen würden alsdann sekundäre Erscheinungen der Selbstentzündung der Kohle sein. Befördert wird die Erhitzung nach Lewes (einem englischen Physiker, der sich eingehend mit dieser Frage beschäftigt hat), durch Anhäufung großer Kohlenmengen, durch hohe Lufttemperatur, wie sie in den Tropen herrscht, durch großen Feuchtigkeitsgehalt der Kohle, durch den Grad der Zerkleinerung (Staubkohle entzündet sich am leichtesten) und unter Umständen durch die Lüftung, denn diese ist nur dann wirksam, wenn man kalte Luft zuführt.

Ungewöhnlich bleibt bei der Annahme einer Selbstentzündung noch die Thatsache, daß das Feuer im hinteren Laderaum des Dampfers „Heinrich Schuldt" in etwa einer Stunde durch Zuführung von Wasser gelöscht werden konnte, daß sich bei der Revision in Shields keine Erhitzung der Kohlen mehr vorfand, daß der vordere Laderaum ganz verschont blieb, und daß das Schiff eine 9tägige Reise mit derselben Kohlenladung ohne irgend welche weiteren Vorkommnisse zurücklegen konnte.

Ein Mangel der Schiffseinrichtung ist die ganz unzureichende Oberflächenventilation der Kohlenladeräume; ein Fehler in der Handhabung liegt aber in dem Verschalken sämmtlicher Ladeluken (später hat man dieselben geöffnet, man war sich also der Gefahr bewußt geworden), auch ist nicht ersichtlich, ob Temperaturmessungen innerhalb der Kohlenladung vorgenommen worden sind bezw. ob Einrichtungen hierfür vorgesehen waren.

Um Selbstentzündung zu verhüten, empfiehlt Lewes die Kohle für Lagerhaufen so zu wählen, daß sie nicht mit Staub und mit möglichst wenig Grus gemischt ist; auch soll sie möglichst frei von Schwefelkies sein und nicht mehr als 3 % Feuchtigkeit enthalten. Man muß ferner in der Wahl und Ausstattung des Lagerraumes vorsichtig sein. Der Kohlenplatz soll überdacht sein; alle Stützen, Säulen und Wände sind aus Eisen oder Stein auszuführen, hohle Säulen sind mit Cement auszugießen. Die Kohle soll nicht bei nassem Wetter abgeladen werden; die Tiefe der Kohlenschicht darf nicht mehr als 1,75 bis 2 m betragen. Unter keinen Umständen darf ein Dampfrohr oder ein Feuerzeug nahe am Lagerplatz verlegt werden, und von einer Feuerung soll der Raum mindestes 6 m entfernt sein.

Die Kohle darf erst einen Monat, nachdem sie gefördert ist, gelagert werden oder in Schiffe verladen werden. Beim Verladen ist darauf zu achten, daß die Kohle nicht durch Fall oder Druck zerkleinert wird. Kleinkohle oder Staub dürfen überhaupt nicht in großen Haufen aufbewahrt werden. Durch Innehalten dieser Vorschriften könnte nach Ansicht des p. Lewes die Anzahl der durch Selbstentzündung von Kohle verursachten Brände erheblich verminderr werden.

Nach dem Vorstehenden läßt sich das Gutachten über die Ursache der Kohlenexplosion auf dem Dampfer „Heinrich Schuldt" am 28. Februar 1896 wie folgt zusammenfassen:

> „Die Selbstentzündung des explosiblen Gasgemisches in der Piek oder im hinteren Kohlenladeraum durch Zuströmen kalter Luft ꝛc. ist ausgeschlossen, die Zündung desselben durch direkte Einwirkung einer Flamme oder eines Feuerfunkens ist wahrscheinlich. Eine lokale Selbentzündung der Kohlen im hinteren Laderaum ist zwar ungewöhnlich, aber nicht ganz ausgeschlossen.
>
> Die Ventilation der Kohlenladeräume des Schiffes ist schlecht und das sofortige Verschalken der Luken nach Beendigung der Kohlenübernahme war fehlerhaft.

Kiel, den 18. December 1896.

gez.: Uthemann,
Marine-Bauinspektor.

Berggewerkschaftliches Laboratorium.

Bochum, ... 189 . .

Eine Selbstentzündung von Kohlenwasserstoffen mit atmosphärischer Luft d. h. explosiven Gasgemengen ist ausgeschlossen; ebenso ist ein schnelles Zuströmen von atmosphärischer Luft nicht im Stande, eine Zündung hervorzurufen.

Fraglos sind nun aber des öfteren Kohlenladungen durch Explosion sowohl als auch durch Brand und zwar durch Selbentzündung der Kohlen zu Grunde gegangen, wie diese Selbstentzündung ermöglicht wird, ist noch eine offene Frage; das Wahrscheinlichste ist, daß durch Zersetzung des Schwefelkieses der Kohlen Schwefel ausgeschieden wird und dieser auf die Entzündungstemperatur erwärmt wird.

Zur Verhütung der Selbstentzündung der Kohlen sperrt man möglichst die Luft ab, zur Verhütung von Ansammlungen von explosiven Gasgemengen muß man ventiliren.

gez.: Broockmann.

53. Spruch des Seeamts zu Bremerhaven vom 17. März 1897, betreffend den Seeunfall der Bark „Hedwig" von Bremen.

Der Spruch des Seeamts lautet:

Die Bark „Hedwig," die am 4. Juli 1896 nach Bremen bestimmt, den Hafen von Punta Arenas verlassen hatte, hat am 18. September mit größtentheils erkrankter Mannschaft Talcahuano als Nothhafen angelaufen. Es ist als festgestellt anzunehmen, daß die Krankheit Scorbut gewesen ist und daß sie den Tod des Schiffers Warnken, des Matrosen Engeln und des Kochs Heinken herbeigeführt hat. Als Ursache der Krankheit sind der lange Aufenthalt im Hafen bei beschwerlicher Arbeit und nassem Wetter und vor Allem die schlechte Beschaffenheit des Trinkwassers anzusehen. Ob und inwieweit auch die Beschaffenheit des angebrochenen Proviants den Ausbruch der Krankheit verursacht hat, hat nicht mit Sicherheit festgestellt werden können. Den zweiten Steuermann Freese trifft der Vorwurf, daß er nicht genügend Obhut auf den angebrochenen Proviant gegeben hat, während das Schiff reichlich und gut mit Proviant ausgerüstet war. Lobend ist die von beiden Steuerleuten bewiesene Energie anzuerkennen, daß sie das Schiff unter so schwierigen Umständen in Talcahuano binnengebracht haben.

Das Seeamt hält für erforderlich, daß in solchen Häfen, wo die Befürchtung besteht, daß das Trinkwasser den Flüssen entnommen wird, dasselbe vor dem Gebrauche abgekocht wird.

Gründe. Die Bark „Hedwig," Heimathshafen Bremen, Unterscheidungs-Signal QCMG, vermessen zu einem Netto-Raumgehalt von 2289,6 cbm = 808,22 britischen Register-Tons, ist 1872 in Bremerhaven aus Holz erbaut worden. Es ist eine Verbolzung aus verzinktem Eisen vorhanden, auch ist das Schiff mit einem metallenen Bodenbeschlag versehen. Die Bark gehört zur Rhederei von Claus Hans Dreyer in Bremen. Schiffer war auf der hier fraglichen Reise L. Warnken, die Besatzung bestand aus 15 Mann.

Beim Germanischen Lloyd hat die Bark die Classe AI bis zum Juni 1897. Die letzte spezielle Besichtigung hat im Juni 1894 stattgefunden. Damals wurden einige Reparaturen vorgenommen und das Schiff erhielt auch einen neuen Metallbeschlag.

Im Oktober 1895 wurde das Schiff einer einfachen Besichtigung unterzogen und in guter Ordnung befunden.

Am 4. November 1895 war das Schiff von Bremerhaven in Ballast nach Punta Arenas (Costa Rica) gesegelt. Dieser Hafen wurde am 25. März 1896 erreicht. Vom 4 April bis zum 24. Juni lag das Schiff an einem mehrere Stunden unterhalb Punta Arenas belegenen Ladeplatz. Dort wurde der Ballast gelöscht und eine Ladung Cedernholz eingenommen. Am 21. Juni war die gesammte Ladung, bestehend aus 1525 Block Cedernholz, an Bord. Der Tiefgang des Schiffes betrug damit vorne 17 Fuß 9 Zoll, hinten 17 Fuß 7 Zoll.

Am 4. Juli 1896 verließ das Schiff den Hafen von Punta Arenas. Der Steward Spiers und der Matrose Schmalfuß mußten krankheitshalber zurückgelassen werden. Das Schiff war damals dicht und konnte mit Leichtigkeit lenz gehalten werden. In Punta Arenas war an frischen Proviant an Bord genommen 300 bis 400 Pfund Mehl, 900 Pfund Kartoffeln, 150 Pfund Bohnen und für 7 bis 8 Tage frisches Fleisch. Ferner war von dem in Bremen an Bord gekommenen Proviant noch reichlich vorhanden. Nach Angabe des Rheders sind das Mehl und das präservirte Fleisch vom Norddeutschen Lloyd gekauft worden und zwar Mehl von derselben Sorte, die der

Lloyd auf den Tropenfahrten verwendet. Fleisch, Speck und Hülsenfrüchte sind ebenfalls von Bremer Firmen bezogen worden. In Punta Arenas waren auch die Wassertanks aufgefüllt worden. Das in Bremen eingenommene Wasser war schon bei der Ankunft in Punta Arenas verbraucht, sodaß schon seit Ende März Wasser von Punta Arenas verwendet wurde. Während der Ladezeit tranken übrigens die Leute meistens Thee bei der Arbeit, häufig auch Wasser mit Limonensaft, sogenannte Lemon-Juice. Woher das Wasser, das in Punta Arenas eingenommen wurde, stammt, ist nicht festgestellt worden, es wird auf diesen Punkt noch später einzugehen sein, es ist auch nicht mit voller Bestimmtheit bekundet worden, daß das Wasser durch Vermittelung des Consuls gekauft worden ist.

Bis zum 4. August 1896 verlief die Reise ohne erwähnenswerthe Ereignisse. Das Schiff befand sich an diesem Tage auf 1° 28′ nördlicher Breite und 96° 34′ westlicher Länge. Vom 4. August an wurden der Mannschaft getrocknete Kartoffeln und Gemüse verabfolgt, weil die in Punta Arenas eingenommenen frischen Kartoffeln sich nicht gehalten hatten und deswegen schneller verbraucht werden mußten. Am 12. August stellte sich heraus, daß zwei Fäßchen saure Gurken, die für die Heimreise aufbewahrt worden waren, leer und ausgeraubt waren.

Am 23. August, unter 31° südlicher Breite und 113° 32′ westlicher Länge, meldeten sich die Matrosen Ammermann und Engeln mit angeschwollenen Füßen und sonstigem Unwohlsein. Am Abend desselben Tages bemerkte der Schiffer Warnken, daß seine Füße, die Beine und der Unterleib angeschwollen waren. Von diesem Tage an wurde der Mannschaft zweimal täglich eine doppelte Ration Citronensaft verabfolgt.

Am Tage darauf, den 24. August erkrankten der Zimmermann Hänselt, der Segelmacher Svensson und der Koch Heinken. Hänselt meldete sich mit angeschwollenen Füßen. Alle drei erhielten Abführmittel.

Am 25. August gaben der Segelmacher und der Matrose Engeln die Arbeit auf, während sich der Zustand des Schiffers Warnken verschlimmerte. Der Mannschaft wurde Morgens Milchreis, Mittags Sagosuppe, frische Zwiebeln und Citronensäure verabfolgt.

Am folgenden Tage gab der Leichtmatrose Matthies den Dienst auf. Da auch der Matrose Weber erkrankt war und man überzeugt war, daß die Krankheit, woran der Zimmermann und die Matrosen Engeln und Ammermann erkrankt waren, Skorbut sei, wurde vom

Schiffer und den Steuerleuten beschlossen, im Fall der Zustand sich nicht bald bessern sollte, Valparaiso als Nothhafen anzulaufen. Das Schiff befand sich damals auf 34° 9' südlicher Breite und 104° 34' westlicher Länge.

Am 27. August gab der Matrose Ammermann den Dienst auf und der Matrose Weber meldete sich mit geschwollenen Füßen. Der Zustand der übrigen Mannschaft war unverändert. Der erste Steuermann hatte noch zwei Mann und der zweite Steuermann noch drei Mann auf der Wache, sodaß das Schiff nicht ordentlich manövrirt werden konnte. An diesem Tage wurde ein Schwein, 62 Pfund schwer, geschlachtet.

In den folgenden Tagen verschlimmerte sich die Lage noch mehr. Der Matrose Ammermann kam zwar wieder an Deck, aber der Leichtmatrose Jozwikowski mußte den Dienst aufgeben. Als am 30. August der Wind schnell zunahm und Klüver, Großobermarssegel und Fock festgemacht wurden, konnten die Segel kaum geborgen werden. Am 31. August wurde endgültig beschlossen den Curs auf Valparaiso zu setzen. In den ersten Tagen des September, insbesondere am 2. herrschte ein starker Sturm mit hoher, wild durcheinanderlaufender See, worin das Schiff schwer arbeitete und Wasser übernahm.

Vom 3. September an waren zuweilen nur ein oder zwei Mann auf Wache. Es wurde immer noch den Leuten zwei Mal Citronensäure, Zwiebeln und trockene Gemüse, auch Bouillon und Sago nebst Rothwein verabfolgt und Abführ- und Brechmittel gegeben. Die Mannschaft war so schwach, daß am 4. als Wind und See abnahmen, die Bramsegel nicht mehr gesetzt werden konnten.

Am 5. September befand sich das Schiff auf 34° 3' südlicher Breite und 89° 43' westlicher Länge. In einem Briefe an den Rheder schildert der Schiffer die Lage an diesem Tage folgendermaßen:

„Bei mir ist die Geschwulst jetzt bis oben in die Brust, ich werde kurzathmig und die Füße wollen den Körper nicht mehr tragen. — Dem Zimmermann sind die Füße und die Beine angeschwollen und geht es jetzt an den Unterleib. Er kann keine Schuhe und Stiefel mehr anziehen, kommt aber noch bei gutem Wetter eine Stunde ans Ruder, weiter kann er nichts thun. Der Matrose Ammermann ist bis an den Unterleib geschwollen und hat gestern die Arbeit ganz einstellen müssen. Bis soweit hatte er ab und zu eine Wache geruht, wenn er zu abgemattet war. Nach oben konnten beide nicht mehr kommen. Matrose Weber, mit angeschwollenen Beinen, kann auch nicht mehr arbeiten, kommt aber die meiste Zeit noch auf Wache und nimmt Rudertouren und Ausguck mit wahr. Matrose Engeln liegt schon seit 14 Tagen mit angeschwollenen Beinen und was ihm sonst noch fehlt, und der Segelmacher liegt schon ebenso lange. Dessen Krankheit ist unbekannt, angeschwollen ist er nicht. Die letzten Beiden können nichts essen und bekommen Sago und Milchreis. Der Koch klagt über die Brust und ist blind geworden und liegt in der Koje. Der Leichtmatrose Jozwikowski hat eine Krankheit, die uns auch unbekannt ist. Sobald er sich gut fühlt, ist er mit auf Deck. Der Leichtmatrose J. Matthies, der krank war, ist ziemlich wieder hergestellt und geht seit zwei Tagen wieder Wache mit. Ob das Stand hält? Soweit sind dem Anscheine nach wirklich gesund die beiden Steuerleute, der Leichtmatrose Kinkel und der Leichtmatrose Lahmeyer. Wie das jetzt geht und gehen wird, können Sie sich wohl vorstellen.

Nun muß auch noch gekocht werden und keiner versteht etwas davon, und jedes Essen ist halb gar oder doch verpfuscht". —

Am 5. September wurde das zweite Schwein geschlachtet. In beiden folgenden Tagen zeigten sich auch bei dem ersten Steuermann und dem Leichtmatrosen Kinkel Krankheitssymptome, und dem Jozwikowski begannen ebenfalls die Beine zu schwellen, am 9. September mußte sich endlich auch Matthies mit geschwollenen Beinen melden. Inzwischen hatte einige Tage lang schönes Wetter geherrscht. Am 7. schreibt der Schiffer:

Diese letzten 24 Stunden sind wir noch ein gutes Stück näher gekommen, und möge der liebe Gott geben, daß es so anhält, damit wir doch bald hinkommen, denn unsere Lage ist schon traurig genug. Stellmann wird auch so mager im Gesicht und hat eine fahle gelbe Gesichtsfarbe, die ich gar nicht für gut halte. Er sagt immer, er fühlt sich ganz gut, ich glaube es aber nicht, er sagt es wohl nur, um mich zu beruhigen. Ich kann noch soeben durch die Kajüte schlurren, bin aber dann auch ganz ab. Für den Fall, daß ich nicht lebend nach Valparaiso komme, habe ich einen Brief an den Deutschen Konsul geschrieben, daß Stellmann mein Nachfolger wird.

Am 9. September befand sich das Schiff auf 35° 25′ südlicher Breite und 80° 6′ westlicher Länge noch etwa 400 Seemeilen von Valparaiso entfernt. An diesem Tage flaute der Wind ab und hielt nach SO, nahm aber am 10. wieder zu. In den nächsten Tagen wurde der Zustand des Schiffers und der Mannschaft noch bedenklicher. Die Schwäche des Schiffers wurde sehr groß und sein Gedächtniß und Sehvermögen begannen zu leiden. Am 12. kamen nur noch 4 Mann an Deck, die beiden Steuerleute und die Leichtmatrosen Kinkel und Lahmeyer.

Am 13. September Morgens um 10½ Uhr wurde endlich die Küste von Chile gesichtet. Am Nachmittage nahm der Wind schnell zu zum Gewittersturm mit heftigen Hagel- und Regenböen und es mußten sämmtliche Segel bis auf das Untermarssegel festgemacht werden. Dabei konnten keine Wachen mehr gegangen werden, da nur noch die beiden Steuerleute an Deck waren. Der Mannschaft wurde jetzt nur Büchsenfleisch verabfolgt.

Am 14. September befand sich das Schiff auf 33° 54′ südlicher Breite und 72° 30′ westlicher Länge. Am Nachmittage dieses Tages 2½ Uhr starb der Matrose Engeln. Der Zustand des Schiffers Warnken wurde bedenklich, der Kranke fing an irre zu reden und sein Sehvermögen begann nachzulassen. Gegen Nachmittag nahm Wind und See wieder ab.

Am folgenden Tage beschloß der erste Steuermann auf Conception-Bucht abzuhalten. Es war jetzt soweit gekommen, daß Niemand mehr im Stande war die Segel festzumachen und die Pumpen nicht mehr angestellt werden konnten.

Am 16. gelang es jedoch das Großbramsegel zu setzen, und am 17. abends um 8 Uhr wurde das Quiriquina-Feuer in SSO gepeilt. Darauf wurden alle Segel bis auf die Vormarssegel aufgegeit und das Schiff mit Steuerbordhalsen an den Wind gebracht.

Am 18. September 6 Uhr 30 Minuten Morgens wurde die Quiriquina-Insel in SO zu O½O erblickt. Man segelte dann längs der Küste und mittags um 1 Uhr wurde die Rhede von Talcahuano erreicht und dort zu Anker gegangen. Da sofort um ärztliche Hülfe gebeten wurde, kamen um 2 Uhr der Hafencapitain und der Arzt Dr. Trumbull an Bord. Der Arzt vermochte aber nicht mehr den Schiffer Warnken zu retten; dieser erlag am Vormittage des 19. seinem Leiden. Am 22. wurde auch der Koch Heinken vom Tode dahingerafft.

Die Diagnose des Dr. Trumbull ging dahin, daß die Mannschaft an Scorbut erkrankt sei. Die charakteristischen Veränderungen des

Zahnfleisches vermochte er allerdings nur bei dem Leichtmatrosen Lahmeyer zu constatiren, er fand aber bei allen eine blasse Gesichtsfarbe, starke Blutarmuth, Anschwellung der unteren Gliedmaßen, Schmerzen in den Beinen und eine allgemeine Hinfälligkeit. Der Schiffer und der Koch waren nach seiner Ansicht zugleich an einer Nierenkrankheit erkrankt.

Auf Veranlassung des Arztes wurden dann die am schwersten Erkrankten ins Hospital gebracht, die übrigen wurden in einem Boardinghouse untergebracht.

Am 20. September hatte sich auch der deutsche Consul in Begleitung von 2 eben im Hafen anwesenden Capitainen und eines deutschen Arztes Dr. Burmeister an Bord begeben. Die Untersuchung des Dr. Burmeister hatte dasselbe Ergebniß wie die des Dr. Trumbull. Er fand nur den zweiten Steuermann vollkommen gesund vor, alle übrigen waren mehr oder weniger krank. Die allen Leuten ohne Ausnahme gemeinsamen Symptome waren folgende: eine blaßgraue livide Hautfärbung, große Schwäche und Krämpfe in den Bauchmuskeln und in den unteren Extremitäten. Bei allen fanden sich in verschiedener Stärke Oedeme der unteren Extremitäten theilweise in sehr bedeutendem Grade, in einem Falle begleitet von einem enormen Oedem der Geschlechtstheile. Veränderungen des Zahnfleisches fand Dr. Burmeister nur bei 3 Leuten, 2 waren übrigens zahnlos, ebenso fanden sich Blutungen in der Haut nur bei wenigen. Sechs Leute waren vollkommen arbeitsunfähig und außer Stande sich selbst zu bedienen.

Auf Anordnung des Arztes wurden die am schwersten Erkrankten ins Hospital gebracht, während die leichter Erkrankten an Bord blieben und dort reichlich mit frischem Proviant, namentlich an Gemüsen und Früchten versorgt wurden.

Dr. Burmeister nahm ferner eine Untersuchung des Proviants vor. Dabei stellte sich heraus, daß 2 angebrochene Fleischfässer, das eine mit Rindfleisch, das andere mit Schweinefleisch gefüllt, sich im Zustande der Maceration befanden und zur menschlichen Nahrung durchaus ungeeignet waren und daß ein erst kürzlich angebrochenes Faß Erbsen vollkommen verdorben war. Im übrigen befanden sich die Gemüse, die Cerealien und das Hartbrod im guten Zustande. Weitere Fleischfässer konnten nicht geöffnet werden. Von dem Trinkwasser wurden zwei Proben entnommen, die eine aus einem noch im Gebrauche befindlichen hölzernen Reservoir, die andere aus einem an der Steuerbordseite vor der Cajüte befindlichen eisernen Tank, und an das chemische Laboratorium in Valparaiso gesandt.

In dem Gutachten dieser Behörde ist ein Unterschied zwischen den beiden Proben nicht gemacht, man kann daher annehmen, daß von beiden dasselbe gelten soll. Die Untersuchung ergab in Beziehung auf metallische Bestandtheile, abgesehen davon, daß ein wenig Silicium (Kieselstoff) festgestellt wurde, ein rein negatives Resultat, insbesondere wurde die Abwesenheit von Blei, Quecksilber, Zink, Platina, Arsenik etc. festgestellt. Anders gestaltete sich die bakteriologische Untersuchung. Diese führte dahin das Vorhandensein des bacillus coli communis (des Dickdarms) festzustellen und einen dem Choleraspirillus von Koch verwandten Spirillus, sowie einen Trichter wie der Spirillus von Finkler und Prior. Das Gutachten kommt zu dem Ergebniß, daß das Wasser absolut ungeeignet zum menschlichen Genusse sei.

In der ersten Verhandlung vor dem Seeamte haben mehrere Zeugen den schlechten Zustand des Wassers darauf zurückführen wollen, daß die kalkartige Masse, mit der der Tank ausgefüllt gewesen sei, sich aufgelöst und dem Wasser mitgetheilt habe. Um Gewißheit über diesen Punkt zu erlangen, hat das Seeamt den Verputz durch das chemische Laboratorium in Bremen untersuchen lassen. Die Untersuchung hat aber ergeben, daß derselbe keinerlei schädliche Metallverbindungen enthielt und daß auch keinerlei Pilzwucherungen vorhanden waren.

Da nach Angabe der Zeugen zur Zeit des ersten Termins im Zwischendeck noch ein in Punta Arenas aufgefüllter Wassertank vorhanden, hat das Seeamt auch dieses Wasser noch in Bremen chemisch und bakteriologisch untersuchen lassen. Der Befund hat bei beiden Untersuchungen dem völlig reinen Wasser entsprochen.

Angesichts dieses Thatbestandes konnte die Bejahung der ersten Frage, die sich das Seeamt vorzulegen hatte: war das Anlaufen des Nothafens gerechtfertigt? nicht im mindesten zweifelhaft sein. Ebensowenig hat das Seeamt Bedenken für festgestellt anzunehmen, daß die Krankheit, die an Bord des Schiffes ausgebrochen ist, Scorbut gewesen ist. Beide Aerzte in Talcahuano haben diese Diagnose gestellt und ihnen hat sich der vom Seeamte vernommene Sachverständige angeschlossen unter eingehender Begründung. Nach der Angabe des Sachverständigen wird nun Scorbut hervorgerufen:

1. durch starke Anstrengungen bei feuchtem oder nassem Wetter,
2. durch schlechtes Trinkwasser und schlechten Proviant,
3. durch Entbehrung von frischer Pflanzenkost.

Dem Seeamte ist nun zunächst nicht zweifelhaft, daß schon die sehr lange Liegezeit in Punta Arenas im feuchten Tropenklima die

Widerstandsfähigkeit der Mannschaft ganz erheblich reduzirt haben muß. Sodann wird die Krankheit in dem fortdauernden Genusse des schlechten Trinkwassers ihren Grund gehabt haben, und zwar meint das Seeamt, daß das Trinkwasser vor allem die Krankheit hervorgerufen hat. Nach den Zeugenaussagen ist in den ersten 14 Tagen oder 3 Wochen — Stellmann meint 38 Tagen — nach der Ausreise Wasser aus einem hölzernen Tank gebraucht worden, das, wie alle erklären, gut gewesen ist. Dann ist das Wasser aus dem eisernen Tank vor der Kajüte gebraucht worden, und wenige Tage später, der Zeuge Jozwikowski sagt 2 oder 3 Tage, haben sich die ersten Krankheitserscheinungen geltend gemacht in Verstopfung und Erbrechen. Erst 8 oder 10 Tage später begann die Anschwellung der Gliedmaßen, erst zu diesem Zeitpunkte wurde der Gebrauch des Wassers aus dem fraglichen Tank eingestellt. Man wird also nicht fehlgehen anzunehmen, daß es etwa 14 Tage gebraucht worden ist. Nun ist aber in dem Wasser das Vorhandensein des Dickdarmbacillus festgestellt, mit anderen Worten es ist das Wasser durch menschliche Fäkalien verunreinigt gewesen. Es bedarf nicht der Ausführung, daß solches Wasser die Gesundheit zerstören muß, und es stehen denn auch alle Zeugen unter dem Eindrucke, daß sie dem Genusse des Wassers ihre Leiden zuzuschreiben haben. Auch der Schiffer Warnken giebt dieser Ueberzeugung in seinem Briefe an den Rheder Ausdruck.

Es fragt sich: woher ist dieses Wasser genommen worden, wie ist es an Bord gekommen? Der Schiffer Warnken schreibt, das Trinkwasser, das die Schiffe in Punta Arenas bekommen, sei alles aus demselben artesischen Brunnen. Mag dieser auch sehr primitiv gewesen sein, so ist doch geradezu undenkbar, daß sich der bacillus coli-communis in Wasser, daß aus einem artesischen Brunnen stammt, aufhalten sollte. Berücksichtigt man ferner, daß das Wasser bei der chemischen Untersuchung eine ganz geringe Härte gezeigt hat, so ist die Annahme geboten, daß der Schiffer betrogen worden ist und daß ihm Flußwasser geliefert worden ist. Man könnte höchstens noch denken, daß die Verunreinigung bei der Einnahme erfolgt sein könnte. Aber abgesehen davon, daß eine solche Annahme doch eine geradezu ungeheuerliche Frivolität voraussetzen würde, erscheint sie nach der Beweisaufnahme direct ausgeschlossen. Das Wasser, das durch Vermittelung des Consuls gekauft worden war, ist nämlich in eisernen Tanks an Bord gekommen und an Deck in die Tanks der Bark gefüllt worden.

Daß in Bremen das Wasser aus dem Zwischendecktank rein

befunden worden ist, begründet nach der Erklärung des Sachverständigen keinen Widerspruch zu dem in Valparaiso constatirten Befunde. Der Sachverständige hält es für sehr wohl möglich, daß die Bacillen in der langen Zwischenzeit aus Mangel an Nahrung zu Grunde gegangen sind. Auch der Direktor des bakteriologischen Instituts nimmt an, daß die Bacillen früher in größerer Anzahl vorhanden gewesen sein können.

Das Seeamt mußte des Weiteren prüfen: ob auch die Beschaffenheit des Proviants von Einfluß auf die geschilderten Ereignisse gewesen ist. Dabei ist zunächst hervorzuheben, daß das Schiff reichlich und gut mit Proviant versehen war. Nach dieser Richtung hat das Seeamt nicht den geringsten Anlaß zum Tadel, und die Klagen der Zeugen richten sich auch nicht dagegen, daß der Proviant quantitativ mangelhaft gewesen sei. Vielmehr ist der angebrochene Proviant nicht genügend verwahrt worden. Im Einzelnen bekunden die Zeugen Folgendes:

Das frische Brod, das sie Donnerstags und Sonntags erhalten hätten, sei schlecht gewesen. Das Mehl, woraus es gebacken wurde, hatte Klumpen und sah aus, als ob es feucht geworden wäre. Es hatte eine bläuliche Färbung und roch säuerlich, einzelne Zeugen wollen auch Würmer darin gefunden haben. Eine Beschwerde über das Mehl wurde nach Aussage des Matrosen Weber vom ersten Steuermann mit den Worten, er könne nichts daran machen, zurückgewiesen. Jozwikowski behauptet, der Schiffer Warnken habe gesagt, so schlecht wäre es nicht, sie sollten es erst noch etwas versuchen. Nach Aussage des Zimmermanns ist nur sehr wenig von dem Brod aus diesem Mehl gegessen worden. Am 31. Juli wurde ein frisch angebrochenes Faß auf Befehl des ersten Steuermanns, da es gleichfalls verdorben war, über Bord geworfen. Später wurde in Punta Arenas gekauftes Mehl verwendet.

Das Hartbrod war nach Aussage aller Zeugen gut. Auch die von Dr. Burmeister entnommene Probe gab zu Bedenken keine Veranlassung.

Der Reis, die Erbsen und der Sago hatten einen starken Beigeschmack nach Petroleum. Dieser Proviant war im Lampenschrank verstaut, und auf dem Deckel der Kisten wurden die Lampen gereinigt. Da der Steward krankheitshalber in Punta Arenas zurückgelassen werden mußte, wurde diese Arbeit durch den Leichtmatrosen Lahmeyer besorgt, der offenbar beim Reinigen der Lampen nicht die nöthige Sorgfalt walten ließ, so daß durch die Fugen der Kistendeckel Petroleum in den Proviant eindringen konnte. Eine Beschwerde bei dem ersten Steuermann blieb ohne Erfolg.

Von dem Salzfleisch und dem Salzspeck wurde in Punta Arenas ein Quantum aus den Originalfässern herausgenommen und von dem zweiten Steuermann in den vor dem Logis stehenden Fleischständer zusammen hineingepackt. Der Fleischständer war gegen die Einwirkung der Sonne nur durch eine übergeworfene Persenning geschützt, die so gut wie gar nichts nützte. Das Fleisch roch schon nach kurzer Zeit — nach einem Tage sagt ein Zeuge — furchtbar. Von diesem Fleische wurden die täglichen Rationen verabreicht. Einige Zeugen erklären, sie hätten überhaupt nichts von dem Fleisch gegessen, andere wollen doch vom Hunger dazu getrieben worden sein. Als die Mannschaft sich bei dem zweiten Steuermanne beschwerte, erklärte dieser, er bekümmere sich nicht darum, er äße nicht von dem Fleisch. Als die Schiffsleitung erfuhr, daß das Fleisch verdorben sei, ließ sie den Ständer entzweischlagen und die Mannschaft erhielt von da an anderes Fleisch. Wann dies gewesen ist, hat nicht genau festgestellt werden können. Weber meint, sie hätten über die Hälfte der Ladezeit von dem stinkenden Fleisch bekommen, Ammermann und Jozwikowski glauben, zur Zeit der Beschwerde sei Schiffer Warnken schon krank gewesen. Der erste Steuermann erklärt, er sei noch in Punta Arenas darüber zugekommen, als der Koch habe Fleisch in den Ständer packen wollen, und da er gesehen habe, daß der Ständer schon ziemlich alt gewesen, habe er ihn entzweischlagen lassen.

Das präservirte Fleisch ist nach den übereinstimmenden Angaben sämmtlicher Zeugen gut gewesen. Die Mannschaft hat sich nur darüber beschwert, daß sie in Punta Arenas blos zweimal frisches Fleisch erhalten habe. Dies ist aber dadurch genügend erklärt, daß der Ladeplatz weit ab von der Stadt lag und die Schlachter selten zum Ladeplatz kamen, so daß kein frisches Fleisch angeschafft werden konnte.

Es ist schließlich an dieser Stelle nochmals auf das Gutachten des Dr. Burmeister zu verweisen, der ein angebrochenes Faß Erbsen und zwei im Gebrauch befindliche Fleischfässer im verdorbenen Zustand vorfand.

Mit der Ausgabe von Citronensaft ist den Vorschriften entsprechend rechtzeitig begonnen worden, und es war nicht minder den Vorschriften entsprechend, daß doppelte Rationen ausgegeben wurden, als die ersten Anzeichen von Scorbut bemerkt worden waren.

Bei diesen Aussagen ist die Frage, ob auch die Beschaffenheit des angebrochenen Proviants den Ausbruch der Krankheit verursacht habe; nicht mit Sicherheit zu beantworten gewesen. Das Fleisch ist nicht von der ganzen Besatzung gegessen worden und doch sind alle erkrankt. Das gleiche gilt von dem Donnerstags und Sonntags verwandten Mehl. Es bliebe also die Möglichkeit, daß die durch Petroleum verdorbenen Sachen und die von Dr. Burmeister als verdorben bezeichneten Vorräthe die Krankheit bewirkt oder mit bewirkt hätten. Das Seeamt ist aber auch der Ueberzeugung, daß die beiden von ihm als erwiesen angenommenen Ursachen, der lange Aufenthalt im Hafen und das schlechte Wasser, vollauf genügten, das, was eingetreten ist, herbeizuführen.

Andrerseits mußte aber das Seeamt gegen den zweiten Steuermann, dem die Fürsorge für den Proviant oblag, den Vorwurf erheben, daß er diese Fürsorge in unverantwortlicher Weise verabsäumt hat. Er hat allerdings, da er zur Zeit auf einem norwegischen Schiff an der chilenischen Küste fährt, nicht geladen werden und sich folglich auch nicht vertheidigen können. Daß muß bei Beurtheilung seines Verhaltens in Betracht gezogen werden. Das Seeamt hält aber durch die Verhandlung, in der ein sehr umfassendes Material beigebracht worden ist, den eben gemachten Ausspruch gleichwohl für vollkommen gerechtfertigt. Der zweite Steuermann hat auch dem Kaiserlichen Consulate zu Conception gegenüber keine Rechtfertigung versucht, obschon ihm damals bereits die Beschwerden der Mannschaft im wesentlichen bekannt waren, während der erste Steuermann infolge derselben sich bewogen gefunden hat, alsbald einen Nachtrag zur Verklarung einzureichen.

Dagegen sieht das Seeamt nicht für bewiesen an, daß der zweite Steuermann die Mannschaft roh behandelt hat. Hierfür sind überhaupt nur zwei Fälle angeführt worden. Der Matrose Weber giebt nämlich an: er sei einmal auf der Ausreise mit dem Leichtmatrosen Kinkel zusammen Nachts auf der Wache gewesen und eingeschlafen. Dann habe der zweite Steuermann sie beide von der Spiere an Deck geworfen. Ferner sei er von dem zweiten Steuermann an dem Tage, als das Schiff in Talcahuano eingelaufen sei, geschlagen worden. Der Steuermann habe davon erfahren, daß der Koch keinen Citronensaft habe nehmen wollen. Darauf habe er sich vor das Logis begeben und den Anwesenden darunter auch Weber erklärt, sie könnten nur nicht mit Menschen umgehen. Er habe ihm erwidert, er solle sich nur nicht aufregen. Dann habe der zweite Steuermann ihn geschimpft und auf seine Entgegnung: und was sind Sie? auf ihn eingeschlagen und ihn über eine Kiste geworfen, während er sich infolge seiner angeschwollenen Beine nicht habe wehren können. Ist nun auch das Verhalten des zweiten Steuermanns nicht zu billigen, so würde es doch, zumal in Berücksichtigung des Umstandes, daß ihm in beiden Fällen Anlaß zur Erregung gegeben worden war, geradezu rigoros sein, wenn das Seeamt dem zweiten Steuermann wegen dieser Vorfälle im Spruch einen Vorwurf machen würde. Erheblicher müßte dann jedenfalls der vom Schiffer Warnken in seinen letzten Lebenstagen an den deutschen Consul gerichtete Brief ins Gewicht fallen, worin er den Consul bittet den zweiten Steuermann zu entlassen, da er ein charakterloser Mensch sei und Streit und Unfrieden vom Zaun breche.

Das Seeamt hat es endlich, da es ihm ja auch zur Pflicht gemacht worden ist, nach dem Ergebnisse der vor ihm gepflogenen Verhandlungen Anregungen zur Nachachtung für die Schiffahrt zu geben, für angezeigt gehalten auszusprechen, daß in den Häfen, wo zu befürchten steht, daß das Wasser einem Flußlaufe entnommen wird, das Wasser vor dem Gebrauche gekocht werden möge, und so, was möglich gethan werden möge, der Wiederkehr solch trauriger Vorgänge, wie sie heute den Gegenstand der Verhandlung gebildet haben, vorzubeugen.

54. Spruch des Seeamts zu Flensburg vom 24. März 1897, betreffend den Seeunfall des Schraubendampfers „Septima" von Flensburg.

Der Spruch des Seeamts lautet:

Die Strandung des Schraubendampfers „Septima" am 5. Februar 1897 bei Las Palmas auf der Insel Gran Canaria ist dadurch herbeigeführt worden, daß auf der von dem Schiffer benutzten Karte — Canary Island, London, James Imray & Son, 1894, berichtigt bis 1895 — die Verdunkelung des Feuers von Isleta um einen vollen Strich zu weit nach Osten gelegt ist.

Gründe. Der Schraubendampfer „Septima", Heimathshafen Flensburg, Unterscheidungs-Signal LRQS, vermessen zu einem Netto-Raumgehalt von 2105,8 cbm = 743,33 britische Register-Tons

— ist am 5. Februar 1897 bei Las Palmas gestrandet und in der Folge total verloren gegangen. Der Dampfer befand sich auf der Reise von Gothenburg mit Holzmasse für Papierfabrikation nach Argentinien. Nach Einnahme von Bunkerkohlen in West-Hartlepool ging es hinten 16½, vorne 13¾ Fuß tief. Führer war der Schiffer Joachim Detlef Desler aus Flensburg.

Am Abend des 5. Februar war man bei den kanarischen Inseln angelangt. Hier sollte Las Palmas auf der Insel Gran Canaria angelaufen werden, um Kohlen einzunehmen. Für die Navigirung in dieser Gegend hatte man eine englische Segelkarte zur Verfügung. Es war die von James Imray & Son in London 1894 herausgegebene und bis 1895 berichtigte Karte „Canary Islands". Auf der Karte befindet sich ein Karton im Maßstabe von 1 : 58 000, welcher die Häfen von La Luz und Las Palmas mit den dazu gehörigen Feuern enthält. In den Karton sind folgende für den vorliegenden Unfall in Betracht kommende Leuchtfeuer eingetragen:

1. Ein rothes Hafenfeuer auf der Mole des Hafens von Las Palmas.

2. Das Haupt- und Ansegelungsfeuer auf der Halbinsel Isleta, welches in der Peilung N¼O verschwinden und damit die Linie angeben soll, bis an welche Schiffe sich ohne Gefahr der Ostküste der Insel nähern können. Nach dem Verzeichniß der Leuchtfeuer aller Meere, herausgegeben vom Reichs-Marine-Amt 1897 Tit. IV, Seite 208, liegt die Verdunkelungslinie westlich der Peilung N2°O.

Nachdem man Abends um 7 Uhr 10 Minuten das Isleta-Feuer in einem Abstande von 3,5 Seemeilen in NW nach dem Compaß gepeilt hatte und bald darauf auch das Hafenfeuer von Las Palmas in Sicht gekommen war, steuerte man im Curse WSW½W auf letzteres zu. Um 7 Uhr 37 Minuten wurde der Curs etwas westlicher genommen, um den etwa ¾ Seemeilen nordöstlich vom Hafenfeuer liegenden Ankergrund zu erreichen. Die Maschine war seit einiger Zeit auf halbe Kraft, zuletzt auf langsam gestellt worden.

Während das Schiff ungefähr West anlag, etwa um 7 Uhr 35 Minuten wurde das Isleta-Feuer in N¼O gepeilt, ohne zu verschwinden. Sofort wurde die Maschine gestoppt, dann auf halbe und gleich darauf auf volle Kraft rückwärts gestellt. Die Schraube hatte kaum einige Umdrehungen rückwärts gemacht, da stieß das Schiff plötzlich auf, und zwar während es West anlag. Bei dem anhaltenden Rückwärtsarbeiten der Maschine drehte es nach Steuerbord auf und wurde dabei wieder flott. Das Isleta-Feuer wurde nun in N½O und das Hafenfeuer von Las Palmas in SW½S gepeilt. Sobald das Schiff bis Nord gedreht hatte, wurde das Ruder hart backbord gelegt und gleichzeitig die Maschine auf volle Kraft vorwärts gestellt. Die Maschine war eben in diese Gangart eingetreten, da stieß das Schiff auf und blieb festsitzen. Gleich darauf strömte das Wasser in den Vorderraum und in den Heizraum. Man stoppte die Maschine und machte Nothsignale. Die Pumpen wurden in Gang gesetzt. Trotzdem nahm das Wasser zusehends zu. Nach einer Stunde war das ganze Schiff voll Wasser. Während es vorn und hinten flott war, saß es mittschiffs auf Steinen und arbeitete hier bei eintretendem Hochwasser immer heftiger. Die Mannschaft wurde an Land geborgen.

An den folgenden Tagen gelang es, das Inventar und 80 Tons Ladung zu bergen. In der Nacht vom 17./18. Februar brach das Schiff auseinander und war damit völlig wrack.

Während man auf das Hafenfeuer von Las Palmas zufuhr, wurde das Loth fortwährend im Gange gehalten. Kurz vor dem ersten Aufstoßen lothete man noch 13 Faden Wasser; als man dann beim Aufdrehen nach Steuerbord wieder flott wurde, fand man nur 5 Faden Wasser.

Bei der Peilung des Isleta-Feuers ist der Diopter nicht gebraucht worden.

Auf der Strandungsstelle peilt man Isleta-Feuer in N¾O und das Hafenfeuer von Las Palmas in SW. Darnach ist das Schiff an einer Stelle gestrandet, welche 2 Kabellängen nordöstlich vom Hafenfeuer liegt und wo die benutzte englische Karte 2½ bis 2¾ Faden Wasser zeigt.

In der Nacht, wo das Schiff strandete, blieb das Isleta-Feuer von der Strandungsstelle aus hell und klar in Sicht.

Auf der von dem Schiffer benutzten Karte hat der Hafencapitain von Las Palmas am 15. Februar 1897 amtlich bescheinigt, daß die Linie, in welcher die Verdunkelung des Isleta-Feuers eintritt, in die Karte unrichtig eingetragen sei, daß die richtige Linie weiter westlich, wie sie von ihm in rother Farbe hinzugefügt sei, liege. Die in die Karte eingetragene Verdunkelungslinie peilt das Feuer genau in Nord 2° Ost, während die rothe Linie selbiges in Nord 15° Ost peilt.

Der Schiffer hat sowohl alsbald nach der Strandung wie auch an den folgenden Tagen gesehen, daß an Steuerbord 1 bis 1½ Kabellängen außerhalb seines Schiffes Brandung stand.

Da die Beobachtungen der Schiffsbesatzung hinsichtlich der Verdunkelungslinie mit der Bescheinigung des Hafencapitains übereinstimmen, trägt das Seeamt kein Bedenken, anzunehmen, daß die Verdunkelungslinie auf der Karte unrichtig angegeben ist, daß sie das Feuer von Isleta nicht in Nord 2° Ost, sondern in Nord 15° Ost peilt, also einen vollen Strich zu weit nach Osten gelegt ist.

Die Strandungsstelle liegt 6—7 Kabellängen westlich von der in die Karte eingetragenen Verdunkelungslinie. Der Schiffer war angesichts der von ihm benutzten Karte und des damit übereinstimmenden Feuerbuchs zu der Annahme berechtigt, daß er ohne Gefahr bis an die eingetragene Verdunkelungslinie, also bis zur Peilung des Isleta-Feuers in N¼O herangehen konnte. Thatsächlich hat er freilich das Isleta-Feuer vor dem ersten Aufstoßen nicht in N¼O, sondern in N½O gehabt, weil sich sonst nicht wohl erklären läßt, wie er nach seiner Peilung in N¼O noch 6—7 Kabellängen weiter westlich — an die Strandungsstelle — gelangte, da er doch gleich nach der Peilung die Maschine rückwärts gehen ließ. Die Differenz zwischen seiner Peilung und der thatsächlichen Richtung des Feuers kommt daher, daß die ohne Diopter vorgenommene Peilung keine völlig genaue sein konnte. Es mag hier gleich bemerkt werden, daß aus der Nichtbenutzung des Diopters ein Vorwurf gegen den Schiffer nicht herzuleiten ist; Leuchtfeuer III. Ordnung, wie das Isleta-Feuer, sind nur mäßig beleuchtende und mäßig beleuchtete Gegenstände können bei Nacht durch den Schlitz des Diopters gar nicht oder doch nur schlecht erkannt werden.

Die Unrichtigkeit der Peilung hätte nichts geschadet, wenn nur die Verdunkelungslinie richtig gewesen wäre; im letzteren Falle wäre das Schiff immer noch einige Kabellängen von der Strandungsstelle abgeblieben, als man die Maschine auf rückwärts stellte.

Der Schiffer ist durch die Unrichtigkeit der Karte und des Feuerbuchs verleitet worden, etwa ½ Seemeile weiter westlich zu fahren, als er fahren sollte. Damit ist die Strandung erklärt und zugleich entschuldigt.

Nach der Strandung ist, soweit ersichtlich, Alles geborgen, was geborgen werden konnte. Das Schiff war nicht zu bergen, weil es auf Steinen saß und größere Bergungsfahrzeuge in dortiger Gegend nicht vorhanden sind.

55. Spruch des Seeamts zu Bremerhaven vom 31. März 1897, betreffend den Seeunfall der Bark „Smidt“ von Bremen.

Der Spruch des Seeamts lautet:

Die Bark „Smidt“ ist auf der Reise von Iquique nach Hamburg durch schwere Stürme, die zur Folge hatten, daß die Takelage verloren ging, das Ruder in Unordnung gerieth und der Compaß zertrümmert wurde, manövrirunfähig geworden, von der Besatzung verlassen und später nach Fayal eingeschleppt worden.

Bei dem schweren Sturm, durch den die Takelage verloren ging, ist der Zimmermann Scheefe durch die herabfallende Besahnstenge getroffen und innerlich so verletzt worden, daß er am 23. Oktober 1896 starb.

Es ist ferner bei dem schweren Wetter das Trinkwasser in Folge des Eindringens von Salpeter in sämmtliche Tanks, deren Dichtung als mangelhaft bezeichnet werden muß, ungenießbar geworden.

In Folge des Genusses des schlechten Trinkwassers ist ein großer Theil der Besatzung an Scorbut erkrankt. Der Schiffer Gärdes und der Matrose Hedlund sind der Krankheit erlegen.

Unter diesen Umständen erscheint das Verlassen des Schiffes gerechtfertigt.

Beim Verlassen des Schiffes ist der Matrose Orellano durch eine überkommende See aus dem Boote geschleudert worden und ertrunken.

Lobende Anerkennung verdient die Energie, mit der der erste Steuermann Georg Bachmann das Schiff während der Krankheit des Schiffers und nach seinem Tode bis zum Verlassen geführt hat, sowie die Aufnahme der Schiffbrüchigen an Bord des englischen Dampfers.

Das Seeamt nimmt Veranlassung, auf die große Bedeutung der Frage der Aufbewahrung des Trinkwassers hinzuweisen, der es erforderlich scheint, die größte Aufmerksamkeit zuzuwenden.

Gründe. Die Bark „Smidt“ führt das Unterscheidungs-Signal QBCD und hat Bremen zum Heimathshafen. Der Netto-Raumgehalt des Schiffes beträgt 4738,6 cbm oder 1672,72 britische Register-

Tons. Die Bark ist 1867 in Vegesack auf Lange's Werft aus Eisen erbaut worden. Es befinden sich zwei Chronometer an Bord. Das Schiff gehört zu der Correspondentrhederei der Firma Siedenburg, Wendt & Co. in Bremen. Schiffer war auf der hier in Betracht kommenden Reise J. F. Gärdes aus Vegesack. Die Besatzung bestand aus 21 Mann.

Beim Büreau Veritas hatte die Bark bis zum November 1896 die Classe II 3/3 L. 1. 1., beim Germanischen Lloyd die Classe 100 A_4 L. Die letzten Besichtigungen haben im October und November 1895 stattgefunden. Damals ist das Schiff in guter Ordnung befunden worden.

Am 24. Mai 1896 verließ die Bark mit einer Ladung von 17187 Sack Salpeter Iquique, um nach Hamburg zu segeln. Der Tiefgang des Schiffes betrug vorn und hinten 23 Fuß. Das Schiff befand sich beim Abgange aus Iquique in gutem seetüchtigen Zustande und war mit Proviant, Wasser und sonstigem Inventar hinreichend ausgerüstet.

In den ersten Wochen der Reise ereignete sich nichts Bemerkenswerthes. Beim Cap Horn hatte das Schiff viel mit stürmischen Winden zu kämpfen, die bis zu orkanartiger Gewalt anwuchsen und einen sehr hohen Seegang erzeugten, worin das Schiff furchtbar arbeitete und sehr viel Wasser übernahm. Dies schwere Wetter dauerte vom 15. bis 28. Juli. Im weiteren Verlaufe trat viel Mallung und Windstille ein, sodaß die Reise nur langsam fortschritt.

Am 6. September, nach einer Reise von 106 Tagen, wurde der Aequator passirt. Das Schiff war schon stark angewachsen und machte wenig Fahrt.

Am 28. September auf 24° 36′ Nordbreite und 32° 46′ Westlänge starb plötzlich der Matrose Hedlund und wurde am folgenden Tage nach Seemannsgebrauch bestattet.

In den folgenden Tagen herrschten zumeist leichte oder frische Briesen bei schönem Wetter. Hier und da traten auch Gewitter ein.

Am 9. October Nachmittags wurde der Wind stürmischer, und es stand eine hohe unregelmäßige See, worin das Schiff schwer arbeitete und viel Wasser an Deck nahm.

Am 10. October hielten Wind und Seegang in gleicher Stärke an. Das Schiff befand sich damals auf 37° 49′ Nordbreite und 33° 53′ Westlänge.

In der ersten Hälfte des 11. October nahmen Wind und See etwas ab, sodaß Klüver und Großunterbramsegel gesetzt werden konnten. Am Nachmittage nahmen aber bereits Wind und See wieder zu und das Schiff arbeitete stark.

In der Nacht zum 12. October nahm der Wind zum Sturm zu mit schweren Böen und hoher See, wobei das Schiff beständig viel Wasser an Deck nahm. Den Tag über hielten Sturm und See in gleicher Stärke an. Das Schiff, das schwer arbeitete, lag vor den Untermarssegeln beigedreht.

In der Nacht zum 13. October zerriß in Lee das Voruntermarssegel und es blieb nur die Luvschoote stehen. Bis gegen 7 Uhr wehte der Sturm aus SW, dann wurde es plötzlich flauer und darauf ging der Wind mit orkanartiger Gewalt und wolkenbruchartigem Regen über Norden nach Westen um. Dabei herrschte eine hohe gewaltige und unregelmäßige See, in der das Schiff fürchterlich arbeitete. Die Brampardunen mußten auf zwei Stellen geschwichtet werden.

Gegen 8 Uhr 30 Minuten Morgens war die Mannschaft mit dem Bergen der Fetzen des Vor-Marssegels beschäftigt. Sie waren eben von dem zweiten Steuermanne heruntergerufen und kaum an Deck, als plötzlich an Steuerbord vorn die Brampardunen brachen und in höchstens einer Minute sämmtliche Stengen und Raaen mit allem daran Befindlichen über Bord gingen und dann fortwährend heftig gegen Schiff und Ruder stießen. Die Fockraa lag in zwei Stücke gebrochen quer über Deck. Von der ganzen Takelage standen nur noch die kahlen Untermasten und der Klüverbaum. Die herabfallende Besahnstenge traf den Zimmermann Scheefe am Hinterkopf und Rückgrat. Aeußere Verletzungen waren indeß nicht zu bemerken.

Im Deck war an Backbord mitschiffs ein großes Loch geschlagen, durch das das Wasser in Strömen in den Raum lief, doch gelang es alsbald das Loch mit Segeltuch und Planken zu dichten. Auch gelang es schließlich das lose Gut, das längseits trieb, vom Schiffe frei zu bekommen.

Abends gegen 9 Uhr brach der Kreuzkopf des Ruders, und es mußte dann das Ruder durch Taljen mit der Ruderpinne bewegt werden. Um 2 Uhr Nachts brachen jedoch die Bolzen der Flanschen an der Ruderpinne, sodaß das Ruder ohne Halt hin und her schlug. Die Sorgleinen des Ruders waren auch gebrochen. Das Schiff trieb steuerlos umher. Dabei herrschte während der ganzen Nacht voller Sturm, und es war viel Wasser im Schiff, das auch den Proviant beschädigt hatte. Die ganze Nacht wurde an den Pumpen gearbeitet, und fortwährend Blaufeuer gezeigt.

Am Morgen dieses Tages hatte der Schiffer krankheitshalber sich niederlegen müssen, er versuchte allerdings noch einmal an Deck zu kommen, war aber zu schwach und mußte wieder nach unten gebracht werden.

Am 14. October hielt der Sturm an. Es herrschte dabei eine hohe gewaltige See, worin das Schiff stark arbeitete und als steuerloses Wrack umhertrieb. Um das Schiff am Winde zu halten, wurde ein Sturmbesahn gesetzt. Gegen 10 Uhr Morgens kam eine gewaltige See hinten über, die den Steuercompaß mit dem Hause und die linke Gräting vom Ruder über Bord riß. Auch das einfallende Licht der Kajüte wurde eingeschlagen, so daß alles überschwemmt war und der Proviant größtentheils beschädigt wurde. Viele Nähte an Deck waren aufgesprungen und die Spieren gingen los. Der Peilcompaß war schon am Tage vorher zertrümmert worden, sodaß nunmehr der Compaß in der Kajüte benutzt werden mußte, und Breite und Länge nur noch annähernd bestimmt werden konnten.

Am folgenden Tage nahm der Wind etwas ab, um schon am 16. October wieder zuzunehmen. Das Deck wurde aufgeklart und die Pumpen nach Möglichkeit lenz gehalten. Täglich wurde an der Takelage gearbeitet, da die Masten stark hin- und hergingen. Es wurden Stagen von einem Mast zum andern gebracht und Schratsegel angeschlagen. Wiederholte Versuche das Ruder wieder zu befestigen, blieben erfolglos. Nachts wurden Blaufeuer gezeigt.

Inzwischen wurde auch der Gesundheitszustand der Besatzung schlecht. Der Schiffer war, vollends seit die Takelage verloren gegangen war, schwer erkrankt und phantasirte vielfach; der am 13. schwer verletzte Zimmermann ging seinem Ende entgegen, und außerdem waren noch drei Leute krank. Die Krankheitserscheinungen waren bei allen dieselben wie beim Schiffer und dem schon früher verstorbenen Matrosen Hedlund: Frost, Anschwellen der Beine, blaue Flecke, Appetitlosigkeit, große Mattigkeit. Schon seit dem 90. Tage der Reise war das Trinkwasser verdorben und konnte nicht mehr in ungekochtem Zustande genossen werden. Caffee und Thee war nur genießbar, wenn sie heiß waren.

Im Laufe des 18. October nahmen Wind und See ab. Am Morgen dieses Tages wurde der englische Schooner „My Beauty“ gesichtet, der seine Hülfe anbot, jedoch wollte die Besatzung das Schiff nicht verlassen, da es noch nicht leck war und man auch hoffte einen Dampfer zu treffen. Man bat daher nur das Schiff zu melden und falls der Schooner einen Dampfer träfe diesem über die Lage des Schiffes zu berichten, was auch zugesagt wurde.

Am 19. October wurde die norwegische Bark „Sydney" gesprochen, die ebenfalls Hülfe anbot. Doch beschränkte man sich auch diesmal darauf, um Meldung zu ersuchen.

Am 23. October Mittags starb der Zimmermann Scheefe und wurde am folgenden Tage nach Seemannsgebrauch bestattet.

In dieser Zeit trieb das Schiff in verschiedenen Richtungen. Meistentheils herrschte hoher Seegang, worin das Schiff schwer rollte, die Pumpen wurden nach Möglichkeit lenz gehalten. Einigemale wurde auch ein Dampfer gesichtet, der aber die Signale der Bark nicht bemerkte. Mehrmals gelang es auch die Ruderpinne wieder zu befestigen; sobald jedoch die See etwas zunahm, brachen die Taljen und Ketten wieder, weil das Ruder in den Fingerlingen zu viel Spielraum hatte. Der oberste Fingerling, der sichtbar war, war gebrochen. Einmal wurde eine Kette mit zwei Stahltrossen um das Ruder herumgenommen und an der äußeren Ruderpinne mit einem Schäkel befestigt, alles brach jedoch nach kurzer Zeit wieder weg. Verschiedentlich wurde auch der Versuch gemacht mit dem Schiffe zu halsen und es wurden zu dem Zwecke zwei Leinen von 120 Faden ausgesteckt, das Schiff fiel jedoch höchstens 1 bis 2 Strich ab und luvte dann wieder an: es war total manövrirunfähig.

Am 1. November Nachmittags starb der Schiffer Gärdes und wurde am folgenden Morgen bestattet. Inzwischen war noch ein Mann von der Besatzung krank geworden.

Unter diesen Umständen entschloß sich der erste Steuermann in den ersten Tagen des November, falls ein Dampfer in Sicht käme und das Schiff nicht schleppen wolle, es zu verlassen. Der Proviant reichte nur noch einige Tage und war außerdem von Seewasser stark beschädigt. Das wenige Wasser, das noch vorhanden war, war nicht genießbar, „wenig verschieden von dem Wasser außerbords", wie es im Journal heißt. Zudem machte das Schiff jetzt bedeuteud mehr Wasser und fing auch schon an sich zu begeben. Durch das ständige Hin- und Herschlagen des Ruders waren die Nieten im Steven gesprungen, sodaß viel Wasser einlief. Die Stopfbüchse des Ruders in der Kajüte war gebrochen. Es war nicht anders zu erwarten, als daß auch die übrigen Fingerlinge brechen und dann plötzlich das ganze Hinterschiff aufgerissen, sodaß das Schiff in kurzer Zeit sinken würde. Außerdem bestand Gefahr, daß durch das Schlagen des

Ruders der Achtersteven gelockert und es dann nicht möglich sein würde das Schiff über Wasser zu halten.

In der Nacht zum 10. November wurde endlich ein Dampfer gesichtet, der die ihm gegebenen Nothsignale erwiderte und bei der Bark blieb. Es war eine dunkle Nacht und starker Wind, der um 5 Uhr 30 Minuten zum Sturm mit hoher wilder See zunahm, sodaß die Seen stetig über das Deck brachen. Der Dampfer kam inzwischen näher heran, jedoch war er zeitweise selber nicht fähig zu manövriren, weil er durch Sturm und See abgetrieben wurde. Die Signale, die er gab, konnten der Dunkelheit wegen nicht ausgemacht werden. Von der Bark aus signalisirte der erste Steuermann, er müsse das Schiff verlassen, falls der Dampfer ihn nicht schleppen wolle. Die Signalflaggen zerrissen jedoch durch den Sturm.

Es wurde nun von der Back mit großer Gefahr ein Boot ausgesetzt, das der zweite Steuermann und vier Mann bestiegen, um zunächst die Kranken und die Schiffsjungen nach dem Dampfer zu bringen. Während dieser Zeit hatte der Sturm noch zugenommen mit orkanartigen Böen und hoher wilder See. Das Boot langte glücklich am Dampfer an und die Leute wurden an Bord aufgenommen. Als das Boot jedoch wieder abfuhr und nur in geringer Entfernung vom Dampfer war, kam eine gewaltige See und warf das Boot auf die Seite, sodaß der Matrose Orellano herausgeschleudert wurde und trotz aller Anstrengungen der Bootsmannschaft ertrank. Auch der Dampfer versuchte nach der Unglücksstelle zu kommen, jedoch vergebens.

Der Dampfer arbeitete sich dann nach dem Boote und es gelang ihm auch, das Boot zu erreichen und ins Schlepptau zu nehmen. Gegen 9 Uhr 30 Minuten gelangte das Boot glücklich längsseits der Bark. Hier arbeitete es gewaltig, sodaß noch 7 oder 8 Riemen zerbrachen. Schließlich gelang es aber doch allen in das Boot zu kommen, welches dann vom Schiffe abstieß. Zweimal lief eine hohe See in das Boot, aber gegen 11 Uhr nach halbstündiger Fahrt gelangten schließlich alle an Bord des Dampfers. Dieser erwies sich als der englische Dampfer „Holywell", Schiffer Brown aus Sunderland, zur Rhederei von Tyzack Branfoot gehörig und von Swansea nach Port Eads für Order bestimmt. Der erste Steuermann bat den englischen Schiffer, ob er die Bark nicht schleppen wolle, dieser erklärte es jedoch für eine Unmöglichkeit bei dem herrschenden Wetter. Der Dampfer setzte dann seine Reise fort. Es war auf 42° 15′ N und 36° W, als die Bark verlassen wurde.

Die Aufnahme und Behandlung der Schiffbrüchigen an Bord des englischen Dampfers war gut. Allerdings hat sich ein Theil der Leute darüber beklagt, daß sie an den Kohlen hätten arbeiten müssen, und daß der Bootsmann des Dampfers gesagt habe, wer nicht arbeite, bekomme auch nichts zu essen. Das Seeamt vermag aber diese Beschwerden keineswegs als begründet anzuerkennen. Zunächst ist thatsächlich dies Arbeiten an den Kohlen dahin zu verstehen, daß 8 Mann 2½ Tage lang die Kohlen haben aus dem Raume an Deck schaffen müssen. In dieser Verwendung der Leute vermag das Seeamt nichts irgend inhumanes zu finden, vielmehr hätten die Leute, die dem Führer des Dampfers zu größtem Danke verpflichtet waren, gerne bereit sein müssen, ihre Kräfte zur Förderung der Arbeit auf dem Dampfer einzusetzen, mochte sie auch sauer und ungewohnt sein. Das Seeamt hat daher kein Bedenken getragen, im Spruche dem Schiffer Brown eine lobende Anerkennung auszusprechen.

Am 23. November erreichte der Dampfer Galveston und landete hier die schiffbrüchige Besatzung.

Die Bark wurde noch am 10. November von dem englischen Dampfer „Tampican" aufgefunden und nach viertägiger Arbeit in Fayal binnengebracht.

Der hier mitgetheilte Thatbestand ist durch die Aussagen der Zeugen, insbesondere der beiden Steuerleute und den bei der Verklarung vor dem Kaiserlichen Consulat in Galveston vorgelegten Journalauszug, endlich durch das Journal selbst dem Seeamt hinreichend bewiesen worden. Widersprüche sind dabei überall nicht hervorgetreten.

Bei der Würdigung dieses Materials konnte das Seeamt die erste der daraus sich ergebenden Fragen: ob das Verlassen des Schiffes gerechtfertigt war, unbedenklich bejahen. Es war die Takelage verloren gegangen, das Schiff machte bedeuteud Wasser, das Ruder war weggeschlagen, der Proviant schlecht und das Wasser verdorben. Unter diesen Umständen hätte ein längeres Verweilen auf dem Schiffe nur mit größter Lebensgefahr verbunden sein können. Daß andererseits der erste Steuermann bis zum letzten Augenblick ausgeharrt hat in der Hoffnung, einen Dampfer zu finden, der das Schiff einschleppen könnte, und darum wiederholt die Hülfe von Segelschiffen abgelehnt hat, ist als ein Beweis energischen und muthigen Verhaltens lobend anzuerkennen.

Es bedarf ferner nicht des Beweises, daß der Tod des Zimmermanns Scheefe ebenso wie der Tod des Matrosen Orellano lediglich durch höhere Gewalt herbeigeführt worden ist, und daß weder die Schiffsleitung im ersten, noch die Bootsbesatzung im zweiten Falle ein Verschulden trifft. Ein solcher Vorwurf ist denn auch von keiner Seite geltend gemacht worden.

Das Seeamt nimmt weiter an, daß die Krankheit, die an Bord ausgebrochen ist, Scorbut gewesen ist, wie auch schon während der Reise der erste Steuermann — wenigstens bei einem Theile der Fälle — unter diesem Eindrucke gestanden hat. Das Seeamt stützt sich dabei auf das Gutachten des als Sachverständigen vernommenen Sanitätsraths Dr. Hartwig. Herr Dr. Hartwig hat seine Ansicht dahin ausgesprochen, daß auch im Falle Hedlund die Diagnose auf Scorbut zu stellen sei. Dabei ist zu bemerken, daß nach der Aussage des ersten Steuermanns Altersschwäche und Auszehrung als Todesursache erst nachträglich eingetragen worden sind. Der Sachverständige begründet sein Gutachten wesentlich auch mit dem Hinweis auf den Zustand des Trinkwassers, der besonders geeignet sei, die Krankheit hervorzurufen.

Da es schon nach der ersten Verhandlung — die Sache ist einmal ausgesetzt worden — sehr wahrscheinlich erschien, daß Salpeter in die Wassertanks eingedrungen und dadurch das Wasser verdorben sei, so hat das Seeamt beschlossen, über diesen Punkt ein Gutachten zu erfordern. Dies von dem chemischen Staatslaboratorium in Hamburg — dorthin ist die Bark später gebracht worden — erstattete Gutachten hat folgendes Ergebniß zu Tage gefördert:

Das Wasser sämmtlicher Tanks war klar und farblos. Beim längeren Stehen an der Luft entstand kein Bodensatz. Geruch war nicht vorhanden. Der Geschmack war schwach bitter, theils stark, theils schwach salzig, auf der Zunge kühlend wirkend.

Bei der qualitativen Vorprüfung wurde starke Chlor- und Salpetersäure-Reaktion vorgefunden, während Schwefelsäure, Kohlensäure, Kalk und Magnesia nur gering oder gar nicht vorhanden waren.

Die quantitative Bestimmung ergab folgende Zahlen:

Chlor im Tank Backbord I: 0,5167 %; Backbord II: 1,2868 %; Steuerbord I: 0,2840 %; Steuerbord II: 0,4952 %; Salpetersäure, Backbord I: 2,6750 %; Backbord II: 12,000 %; Steuerbord I: 0,9168 %; Steuerbord II: 2,9000 %.

Beim Ansäuern der Wasserprobe mit Schwefelsäure färbten sie sich mehr oder weniger bräunlich-gelb und die Flüssigkeiten gaben die Jodreaktion.

Aus diesen Daten berechnet sich die Zusammensetzung der Wasserproben auf einen Liter:

	Backbord I	Backbord II	Steuerbord I	Steuerbord II
1. Salpetersaur. Natron	42,10 g	188,90 g	14,43 g	45,65 g
2. Chlornatrium	6,20 „	17,06 „	3,22 „	6,30 „
3. Schwefelsaur. Kalk..	0,92 „	1,88 „	0,51 „	0,93 „
4. Schwefelsaur. Natron	0,90 „	2,70 „	0,52 „	0,86 „
5. Jodsaur. Natron ...	Spuren	kl. Mengen	Spuren	Spuren
6. Chlormagnesium....	1,87 g	3,86 g	1,18 g	1,50 g
Feste Bestandtheile..	51,99 g	213,70 g	19,86 g	55,24 g

Hiernach gelangt das Gutachten zu dem Schlusse, daß das Wasser wegen des beträchtlichen Gehalts an Rohsalpeter für ungenießbar zu erklären sei. Sanitätsrath Dr. Hartwig hat sich in demselben Sinne ausgesprochen. Nun hat aber die Besatzung schon am 90. Tage der Reise, d. i. am 22. August den schlechten Zustand des Wassers bemerkt und seitdem davon mehr als 2½ Monat getrunken.

Es fragt sich: wie konnte Salpeter in die Tanks eindringen? Da die Zeugenaussagen in der ersten Verhandlung über die Anlage der Tanks und die Art ihrer Einbauung in das Schiff kein klares Bild gewinnen ließen, hat das Seeamt auch hierüber ein Gutachten erfordert, das von dem Inspektor W. Schwartz erstattet worden ist und folgenden Inhalt hat:

Auf der Bark „Smidt", die früher ein Dampfer gewesen ist, befindet sich noch das hintere eiserne Maschinenschott vom Boden bis an das Zwischendeck reichend, sowie ein Theil des Schraubentunnels im hinteren Raume. An der Hinterseite des genannten Schotts sind die Tanks bis zur Höhe des Zwischendecks angebaut, sodaß das Schott die Vorderseite der Tanks bildet. Die Zwischendecksbalken gehen durch die Tanks und die obere Seite ist zugleich ein Stück eisernes Zwischendeck, worüber das hölzerne gelegt ist.

Es liegen vier Tanks querschiffs nebeneinander. Jeder Tank ist 6 Fuß engl. lang, 5 Fuß 10 Zoll breit und 14 Fuß tief, jedoch sind die beiden mittleren etwas kleiner, da sie um den alten Schafttunnel gebaut sind.

Das Innere der Tanks befindet sich in gutem Zustande.

In jedem Tank ist eine Oeffnung, 21 Zoll lang und 15 Zoll breit, jedoch ohne aufstehende Kante und eisernen Deckel oder irgend welche Vorrichtung, um einen wasserdichten Verschluß herstellen zu können.

In dem hölzernen Zwischendeck befindet sich über jedem Ausschnitt ein nach jeder Richtung 2 Zoll größerer Ausschnitt, der durch aufgenagelte Leisten von 1 1/2 Zoll Höhe und 3 Zoll Breite eingefaßt ist, sodaß die Innenkante der Leisten genau zu den Schnittflächen des Ausschnitts paßt. Als Verschluß diente eine hölzerne 4 1/2 Zoll dicke Luke, die am vorderen Ende durch zwei Hänge befestigt ist. Die Luke war abkalfatert, abgepecht und mit 2 Persenningen bedeckt, die durch Schalklatten auf das Zwischendeck festgenagelt waren. Die Schalklatten sind theilweise mit drei, andere mit mehr Nägeln befestigt, bilden jedoch auf dem alten Zwischendeck keinen wasserdichten Verschluß, da das Deck hierzu nicht mehr gleichmäßig genug ist und stellenweise ein Zollstock unter der Persenning durchgeschoben werden konnte.

Beim Schließen der Luken war auf die überstehenden Kanten der Tanks weder dicke Farbe noch sonst etwas zur Dichtung gelegt worden, und die hölzernen Luken reichten auch nicht bis auf die Tanks hinunter.

Beim Kalfatern der Luken war das Werg nicht weit genug hineingetrieben worden, sodaß unterhalb der Leisten, zwischen Deck und Luke kein Werg hingekommen war.

Die Leisten waren ohne Zwischenlage auf das Deck genagelt und konnten daher keinen wasserdichten Verschluß herstellen. Auch waren die Kanten und Enden der Deckplanken unter den Leisten an vielen Stellen abgestoßen und angefault. Hauptsächlich an der Hinterseite der Luken waren die Enden der Deckplanken vom öfteren Oeffnen der Luken ganz zerstoßen und weggedrückt, auch zum Theil weggefault, sodaß hier alles unter den Persenningen durchdringende Wasser direct in die Tanks laufen konnte.

An den Seiten und hinter den Tanks ist das Salpeterwasser an vielen Stellen durch die Nähte des Zwischendecks geleckt. Es ist daher auch anzunehmen, daß das Wasser durch die über den Tanks liegenden Nähte des Zwischendecks gedrungen ist und daß ein Theil des Salpeterwassers beim Suchen nach einem Abfluß von der Tankdecke in die Tanks hineingelaufen ist, da es hieran auf keine Weise gehindert wurde.

Bei diesem Thatbestande gelangt der Sachverständige zu dem Schlusse: „daß das Eindringen des Salpeterwassers in die Tanks nur eine Folge der mangelhaften Anlage der Verschlüsse der Tanks, sowie der mangelhaften und sorglosen Dichtung der Tanks sei“.

Das Seeamt kann sich dieser Auffassung nur anschließen. Nimmt man auch an, daß die schweren Stürme, unter denen das Schiff beim Cap Horn zu leiden hatte, ihr Theil dazu beigetragen haben, das Eindringen des Salpeterwassers in die Tanks zu ermöglichen, — was sich gewiß so verhalten wird, — so ist damit keine Entschuldigung gegeben. Denn die Verwahrung der Tanks muß so beschaffen sein, daß sie im Stande ist, der Unbill der Witterung, wie man sie bei jeder längeren Seereise erwarten muß, Widerstand zu leisten.

Das Seeamt hat geglaubt, angesichts der schweren Folgen, die das Eindringen des Salpeterwassers in die Tanks gehabt hat, die Gelegenheit nicht vorübergehen lassen zu sollen und auf die eminent wichtige Frage der Aufbewahrung des Trinkwassers hinzuweisen. Die Bedeutung dieser Frage bedarf garnicht der Erörterung. Es würde im hohen Grade wünschenswerth sein, wenn die betheiligten Kreise Veranlassung nehmen, die Angelegenheit aufs neue zu prüfen und eventuell Vorschriften nach dieser Richtung zu erlassen.

Es bedarf schließlich noch ein Punkt der Erörterung. Ein Theil der Zeugen hat gegen den ersten Steuermann die Beschuldigung erhoben, daß er wiederholt betrunken gewesen sei und die Leute auch mißhandelt habe. Namentlich der als Zeuge vernommene Koch Christiansen hat sich zum Fürsprecher dieser Beschwerden gemacht. Er hat auch behauptet, der Schiffer habe ihm am 14. October den Auftrag ertheilt, über das Verhalten des ersten Steuermanns Aufzeichnungen zu machen, da er ihn bestrafen lassen wolle, „auch noch wegen anderer Sachen in Cardiff", d. i. wie der Zeuge nach längerem Zögern angab, weil der erste Steuermann dort Tauwerk von Bord verkauft habe. Der Zeuge hat denn auch ein Tagebuch übergeben, worin mitgetheilt wird, daß der erste Steuermann wiederholt total betrunken gewesen sei, insbesondere am 13. October, dem Tage des schweren Sturmes, sodaß er am 14. Morgens keine Wache gegangen sei und daß er auf den Befehl des Schiffers, Taljen auf das Ruder zu bringen, erwidert habe: da sollten Sie sich nur nicht darum kümmern, Sie liegen ja gut in der Koje und ich muß mich mit der elenden Mannschaft abquälen an Deck. Der Zeuge behauptet ferner, er habe allein den Schiffer gepflegt, sonst habe sich Niemand um ihn gekümmert. Der erste Steuermann hat diese Beschuldigungen durchaus bestritten.

Das Seeamt hält die Aufzeichnungen des Zeugen für werthlos. Es ist zunächst kaum denkbar, daß ein Schiffer einen solchen Auftrag, wie ihn der Zeuge behauptet, sollte ertheilt haben, die Rücksicht auf die Disciplin müßte ihm das verbieten. Hinzukommt, daß nicht einzusehen ist, inwiefern der Schiffer hätte denken können, in einem eventuellen Strafverfahren gegen den ersten Steuermann mit einem solchen Hülfsmittel das Gewicht seiner Aussage zu verstärken. Man kann daher nur annehmen, daß der Schiffer, wenn er etwas derartiges gesagt hat, das in einem unzurechnungsfähigen Zustande gethan hat, da er am 14. October schon schwer krank war. Die Bekundung des Zeugen, der Schiffer sei damals bei vollem Verstande gewesen, ist ohne Bedeutung, vollends gegenüber der Erklärung des Sanitätsraths Dr. Hartwig, daß auch das in scheinbar lichten Augenblicken von dem Kranken Gesprochene phantasirt sein könne. Aber auch dem Inhalte nach sind die Aufzeichnungen werthlos. Der Zeuge ist von der größten Animosität gegen den ersten Steuermann beseelt, es war ihm schlechterdings nicht möglich, dies in der Verhandlung zu verbergen. Ob der Grund dieser Stimmung nur darin liegt, daß der Zeuge einmal im Hafen von Iquique auf Veranlassung des Steuermanns wegen Trunkenheit im Dienste bestraft worden ist, muß dahingestellt bleiben.

Nun wird freilich auch von anderen Zeugen bekundet, daß der erste Steuermann am 13. October Abends und an dem Tage, wo das Schiff verlassen wurde, angetrunken gewesen sei. Was den ersten Fall angeht, so ist es doch zweifelhaft, ob nicht das, was die Zeugen für Erscheinungen von Angetrunkenheit gehalten haben, vielmehr Zeichen der Aufregung gewesen sind, die sich des ersten Steuermanns an jenem Tage bemächtigen mußte. Keinenfalls hat dieser Zustand irgend einen nachtheiligen Einfluß auf seine Thätigkeit im Schiffsdienst ausgeübt. Im zweiten Falle steht den Aussagen der Zeugen von der Bark selbst eine Erklärung des Schiffers und der Officiere des englischen Dampfers entgegen, wonach der erste Steuermann bei seiner Aufnahme an Bord nicht berauscht gewesen sei und auch nicht den Eindruck gemacht habe, als befinde er sich in einem berauschten Zustande. Diese Erklärung, die dem Kaiserlichen Consulat in Galveston zugegangen ist, hat jedenfalls so viel Gewicht zu beanspruchen, daß sie für diesen — und indirect auch im ersten — Fall die Aussagen der Belastungszeugen gänzlich erschüttert.

Aehnlich steht es mit dem Beweise der Behauptung, daß der erste Steuermann die Besatzung geschlagen habe. Abgesehen von ganz allgemeinen Bekundungen ist nur ein einziger specieller Fall vorgebracht worden. Dieser besteht darin, daß er beim Verlassen des Schiffes, als die Leute von Bord gingen, sie geschlagen habe. Der Steuermann erklärt dagegen den Sachverhalt so, daß die Leute ängstlich gewesen seien in das Boot zu gehen, deswegen habe er sie in den Nacken gefaßt und in das Boot gestoßen. Diese Erklärung erscheint dem Seeamte durchaus glaubwürdig und auch ausreichend.

Endlich hat der Zeuge Christiansen noch dem ersten Steuermanne den Vorwurf gemacht, dieser habe ihm am letzten Lebenstage des Schiffers untersagt, dem Schiffer das Wasser mit dem Katheter abzunehmen. Auch hier ist die Erklärung des Steuermanns, er habe gesehen, daß es mit dem Schiffer zu Ende gehe und deswegen die Leute wieder weggeschickt, für das Seeamt genügend, den Vorwurf zu widerlegen.

Das Seeamt ist aber auch der Meinung, daß es nicht genügt, die gegen den ersten Steuermann erhobenen Vorwürfe zurückzuweisen, sondern, daß es auch gerechtfertigt ist, ihm für die in der Schiffsführung bewiesene Energie eine lobende Anerkennung auszusprechen. Er hat offenbar in einer fast verzweifelten Lage auf einem entmasteten Schiffe mit kranker Mannschaft alles gethan, was er als Schiffsführer konnte, um diese und jenes zu erhalten, und wenn die Besatzung aus irgend welchen Gründen das nicht anzuerkennen vermag, so ist hier die Stelle es öffentlich zu thun.

56. Spruch des Seeamts zu Bremerhaven vom 3. April 1897, betreffend die Zusammenstöße des Vollschiffs „Nereus" von Bremen mit dem spanischen Schraubendampfer „Ciscar" und einem unbekannt gebliebenen Dampfer in der Nordsee.

Der Spruch des Seeamts lautet:

Am 14. Januar 1896 hat zwischen dem Vollschiffe „Nereus" und dem spanischen Dampfer „Ciscar" in der Nordsee unweit des Galloper-Feuerschiffs ein Zusammenstoß stattgefunden, welcher allein auf das Verschulden des Dampfers „Ciscar" zurückzuführen ist, indem derselbe entgegen der Vorschrift des Art. 17 der Verordnung zur Verhütung des Zusammenstoßens der Schiffe auf See vom 7. Januar 1880 dem Segelschiffe, welches zum Curshalten verpflichtet war, nicht aus dem Wege gegangen ist. Durch den Zusammenstoß hat der „Ciscar", von dem der Schiffer, ein Steuermann und ein Passagier auf den „Nereus" übersprangen, so schwere Beschädigungen erlitten, daß er bald nachher in der Nähe untergegangen ist, während die übrige Besatzung des „Ciscar" durch englische Fischerfahrzeuge gerettet worden ist.

In der Nähe des „Nereus", welcher durch starke Beschädigungen am Bug und in der Takelage manövrirunfähig geworden war, hielten sich an den beiden Tagen nach dem Zusammenstoße verschiedene Dampfer und eine Anzahl von Fischerfahrzeugen auf. Am 15. Januar 1897 gegen 7 Uhr Abends kam ein unbekannter Dampfer bei dem Versuche, Hülfe zu leisten, dem „Nereus" so nahe, daß ihm von demselben an seiner Steuerbordseite ein Boot weggerissen wurde und der Leichtmatrose Theis über Bord fiel und ertrank. Der zweite Steuermann warf dem p. Theis sofort eine Boje und ein Tau zu. Die nicht schon vorher mit dem ersten Steuermann in einem Boote abgefahrene Mannschaft begab sich mit dem Schiffer in der Annahme, daß das Schiff sinken würde, alsbald in ein zweites Boot, versuchte zunächst den p. Theis zu retten, und hielt alsdann auf die in der Nähe befindliche Fischersmack „Benefactor" ab, mit welcher der Schiffer wegen Hülfeleistung Akkord gemacht hatte. Dieses Fahrzeug, auf welches auch das vom ersten Steuermanne geführte, vom „Nereus" zuerst abgegangene Boot gestoßen war, landete die ganze Besatzung des „Nereus" mit Ausnahme des verunglückten Leichtmatrosen Theis am 16. Januar 1896 in Lowestoft.

Die Schiffsleitung des „Nereus" trifft an beiden Unfällen ein Verschulden nicht. Die zur Rettung des Leichtmatrosen Theis angeordneten Maßregeln entsprachen der Sachlage, auch war das Verlassen des Schiffes gerechtfertigt.

G r ü n d e. Das Vollschiff „Nereus" führt das Unterscheidungs-Signal QFJG und hat Bremen zum Heimathshafen. Der Netto-Raumgehalt beträgt 4 983,1 cbm oder 1 759,04 britische Register-Tons. Das Schiff, welches im Jahre 1889 aus Stahl erbaut ist und 1 Chronometer führt, gehört zur Rhederei von Gildemeister & Ries, hat eine Besatzung von 25 Mann und wird vom Schiffer J. Schulte geführt. Das Schiff war im November 1894 vom Germanischen Lloyd einer speziellen Besichtigung unterzogen und hatte nach Reparatur an den Spanten und Platten die Classe + 100 A_4 auf 4 Jahre bestätigt erhalten. Im Mai 1895 wurde der Boden im Trockendocke zu Hamburg besichtigt und in bester Ordnung befunden.

Das Schiff verließ am 2. October 1895 mit einer für Hamburg bestimmten Ladung Salpeter den Hafen von Iquique und traf am 4. Januar 1896 im Englischen Canal ein. Nachdem am 13. Januar um 9 Uhr Abends das South Sandhead und um 11 Uhr Abends das East-Goodwin-Feuerschiff passirt war, übernahm am 14. Januar Morgens 4 Uhr der zweite Steuermann Betten die Wache an Deck. Der Wind war SSW, Stärke 5—6. Es wurde NNO 1/4 O gesteuert. Die Raaen waren an Steuerbord etwas angebraßt. Das Schiff machte etwa 6—7 Knoten Fahrt. Das Wetter war regnerisch und finster, jedoch feuersichtig. Die Seitenlichter brannten gut. Gegen 3 Uhr Morgens war geloggt und befand sich das Schiff nach Loggerechnung im Feuerkreise des Galloper-Feuerschiffs; das Feuer war jedoch nicht gesichtet. Etwa 4 Uhr 15 Minuten Morgens sah der zweite Steuermann Betten 1/4—1/2 Strich an Backbord voraus ein weißes Licht, welches er für das Licht eines Fischerfahrzeugs hielt. Er änderte deshalb den Curs bis NzO, indem er etwas anluvte. Nach einigen Minuten sah Betten links von dem zuerst gesichteten und noch sichtbaren weißen Lichte ein zweites Licht recht voraus, welches er ebenfalls für das Licht eines Fischerfahrzeugs hielt. Beim Sichten des zweiten Lichtes war das erste in Folge des Anluvens etwa 1 1/2 Strich nach Steuerbord hinübergewandert. Der Curs wurde durch weiteres Anluven um 1 Strich auf Nord geändert. Einige Minuten später erblickte der zweite Steuermann unter dem ersten weißen Lichte ein rothes und erkannte hieraus sofort, daß das fragliche Schiff ein Dampfer sein mußte. Der Curs wurde beibehalten. In diesem Augenblicke kam der Schiffer Schulte, welchem von dem um 4 Uhr zur Koje gehenden ersten Steuermanne gemeldet worden war, daß das Galloper-Feuerschiff nicht gesichtet sei, auf Deck, wo ihm vom zweiten Steuermanne sofort der Dampfer in Sicht gemeldet wurde. Da der Dampfer zum Ausweichen verpflichtet war, ahnte der Schiffer zunächst gar keine Gefahr. Nur zuletzt, als der Dampfer seinen Curs gar nicht änderte, fiel dem Schiffer dieses auf, und äußerte derselbe: „Der läßt sich ja lange Zeit." Der Schiffer ließ der Vorschrift gemäß den Curs beibehalten, bis es ihm schien, als wolle der Dampfer vor dem „Nereus" vorüber. Nach dieser Beobachtung ließ der Schiffer das Ruder sofort hart Steuerbord legen, um, wenn möglich, den drohenden Zusammenstoß abzuschwächen. Dieses ist jedoch nicht mehr geglückt, der Zusammenstoß hat schon stattgefunden, als erst zwei Speichen vom Ruder übergedreht waren. Nach Ansicht des Schiffers ist die Maschine auf dem Dampfer weder rückwärts gestellt noch auch nur gestoppt; auch ist ein Signal mit der Dampfpfeife vor dem Zusammenstoße nicht gegeben. Auf den durch den Zusammenstoß verursachten Krach ist die gesammte Mannschaft des „Nereus" auf Deck gekommen und hat die Boote in den Davits fertig gemacht. Bei dem Zusammenstoße war der Capitain, Steuermann und ein Passagier von dem Dampfer, welcher sich als der spanische Dampfer „Ciscar" erwies, auf den „Nereus" übergesprungen. Der spanische Schiffer hat dem Schiffer Schulte erklärt, er habe seinen Dampfer deshalb verlassen, weil das Deck schon unter Wasser gestanden habe. Er sei deshalb über Bord gesprungen und dann an Bord des „Nereus" geschwommen. Dem Schiffer Schulte ist diese Erzählung wenig glaubhaft vorgekommen, da das Zeug des spanischen Capitains, welcher sich wegen Verlassens seines Schiffes zu geniren schien, nicht von Wasser getrieft hat, sondern nur von Regen durchnäßt gewesen ist. Der Schiffer Schulte hat denn auch von einem seiner Leute, welcher bei dem Zusammenstoß auf den „Ciscar" übergesprungen und nachher zurückgekommen war, erfahren, daß die Angabe des spanischen Schiffers, das Deck des „Ciscar" sei schon unter Wasser gewesen, aus der Luft gegriffen war. Dem spanischen Steuermanne, welcher erklärt hatte, daß er die Wache gehabt, aber keine Lichter gesehen und deshalb den Curs nicht geändert habe, wurden von der Back aus die auch nach der Collision noch hellbrennenden Lichter des „Nereus" gezeigt. Der Schiffer Schulte hat demselben auf seine Bemerkung, daß, wenn der „Nereus" nur 2 Strich abgehalten hätte, alles klar gegangen wäre, erklärt, daß er dieses sehr wohl wisse, nach der gesetzlichen Vorschrift habe aber der „Ciscar" ausweichen, der „Nereus" dagegen Curs halten müssen.

Der „Ciscar", dessen Fockmast bei dem Zusammenstoß über Bord gegangen war, hatte den „Nereus" etwa 8 Fuß vom Steven entfernt an Steuerbord getroffen; die Beschädigungen reichten bis 2 Fuß vor dem Collisionsschott und hatten, wie sich später herausgestellt hat, eine Ausdehnung von 18 Fuß. Einige Leute von der Mannschaft haben die Vorderluke geöffnet und sich überzeugt, daß sich kein Wasser im Schiffe befand. Das Collisionsschott leckte von Anfang an in feinen Strahlen. Da die Windstärke z. Z. des Zusammenstoßes 7 betrug, machten die Segel viel zu schaffen, weil die Bramstenge und das Bugspriet gebrochen waren. Die losgekommenen

Raaen wurden an die Stenge mit Tauwerk festgezurrt. Bis um 10 Uhr Morgens am 14. Januar trieb der „Nereus“, da derselbe wegen der starken Beschädigung am Steuerbordbug nicht manöveriren und allenfalls nur mit Backbordhalsen segeln konnte. Auf gegebene Nothsignale kamen die englische Fischersmack „Snowdrup“ und Boote von verschiedenen anderen in der Nähe fischenden Smacks längsseits des „Nereus“, welchen der Schiffer Schulte erklärte, daß er nach der englischen Küste geschleppt zu werden wünsche. Der Schiffer von der „Snowdrup“ erklärte sich zur Besorgung der gewünschten Schlepphülfe bereit und hoffte schon um 8 Uhr Abends an Land zu sein. Mit der „Snowdrup“ verließen der Schiffer, Steuermann und Passagier des „Ciscar“ den „Nereus“ und wurden später in Kentish Port gelandet. Auch die Mannschaft des „Nereus“ hat mit der „Snowdrup“ den „Nereus“ verlassen wollen, was aber der Schiffer Schulte ebenso wie eine um 12 Uhr Mittags, wo der Wind nach NW umsprang und ein Rettungsboot heruntergefiert wurde, wiederholte Bitte um Verlassen des Schiffes ablehnte. Während des ganzen Nachmittags war vom „Nereus“ aus der Dampfer „Ciscar“ etwa 6 Seemeilen entfernt in südlicher Richtung in Sicht; von verschiedenen Fischerbooten umgeben wurde er an dem gebrocheren Fockmast und daran erkannt, daß er nur mit der Back und dem Hintertheil aus dem Wasser ragte. Derselbe wird in der darauf folgenden Nacht gesunken sein, während die aus 20 Mann bestehende Besatzung mit der Fischersmack „Marie“ später in Calais gelandet ist. Um 3 Uhr 30 Minuten desselben Tages kam ein englischer Dampfer „Specialist“ längsseits des „Nereus“ und bot seine Hülfe an. Der Schiffer Schulte fuhr in einem Boote an Bord und wäre bei dem schweren Seegange beinahe verunglückt, weil die Mannschaft auf den großen Reisen zu wenig Gelegenheit hat, bei unruhigem Seegange Bootsmanöver zu machen. Die Verhandlungen mit dem „Specialist“ blieben resultatlos, weil das Schiff in Ballast ging und deshalb dem Ruder nicht gehorchen wollte; auch lief eine solch' hohe See, daß es unmöglich war, die Verbindnng herzustellen; das Erbieten des „Specialist“, in der Nähe zu bleiben, lehnte der Schiffer Schulte ab, da genügend Fischerboote in der Nähe waren. Das Boot vom „Nereus“, welches den Schiffer Schulte vom „Specialist“ wieder abholte, war mit dem zweiten Steuermann und anderer Mannschaft besetzt, da die erste Mannschaft sich geweigert hatte, ihren Schiffer wieder abzuholen. Während der Abwesenheit des Schiffers Schulte von Bord des „Nereus“ hat die Mannschaft auch versucht, die

Steuerleute zum Verlassen des Schiffes zu überreden. Da die Pumpen unklar waren und das Schiff vor Untermarssegeln mit Backbordhalsen etwa 2½ Knoten Fahrt machte, dabei aber etwa 6 bis 7° auf dem Kopfe lag, wurden, um den Bug hoch zu bringen, etwa 40 Tonnen Ladung aus dem Vorraume geworfen. Von dem Abstützen des Collisionsschotts mußte abgesehen werden, da die Salpetersäcke wegen der Gefahr des Wegschmelzens hierbei nicht benutzt werden durften. Ein Abstützen gegen die Decksstützen war deshalb nicht angängig, weil dieselben nur für den Druck von oben nach unten bestimmt sind und daher schwerlich einen starken Seitendruck ausgehalten hätten, ein plötzliches Nachgeben der seitlichen Abstützung für das Collisionsschott aber doppelt gefährlich werden konnte. Der andere Grund, weshalb nicht an das Abstützen des Collisionsschotts gegangen wurde, war die viele Arbeit an Deck. Ein Versuch, die Mannschaft bei der Arbeit zu theilen, mißlang, da dieselbe getheilt, sich völlig muthlos zeigte. Bei der Arbeit am 14. Januar hat die Mannschaft jedoch nicht direct den Gehorsam verweigert, obgleich sie besser hätte arbeiten können. Der Wind war nach Norden umgesprungen und dann wieder nach SW. Die Mannschaft mußte alles aufbieten, um das Schiff durch Manövriren von der Nord-Hinder-Bank abzuhalten, dessen Leuchtschiff etwa 8 Seemeilen entfernt war. Am 14. Januar, Abends 9 Uhr, war die Mannschaft völlig abgemattet; es wurden beständig Raketen und Blaufeuer gezeigt.

Am 15. Januar 2 Uhr Morgens nahm der aus SW kommende Wind an Stärke zu. Auf die Nothsignale kam um 6 Uhr Morgens der Stettiner Dampfer „Hochfeld" längsseits des „Nereus" und blieb bei demselben bis zum Tagwerden. Zwischen 8 und 12 Uhr Vormittags wurden zwei Versuche gemacht, zwischen den beiden Schiffen Verbindungen herzustellen. Diese Versuche waren deshalb besonders schwierig, weil die Boote des „Nereus" nicht dicht an den Dampfer herangehen durften, da derselbe Kimmkiele hatte und in Ballast ging, so daß beim Schlingern des Dampfers die Boote leicht unter dessen Kimmkiele kommen konnten. Trotzdem es gelungen war, zweimal eine Verbindung zwischen beiden Schiffen herzustellen, brachen beide Male bei dem schweren Seegange sofort die Taue. Der Dampfer ging deshalb weiter und übernahm es, dem „Nereus" einen Schlepper zu schicken, welcher aber nicht eintraf. Dagegen kam 4 Uhr Nachmittags ein anderer unbekannt gebliebener Dampfer längsseits, welcher gebeten wurde, den „Nereus zu schleppen, wenn das Wetter besser geworden wäre. Es herrschte ein schwerer Sturm mit hohem

Seegange, sodaß die Fischerboote doppelt gerefft hatten. Als der Dampfer etwa 2 Stunden in der Nähe gewesen war, drohte plötzlich eine neue Collision, weil der Dampfer dem Buge des „Nereus" zu nahe gekommen war und letzterer nicht abhalten konnte. Der Schiffer gab den Befehl, die Boote klar zu machen. Es wurden zwei Boote bestiegen. Nachdem der Schiffer eine Dose, in welcher die sämmtlichen Schiffspapiere verwahrt waren, in dem einen Boote untergebracht hatte, stieg derselbe sofort wieder an Deck und gab, als er von der Back aus auf seine Frage die Meldung erhalten hatte, daß der Dampfer vorne klar ginge, Befehl, die Boote wieder zu verlassen und an Deck zu kommen. Das eine Boot mit dem ersten Steuermann und 9 Mann war bereits abgestoßen und konnte bei dem Seegange nicht wieder herankommen. Der Schiffer vermuthet, daß die Fangleine von dem vorne im Boote sitzenden Manne abgeschnitten ist, glaubt dagegen nicht, daß der erste Steuermann Befehl zum Abstoßen gegeben hat. Mit der wieder an Deck gekommenen Mannschaft wurde Schiffsrath über das Verlassen des Schiffes gehalten. Das Collisionsschott hatte sich bedeutend mehr durchgebogen und ließ etwa 5 fünf mal mehr Wasser als wie gleich nach dem Zusammenstoße einströmen, sodaß vorne etwa 2½ und mitschiffs etwa 1½ Fuß Wasser standen. Der als ältester Mann an Bord zuerst gefragte Zimmermann erklärte sich gegen das Verlassen des Schiffes und schlug vor, an die Pumpen zu gehen. Inzwischen war der Dampfer um den „Nereus" herumgegangen und collidirte wieder hinten an Steuerbord mit demselben. Es gab zunächst ein Krachen, welches von dem Eindrücken eines außenbords hängenden Bootes herrührte, und dann eine starke Erschütterung, welche einen neuen Leck vermuthen ließ. Unter der Mannschaft entstand dann ein unverständliches Geschrei und auf seine Frage, was los sei, erhielt der Schiffer zur Antwort „das Schiff sinkt". Da das Schiff sich gerade mehr überlegte und der Schiffer annahm, daß der Rufende das neue Loch gesehen habe, beorderte er die Mannschaft ins Boot.

Als Letzter stieg der zweite Steuermann ins Boot, welcher mit dem Rufe „Mann über Bord" mittschiffs geeilt kam und berichtete, daß bei dem Zusammenstoße der Leichtmatrose Theis versucht habe, auf den collidirenden Dampfer überzuspringen und dabei ins Wasser gefallen sei, weshalb er ihm sofort einen Rettungsgürtel nachgeworfen habe, welchen Theis auch ergriffen habe. Mit dem Boote wurde deshalb sofort die Unfallstelle abgesucht, von dem Verunglückten aber nichts mehr gesehen. Dann wurde das Boot vor dem Winde gehalten und Oel gebraucht, welches bei dem hohen Seegange gute Dienste that. Nach etwa ½stündiger Fahrt im Boote kam die englische Fischersmack „Benefactor", welche wohl die brennende Laterne im Boote gesehen haben mochte, angesegelt, welche auch den ersten Steuermann und die 9 Mann aus dem ersten Boote bereits aufgenommen hatte. Beide Boote gingen verloren, das erste durch Brechen der Fangleine, das zweite mußte gleich nach dem Uebersteigen der Mannschaft und des Schiffers wegen des schweren Seeganges fahren gelassen werden. Mit dem Führer der Smack „Benefactor" hatte der Schiffer Schulte schon vorher schriftlich akkordirt, daß er 2 Tage in der Nähe des „Nereus" bleiben und dafür pro Tag 30 £ erhalten solle, wofür er jede Hülfe leisten müßte. Am 16. Januar Morgens war der „Nereus" nicht mehr in Sicht, weil die Smack „Benefactor" fortgesegelt war. Der Schiffer Schulte wollte zunächst den Führer der Smack veranlassen, nach dem „Nereus" zurückzusegeln. Er bestand aber nicht weiter darauf, da die Fischer ihren Schiffsort schlecht kennen und die zu Rathe gezogene Karte ihn nach dem früheren Treiben des „Nereus" zu der Ueberzeugung kommen ließ, daß der „Nereus" längst auf die Bank getrieben sei. Der Gedanke, daß der Führer der Smack vom „Nereus" wegsegeln würde, ist dem Schiffer Schulte am Abend vorher gar nicht gekommen, da derselbe nach seinem Vertrage ja verpflichtet war, 2 Tage beim „Nereus" zu bleiben. Sonst würde Schiffer Schulte am Abend vorher eine Wache zum Ausguck an Deck gestellt haben. Zu seiner Entschuldigung hat der Schiffer Schulte noch angeführt, daß er nach dem Zusammenstoße mit dem Dampfer „Ciscar" ununterbrochen volle 40 Stunden ohne Schlaf gewesen sei und auch in der Nacht vor dem Zusammenstoße nur 3 bis 4 Stunden Schlaf gehabt habe, so daß er, als er an Bord des „Benefactor" gekommen sei, körperlich und geistig völlig ermattet gewesen sei. Die Aufnahme an Bord des „Benefactor", welcher am 16. Januar gegen 4 Uhr Nachmittags die Schiffbrüchigen in Lowestoft glücklich gelandet hat, ist eine gute gewesen. Der „Nereus" ist später in Rotterdam eingeschleppt, wo der Schiffer Schulte die 2 Monate dauernden Reparaturen beaufsichtigt hat. Als er an Bord gekommen ist, haben 8½ Fuß Wasser im Schiffe gestanden. Das Loch vorne am Steuerbordbug hat eine Ausdehnung von 5—6 Fuß über dem Zwischendeck und oben 18 Fuß gehabt. Es waren eigentlich zwei Löcher, welche Erscheinung auch hinzugezogene Sachverständige nicht haben erklären können. An Backbordseite hat sich ebenfalls ein Loch vorgefunden, welches vermuthlich durch den abgebrochenen Mast des „Ciscar" verursacht ist. Das Collisionsschott ist 12 cm durchgebogen gewesen; bei dem zweiten Zusammenstoße mit dem unbekannten Dampfer hat der „Nereus" nur eine Beule davongetragen, da der Stoß durch das zerdrückte Boot erheblich abgeschwächt ist. Bei der Reparatur hat der „Nereus" im Ganzen 36 neue Platten bekommen. Von der Ladung sind einschließlich der über Bord geworfenen 40 Tonnen im Ganzen 400 Tonnen Salpeter geschmolzen und 700 Tonnen beschädigt gewesen.

Vorstehender Thatbestand beruht auf den beeidigten Aussagen des Schiffers und 5 Mann von der Besatzung des „Nereus". Ein Versuch, auch von dem spanischen Dampfer „Ciscar" Zeugenaussagen über die Ursache des Zusammenstoßes zu bekommen, ist fehlgeschlagen. Trotzdem rechtfertigt sich nach dem festgestellten Thatbestande der abgegebene Spruch, da die Zeugen vom „Nereus", insbesondere dessen Schiffer Schulte, auf das Seeamt einen besonders günstigen und durchaus glaubwürdigen Eindruck gemacht haben.

57. Spruch des Seeamts zu Flensburg vom 3. April 1897, betreffend den Seeunfall des Schraubendampfers „Wilhelm" von Kiel.

Der Spruch des Seeamts lautet:

Der Bruch der Schraubenwelle auf dem Schraubendampfer „Wilhelm" am 6. Juni 1896 während der Reise von Hamburg nach Königsberg ist auf die ungenügende Dimensionirung, auf die mangelhafte Verarbeitung des Eisens und auf die lokale Schwächung durch Anfressung zurückzuführen.

Es ist zu empfehlen, daß der dem Seewasser ausgesetzte Theil der Welle durch einen Ueberzug vor dem Berühren mit Seewasser geschützt werde.

Es ist ferner zu empfehlen, daß die Schraubenwelle mindestens alle zwei Jahre untersucht wird.

Gründe. Der Schraubendampfer „Wilhelm", Unterscheidungs-Signal LCKT, Heimathshafen Kiel, zur Rhederei von A. Sartori gehörig, ist zu einem Netto-Raumgehalte von 453,4 cbm = 160,04 britischen Register-Tons vermessen und mit einer Maschine von 80 indicirten Pferdestärken versehen. Am 6. Juni 1896 brach, während der

Dampfer sich auf der Reise von Hamburg mit Stückgütern nach Königsberg ungefähr auf der Höhe von Fehmarn befand, Abends 9 Uhr 30 Minuten bei gutem Wetter und ruhiger See die Schraubenwelle. Auf gegebene Nothsignale näherte sich der des Weges kommende Schraubendampfer „Ernst" von Kiel, nahm den „Wilhelm" ins Schlepptau und brachte ihn nach der Kieler Föhrde.

Die gebrochene Welle war im Frühjahr 1893 auf Howaldts-Werken in Diedrichsdorf bei Kiel aus Packeteisen neu gefertigt. Sie war seitdem nicht nachgesehen, obwohl das Schiff im Juni 1895 in Kiel und im Mai 1896 in Hamburg gedockt war.

Leitender Maschinist war seit dem 2. Februar 1896 der Maschinist II. Classe Heinrich Nikolaus Loose aus Kiel.

Nachdem die Bruchstücke der Welle von der Rhederei dem Seeamte zur Verfügung gestellt worden, hat zunächst eine seeamtliche Besichtigung dieser Stücke unter Zuziehung des Marine-Bauinspectors Uthemann in Kiel als Sachverständigen stattgefunden. Sodann ist der hinterste Theil der gebrochenen Welle dem genannten Sachverständigen zur näheren Untersuchung übergeben worden. Dieser hat nach stattgehabter Untersuchung das abschriftlich anliegende Gutachten abgegeben.

Was in dem Gutachten über den Befund der Welle und die Dimensionen der Maschinentheile gesagt ist, stimmt mit den seeamtlichen Feststellungen überein.

Nach dem vorliegenden Gutachten des Sachverständigen und in Anbetracht dessen, daß andere Umstände, welche den Bruch der Welle herbeigeführt haben könnten, nicht ermittelt sind, kann es nicht zweifelhaft sein, daß die Ursachen in der ungenügenden Dimensionirung, der mangelhaften Verarbeitung des Eisens und in der lokalen Schwächung durch Anfressung zu suchen sind.

Um die Anfressungen thunlich zu vermeiden, wäre die Welle zwischen den bronzenen Laufbüchsen sachgemäß zu bekleiden gewesen.

Die Schraubenwelle hätte mindestens nach Ablauf von zwei Jahren ins Schiff hineingezogen und sorgfältig untersucht werden müssen. Wäre dieses geschehen, so wäre unzweifelhaft die Schwächung der Welle durch Anfressung längst entdeckt und damit die Nothwendigkeit einer rechtzeitigen Auswechselung klar gelegt worden.

Von dem Germanischen Lloyd ist vorgeschrieben, daß mindestens alle zwei Jahre die Welle ins Schiff hineingezogen und nachgesehen werde.

Gutachten
über den Bruch der Schraubenwelle des Kieler Dampfers „Wilhelm".

Befund.

Bei der Besichtigung der gebrochenen Schraubenwelle des Dampfers „Wilhelm" am 12. Juni 1896 durch das Königliche Seeamt wurde Folgendes festgestellt:

Die Welle war unmittelbar an der Vorkante des hinteren Ueberzugs gebrochen, die Bruchfläche verlief senkrecht zur Wellenachse und zeigte einen ausgeprägten Längsriß im Kerne.

Stärke der Welle.

Das Wellenende zwischen den beiden Ueberzügen war unbekleidet gewesen und hatte zahlreiche Rostanfressungen bis zu 5 mm Tiefe; an der Bruchstelle war die Stelle 5 bis 6 mm tief eingefressen und auch an der Hinterkante des vorderen Ueberzugs hatte die Welle durch Abrosten nur noch 97 mm Durchmesser gegen 102 mm ursprünglich.

Prüfung des Materials.

Die Untersuchung des Materials der Welle wurde am 13. Juli vorgenommen, die 4 Probestäbe wurden aus der Mitte zwischen Kern und Umfang ausgeschnitten, die Zähigkeitsproben bei 200 mm Versuchslänge auf 27,1 mm Durchmesser abgedreht, die Biegeproben erhielten quadratischen Querschnitt von 30 mm Seitenlänge.

Resultate der Proben.

Resultat	Durchmesser mm	Querschnitt qmm	Bruchbelastung im Ganzen kg	Bruchbelastung pro qmm kg	Dehnung pr. Ctr.
Probestab 1	27,1	576,8	19200	33,2	29
„ 2	do.	do.	20400	35,4	27

Die beiden Quadratstäbe waren nicht härtbar und ließen sich im rechten Winkel biegen, ohne Risse zu zeigen.

Schlußfolgerung.

Durch die Untersuchung ist daher festgestellt worden, daß die Welle aus Schweißeisen von etwas unter mittlerer Festigkeit und guter Dehnbarkeit hergestellt worden ist.

Berechnung der Wellenstärke.

Die Dimensionen der Maschinen werden durch die Rhederei wie folgt angegeben:

„Durchm. d. Hochdr.-Cylinders 324²/₃ ∾ 325 mm,
„ do. „ Niederdr.- „ 536 mm,
„Kolbenhub 355 mm, Kesseldruck 5¹/₈ Atm.

Nach den Regeln des Germanischen Lloyd vom Jahre 1896 soll in diesem Falle für die Berechnung des Wellendurchmessers der Hochdruckcylinder und die Konstante $C_1 = 115$ zu Grunde gelegt werden, weil das Verhältniß der beiden Kolbenflächen

$$\frac{D^2}{D_1^2} = \frac{53{,}6^2}{32{,}5^2} \sim 2{,}7 < 3{,}478$$

ist; es ergiebt sich daher der Wellendurchmesser

$$d = \sqrt[3]{\frac{P. L. n. D_1^2}{C_1}} = \sqrt[3]{\frac{6^1/_8 \frac{35{,}5}{2} 32{,}5^2}{115}}$$

$$= \sqrt[3]{1032{,}8} = \underline{10{,}106 \text{ cm.}}$$

unter der Voraussetzung, daß die Welle aus Stahl hergestellt wird. Bei Verwendung von Schweißeisen soll der Durchmesser 5 p. Ct. größer gewählt werden und hätte daher mindestens <u>106 mm</u> betragen müssen.

Schlußfolgerung.

Die Ursache des Bruches ist nach Vorstehendem eine dreifache und zwar erstens die ungenügende Stärke des Wellendurchmessers bei Benutzung von Schweißeisen, zweitens die ungenügende Verarbeitung des letzteren beim Schmieden (der Längsriß im Kerne der Welle an der Bruchstelle) und drittens die lokale Schwächung der Welle durch Corrosion.

Die beiden ersten Fehler sind allein, der dritte theilweise dem Erbauer der Maschinen zur Last zu legen; daß Eisen im Seewasser in der Nachbarschaft von Bronze schnell zerstört wird, eine sachgemäße Bekleidung der Welle zwischen den bronzenen Lagerhülsen daher nothwendig war, ist eine längst bekannte Erfahrung. — Die Betriebsleitung trifft insofern ein Vorwurf, als die Schwächung der Welle durch Corrosion bei sorgfältiger Untersuchung gelegentlich des Dockens sehr wahrscheinlich rechtzeitig genug entdeckt worden wäre, und dann Maßnahmen zur Verhütung des Weiterrostens hätten getroffen werden müssen.

Zweifellos lassen sich Wellenbrüche dieser Art durch sorgfältige Ueberwachung und richtige Dimensionirung vermeiden, sodaß eine schärfere Controle bei der Klassifikation und der Ausstellung der Certifikate wesentlich zur Verminderung derartiger Havarien beitragen würde.

58. Spruch des Seeamts zu Hamburg vom 3. April 1897, betreffend den Seeunfall der Bark „Mathilde Deussen" von Hamburg.

Der Spruch das Seeamts lautet:

Die Strandung der Bark „Mathilde Deussen" auf den Kalvö-Klippen bei Lillesand in Norwegen, in Folge dessen dieselbe wrack wurde, ist durch unaufmerksame Navigirung herbeigeführt worden.

Das Verhalten des Schiffers Schubert und des ersten Steuermanns Gierer ist zu tadeln.

Thatbestand. Die „Mathilde Deussen", Heimathshafen Hamburg, eine im Jahre 1869 zu Glasgow erbaute eiserne Bark von 2621,6 cbm = 925,41 britischen Register-Tons Netto-Raumgehalt, war Eigenthum der Handelsgesellschaft Mentz, Decker & Co. in Hamburg, stand unter Führung des Schiffers Hugo Richard Schubert, hatte die Classe ✠ ⁂ Ⓐ 1. beim Britischen Lloyd und war zu M. 100000 taxirt, von diesem Betrage waren jedoch nur M. 50000 versichert.

Das Schiff befand sich auf einer Reise von Hamburg nach Frederikstad, hatte am 25. Januar 1897 Morgens den Hamburger Hafen verlassen und war Nachmittags in See gegangen.

Mit frischem OSOWinde wurde Hornsriff am 6. Januar Morgens 6 Uhr und Abends 8 Uhr desselben Tages Hanstholm-Feuer mißweisend SSO in 19 Seemeilen Abstand passirt. Man steuerte NO½N nach dem Compaß. Am folgenden Tage war der Wind stürmisch aus OSO, und peilte man das Feuer von Hanstholm dwars Morgens 7 Uhr 30 Minuten in 20 Seemeilen Abstand. Mittags desselben Tages wurde gehalst. Um 12 Uhr 30 Minuten peilte man Lodberg-Feuerthurm in OSO½O n. d. Compaß. Um 6 Uhr peilte man Hanstholm in SOzO. Von 8 bis 12 Uhr Abends wehte der Wind sehr steif, und traten Schneeböen ein. Nachts 12 Uhr peilte man Hanstholm-Feuerschein in S¼O. Das Schiff lag NNO½O an. Die Abtrift betrug ½ Strich, die Deviation auf diesem Curse 3 Grad Ost, sodaß das Schiff rechtweisend N10°O hinging. Die Böen wurden jetzt häufiger, nahmen an Stärke zu, in Folge dessen das Schiff vielfach in den Wind gedreht werden mußte. Die Fahrt des Schiffes war gering und ward auf ungefähr 4 Seemeilen in der Stunde angegeben. Um nicht zu viel zu treiben, wurden so viel Segel wie möglich geführt. Am 8. Januar Morgens 1 Uhr 30 Minuten peilte man Hanstholm-Feuerschein in Süd nach dem Compaß. Das Schiff lag NzO mit 3/4 Strich Abtrift bei 15° West Mißweisung und 1° Ost Deviation an und mußte nach diesem Curse rechtweisend N13°W hingehen. Man berechnete, daß man das Feuer von Oxoe auf diesem Curse gerade voraus in Sicht bekommen würde. Wegen des seit längerer Zeit vorherrschenden starken Ostwindes nahm man an, daß die Strömung nach Westen setzen würde. Es war Wache des zweiten Steuermanns Darm, doch war Schiffer Schubert auf der Wache von 12—4 Uhr beständig an Deck. Auf Ausguck befand sich der Matrose Sandelin. Der zweite Steuermann stieg während seiner Wache wiederholt in den Top, um nach Feuern auszusehen, konnte indeß nichts voraus von einem Feuer entdecken. Die Luft war diesig und schneeig. Der Wind war jetzt nach ONO herumgegangen, und lag das Schiff dicht am Winde. Man führte die beiden Untermarssegel, das Großobermarssegel, die Fock, den Klüver, das Vorstengenstagsegel, das Großstengenstagsegel, das Besahnstengenstagsegel und den Besahn. Um 2 Uhr 45 Minuten wurde der Ausgucksmann nach oben gesandt und meldete in NzO½O ein Feuer, welches indeß schlecht zu erkennen war. Vorher wurde ein Feuer dwars an Backbord gesichtet, welches man für das Licht eines Fischerfahrzeugs oder eines mitsegelnden Schiffes hielt. Dieses Feuer hat man nach der seeamtlichen Beweisaufnahme auch bereits auf der vorigen Wache gesehen. Auch damals hielt Steuermann Gierer jenes Licht für das Licht eines Fahrzeugs. Matrose Aström, welcher damals auf Ausguck war, will jenes Licht bestimmt als festes Landfeuer erkannt und auch gemeldet haben.

Das um 2 Uhr 45 Minuten in Sicht gekommene Licht wurde später als ein Blinklicht ausgemacht, und will Schiffer Schubert, soweit dies bei dem damaligen Witterungszustande möglich war, festgestellt haben, daß das Feuer in 30 Secunden viermal blinkte, wie im Feuerbuch angegeben ist. Schiffer Schubert glaubte nach Einsicht der Karte, Homborg-Feuer vor sich zu haben, und nahm nun an, daß das für das Feuer eines Fahrzeugs gehaltene Licht Oxoe-Feuer sein müsse. Da die Richtung dieses vermeintlichen Oxoe-Feuers erkennen ließ, daß man bereits dem Lande nahe war, ließ Schiffer Schubert sofort die andere Wache auspurren, um das Schiff zu wenden. Das Schiff versagte jedoch die Wendung in der hohen See, und da ein Durchbacken auch nicht gelang, so mußte man sich entschließen, zu halsen. Die Hintersegel wurden sofort weggenommen und die Raaen entsprechend gebraßt. Während des Halsens schralte der Wind nach ONO und holte schließlich wieder nach OSO, sodaß das Schiff nur langsam herumkam. Als das Schiff ungefähr SW anlag, wurden plötzlich Felsen voraus bemerkt, und ehe noch Weiteres zur Vermeidung der Felsen mit dem Schiffe geschehen konnte, stieß dasselbe heftig auf und blieb sitzen. Es wurden nun alle stehenden Segel aufgegeit und ein Boot klar gemacht. Als dieses zu Wasser gelassen werden sollte, bemerkte man, daß das Schiff wieder trieb. Man versuchte durch Ruderlegen das Schiff von dem Felsen abzusteuern, doch blieb dieser Versuch ohne Resultat, das Schiff lief vielmehr kurz danach zwischen zwei Felsenspitzen vollständig fest. Das Schiff war bisher noch dicht. Mittelst des Bootes wurden noch während der Nacht nach Land zu Leinen ausgebracht, um ein Umfallen des Schiffes zu verhindern; sodann wurden Kanonenschüsse als Nothsignale abgefeuert. Morgens 8 Uhr kam vom Lande dann auch Hülfe. Es wurden Boote angenommen, die den Proviant landeten, und, da das Schiff mit fallendem Wasser stark zu stoßen anfing, ging die Mannschaft von Bord, und blieben nur Schiffer Schubert, der erste Steuermann und der Koch am Bord. Abends fing das Schiff wiederum so stark an zu stoßen, daß ein längeres Verweilen am Bord zur Unmöglichkeit wurde. Da das Schiff jetzt voll Wasser war, mußten auch Schiffer Schubert und die beiden anderen Leute dasselbe verlassen. Am Nachmittage jenes Tages kamen drei kleinere Dampfer in die Nähe des gestrandeten Schiffes, doch konnten diese bei der Brandung und wegen der dort liegenden vielen Klippen sich der Bark zur Hülfeleistung nicht genügend nähern. Gegen Mitternacht fiel die „Mathilde Deussen" dann platt auf Steuerbordseite gegen die Felsen. Schiffer Schubert versuchte mit Bergern später das Schiff wieder abzubringen, doch waren alle Bemühungen erfolglos, und mußte das Schiff schließlich als Wrack condemnirt werden.

Gründe. Das Schiff befand sich am Mittage des 7. Januar nach Loggrechnung auf 56° 49' Nordbreite und 7° 45' Westlänge.

Nach dem Journal ist wie nachstehend gesteuert worden:

N 21° O,	22 Seemeilen	=	N 20,5,	O 7,9,	
27° O,	23 "	=	" 20,5,	" 10,4,	
10° O,	24 "	=	" 33,6,	" 4,2,	
13° W,	13 "	=	" 12,7,		W 2,9.
	Verändert		N 77,3,	O 22,5,	W 2,9.
				2,9	
			N 77,3,	O 19,6,	Abw. 36' L. U.

Abfahrtsort:	56° 49′ Nordbreite,	7° 45′ Ostlänge,
Verändert:	1° 17′ „	0° 36′ „
Angelangt auf	58° 6′ Nordbreite,	8° 21′ Ostlänge.

Dieser Schiffsort liegt etwa 4 Seemeilen von dem im Journal angegebenen Strandungsorte zwischen den Klippen von Kalvö ungefähr 5 Seemeilen südwestlich von Lillesand in 58° 10,5′ Nordbreite und 8° 19′ Westlänge. Es ist hierbei zu bemerken, daß für die letzten 3 Stunden die gesegelte Distanz im Journal um reichlich 1 Knoten geringer angegeben wird, als während der vorhergehenden Wachen, die durch Patentlogg controlirt und daher als richtig anzusehen sind. Wenn man für diese letzten drei Stunden dieselbe Fahrt rechnen würde, wie für die vorhergehende Zeit festgestellt ist, würde das Schiff ganz genau nach der Strandungsstelle hinkommen. Nach der Beweisaufnahme liegt nun nicht der geringste Grund dafür vor, daß während jener drei Stunden die Fahrt eine geringere gewesen ist, denn der Wind ist nach dem Journal, wie nach der Darstellung der Zeugen, von derselben Stärke gewesen. Auch hat man während jener Zeit stets dieselben Segel geführt. Jene Angabe im Journal über die geringere Geschwindigkeit des Schiffes ist überdies erst nach der Strandung gemacht und kann daher nicht als zuverlässig gelten.

Prüft man dieser Sachlage gegenüber das Verhalten der Führung des Schiffes, so fragt es sich, ob man an Bord der „Mathilde Deussen" die Annäherung an die Küste nicht rechtzeitig hätte bemerken und zeitig von dem Lande hätte abliegen können.

Schiffer Schubert erklärte dem Seeamte, daß dies auch seine Absicht gewesen sei, und daß er bei dem Insichtkommen der Landfeuer von Norwegen auch sofort seinen Curs habe ändern wollen und auch geändert habe. Er sei indeß unbemerkt dem Lande schon zu nahe gekommen, so daß er sich nicht mehr habe freisegeln können.

Das Seeamt ist nun der Ansicht, daß die Strandung bei größerer Aufmerksamkeit sich sehr wohl hätte vermeiden lassen können, denn thatsächlich ist das Schiff in Sicht der in Frage kommenden Landfeuer schon lange gesegelt und in Sicht derselben gestrandet.

Nach der Beweisaufnahme hatte Schiffer Schubert nach den von ihm gesteuerten Cursen zunächst mit dem Feuer von Oxoe, einem festen weißen, 18—20 Seemeilen weit sichtbaren Feuer zu rechnen, welches er gut voraus an Backbord in Sicht bekommen mußte. In den Feuerkreis dieses Lichtes ist nun die „Mathilde Deussen", wenn man die gesegelten Curse auf der Karte absetzt, schon gegen 12 Uhr hineingelaufen, und ist auch jenes Oxoe-Feuer thatsächlich auf der „Mathilde Deussen" in Sicht gewesen, wie dies von mehreren Zeugen, insbesondere vom Ausgucksmann Aström bezeugt wird. Auch Steuermann Gierer gab schließlich bei seiner Vernehmung zu, ein weißes helles Feuer zu Ende seiner Wache gesehen zu haben. Er will indeß dieses Licht für das Feuer eines Fischerfahrzeugs oder Lootsenfahrzeugs gehalten und daher auf dasselbe nicht weiter geachtet haben. Da zu jener Zeit auch noch der Schein des electrischen Lichtes von Hanstholm wiederholt aufblinkte, sei es ihm gar nicht in den Sinn gekommen, bereits an das Feuer von Oxoe zu denken. Dies hätte sich indeß durch eine Absetzung des Bestecks auf der Karte sehr leicht aufklären lassen, denn daß der Schein eines starken electrischen Lichtes, wie dasjenige von Hanstholm ist, am Horizont oft weit über die Sichtbarkeit des Lichtes zu sehen ist, ist eine bekannte Thatsache, die einem ersten Steuermanne nicht unbekannt sein sollte. Steuermann Gierer hat von jenem Insichtsein des Lichtes bei Abgabe seiner Wache keine Meldung gemacht, und sind auffälliger Weise auch Schiffer Schubert und Steuermann Darm nicht auf den Gedanken gekommen, jenes Licht, welches auch sie gesehen, für dasjenige von Oxoe zu halten, da auch sie noch den Hanstholm-Feuerschein in Südrichtung Morgens um 1 Uhr 30 Minuten wahrgenommen hatten. So ist es denn offenbar gekommen, daß die „Mathilde Deussen" im weiteren Verlaufe der Fahrt auch in den Feuerkreis von Saltholm-Feuer, welches Feuer in den Hafen von Lillesand führt, gelaufen ist, ohne daß man die Gefährlichkeit der Position richtig erfaßte. Das Saltholm Feuer erschien auf der „Mathilde Deussen" zunächst als ein festes und dann als Blinkfeuer. Nach den gesteuerten Cursen ist nun die „Mathilde Deussen" zunächst durch den Sector des festen Feuers an der Westkante des Leuchtsectors hindurchgefahren und dann in den als weißes Blitzfeuer leuchtenden Sector jenes Lichtes gerathen, und hat Schiffer Schubert dann irriger Weise angenommen, er befände sich vor Homborg-Feuer, welches ein weißes Feuer und Gruppenblinkfeuer ist. Thatsächlich muß die Sache sich so verhalten haben, denn sonst hätte die „Mathilde Deussen" in jener kurzen Zeit nie nach den Kalvö-Klippen hinkommen können, wenn jenes Blinkfeuer dasjenige von Homborg-Sund gewesen wäre. Bei solcher Sachlage hätte die Strandung sich also jedenfalls vermeiden lassen. Vor Allem wäre es richtiger gewesen, wenn Schiffer Schubert, da er sich während der Nacht seiner Position nicht sicher war, mit seinem Schiffe um 2 Uhr Nachts gewendet hätte. Ein Absetzen der gesteuerten

Curse und gelaufenen Distanzen hätte ihn dazu unbedingt bringen müssen.

Daß in dieser Beziehung nicht sorgfältiger navigirt, ist streng zu tadeln. Offenbar hat Schiffer Schubert auch nicht genügende Unterstützung von seinem ersten Steuermann erhalten.

Nach der Strandung ist alles geschehen, um die Folgen thunlichst abzuschwächen.

Das Schiff war aber in gegebener Lage nicht wieder von dem Felsen abzubringen.

59. Spruch des Seeamts zu Bremerhaven vom 6. April 1897, betreffend den Seeunfall des Vollschiffs „Baltimore" von Bremen.

Der Spruch des Seeamts lautet:

Am 25. Januar 1897 etwa 12 Uhr Mittags auf der Reise von London nach New-York ist das im Jahre 1863 erbaute Vollschiff „Baltimore" im Nordatlantischen Ocean bei schwerem Wetter leck gesprungen und gesunken. Die aus 17 Köpfen bestehende Besatzung ist bis auf den Matrosen Gustav Christiansen aus Moß in Norwegen ertrunken.

Der Unfall wird auf das hohe Alter des Schiffes zurückzuführen sein, im Uebrigen sind Mängel in der Bauart, Beschaffenheit, Ausrüstung, Beladung und in der Bemannung des Schiffes nicht festgestellt.

Dem portugiesischen Schooner „Alice", Schiffer Manuel Capilo de Reis, welcher den schiffbrüchigen Matrosen Christiansen nach 24stündigem Treiben auf einem Wrackstück an Bord genommen, gut verpflegt und später in St. Vincent gelandet hat, wird hierfür eine lobende Anerkennung ausgesprochen.

Gründe. Das Vollschiff „Baltimore" führte das Unterscheidungs-Signal QCSW und hatte Bremen zum Heimathshafen. Der Netto-Raumgehalt betrug 3063,6 cbm oder 1081,45 britische Register-Tons. Das Schiff war im Jahre 1863 aus Holz erbaut, hatte eine Verbolzung aus Metall und Eisen und einen Beschlag von Metall. An Bord befand sich ein Chronometer. Correspondent-

Rheder des Schiffes war H. Julius in Bremerhaven, Schiffer war J. Hillmann aus Geestemünde, die Besatzung bestand aus 17 Mann. Das Schiff lag vor seiner letzten Ausreise in London, wo vom Experten des Bureau Veritas am 17. Dezember 1896 im Dock die letzte Besichtigung vorgenommen wurde. Das Metall war noch so gut, daß kein Bedürfniß vorlag, es vollständig zu erneuern; es wurden daher nur ungefähr 100 neue Platten aufgesetzt. Die Calfaterung im Boden unter dem Metall ist untersucht und sehr gut befunden. Ferner wurde ein neuer Anker angeschafft, das Ruder gehoben, die Ruderösen ausgebüchst und die zugehörigen Bolzen erneuert. Der Losteven wurde unten neu verbolzt, die vorderen Rüstklampenleisten erneuert, die Kielschweinlasche mittschiffs neu verbolzt. Die Classe des Schiffes 5/6 A. 1. 1. wurde auf Grund seines guten Zustandes auf ein Jahr, d. h. bis zum Dezember 1897 verlängert. Aus den letzten Berichten des Schiffers Hillmann an seinen Rheder Julius ergiebt sich, daß der Expert zunächst die Klasse nur auf 6 Monate hat verlängern wollen, und es nur den Bemühungen des Schiffers gelungen ist, schließlich die Klasse auf 1 Jahr zu erhalten. Diese für den Laien ungünstig auffallende Erscheinung hat der frühere langjährige hiesige Expert des Bureau Veritas und jetzige obrigkeitliche Schiffsbesichtiger Ihlder unter Eid in der mündlichen Verhandlung dahin aufgeklärt, daß der Londoner Expert den Vorschriften und seiner Instruktion gemäß die Klasse nur auf 6 Monate hätte verlängern können, zu einer Verlängerung auf 1 Jahr aber vorab die Genehmigung der Administration in Paris hätte einholen müssen, was derselbe jedenfalls gethan haben werde. Der Londoner Expert, welcher auch noch einen Spierenexperten zugezogen habe, habe daher voraussichtlich besonders vorsichtig gehandelt und sich nicht etwa durch die Interessenten beeinflussen lassen, die zunächst für ein Jahr abgeschlagene Klasse doch noch nachträglich zu bewilligen.

Das Vollschiff „Baltimore" hatte nach einer von New-York nach London glücklich zurückgelegten Reise in London als Ballast 600 Tonnen Kreide geladen, von denen etwa 180 Tonnen im Zwischendeck unter der Großluke so verstaut waren, daß sie nicht ganz bis an Deck reichten. Der Tiefgang des Schiffes betrug vorne 15 Fuß 3 Zoll und hinten 15 Fuß 7 Zoll; nach Angabe des Schiffers war der Wasserstand bei den Pumpen derselbe wie immer und schon vor 3 Jahren hat das Schiff in 24 Stunden ungefähr 3 Zoll Wasser gemacht. Der Schiffer Hillmann bezeichnet in seinem letzten Berichte d. d. London, 19. Dezember 1896 das Schiff als gut ausgerüstet und tüchtig für die bevorstehende Reise, welche vermuthlich am 20. Dezember 1896 angetreten ist.

Der folgende Thatbestand beruht auf der eidlichen Aussage des allein bei dem Schiffbruche geretteten Matrosen Gustav Christiansen aus Moß in Norwegen, dessen Aussage, weil er der deutschen Sprache nicht mächtig ist, durch einen beeidigten Dolmetscher entgegengenommen und übertragen ist. — Das Schiff war nach Ansicht des Christiansen sehr gut ausgerüstet und ohne Mängel. Die Reise wurde mit Wind aus Ost angetreten, welcher außerhalb des Kanals aus West wehte, so daß bei dem Winde gesteuert werden mußte. Das Schiff machte von Beginn der Reise an etwas Wasser, welches täglich durch die Windmühlen- und Handpumpen ausgepumpt wurde. Etwa 5 Wochen nach der Abreise trat Sturm ein. Am 24. Januar und in der Nacht vom 24. auf den 25. Januar flogen die Untermarssegel weg. Das Schiff, welches bis zum Kentern vor der gerefften Fock, dem gerefften Großobermarssegel, der gerefften Besahn und dem Vorstengenstagsegel lag, ist am 24. Januar Abends 6 Uhr leck gesprungen. Der Leck befand sich nach dem Wasserstand im Schiffe zu urtheilen vorne im Boden des Schiffes, ist aber nicht weiter gesucht worden. Um 8 Uhr Abends wurde durch Schlamm und Kreide die Windmühlenpumpe unklar, so daß mit den Handpumpen allein weitergepumpt werden mußte. Das Klaren der Windmühlenpumpe mißlang dem Zimmermanne, mit den Handpumpen allein konnte das eindringende Wasser nicht bewältigt werden, obgleich während der Nacht die ganze Mannschaft an Deck war. Nachdem der Schiffer vergeblich versucht hatte, das Schiff durch Abhalten auf ebenen Kiel zu bringen, hatte sich dasselbe am Morgen des 25. Januar schon so weit auf die Seite gelegt, daß das Wasser auf Deck bis zur Großluke in Lee reichte. Jetzt hielt der Schiffer es für rathsam in die Boote zu gehen. Ein an Backbord heruntergelassenes Boot kenterte sofort. Das Schiff, welches etwa halb voll Wasser war, legte sich immer noch mehr über, die ganze Mannschaft ging nach der Luvseite, der Schiffer und Christiansen stiegen in das Besahnswant. Das gekenterte Boot war wieder aufgerichtet und von der Mannschaft bestiegen, kam aber beim gänzlichen Ueberlegen des Schiffes unter das Besahnsstengenstag und wurde zertrümmert. Das Schiff selbst ging in demselben Augenblicke mit dem Buge voran unter und zog die ganze Besatzung durch den Strudel mit sich in die Tiefe. Nur der Schiffer, der erste Steuermann, zwei andere Matrosen und Christiansen kamen wieder in die Höhe und hielten sich an treibenden Wrackstücken fest. Beim Dunkelwerden hat Christiansen die übrigen Leute aus Sicht verloren, so daß wohl anzunehmen ist, daß auch diese einen Seemannstod gefunden haben. Christiansen hatte gleich beim Untergange des Schiffes am 26. Januar Mittags etwa 12 Uhr eine treibende Seitenwand vom Logis erfaßt, sich auf dieselbe gesetzt und seine Füße durchs Fenster gesteckt. Von diesem Wrackstück ist Christiansen zweimal durch die hohe See herabgespült, hat dasselbe durch Schwimmen aber wieder erreicht. Nach 24 Stunden ist er dann glücklich in die Nähe des von New-York nach St. Vincent segelnden portugiesischen Schooners „Alice", Führer Manuel Capilo de Reis, getrieben, welcher ein Boot ausgesetzt und den Schiffbrüchigen auf der Weiterreise bis zur Landung in St. Vincent bestens verpflegt hat.

Der Reichscommissar hat am Schlusse seiner Ausführungen darum gebeten, das Seeamt möge zu der äußerst schwierigen und für die Seeleute so wichtigen Frage der Classifikation der Schiffe Stellung nehmen. Das Seeamt bedauert jedoch, Bedenken tragen zu müssen, bei diesem Falle auf die Classificationsfrage näher einzugehen, da die mündliche Verhandlung hierzu keine genügende Veranlassung geboten hat. Dagegen ist das Seeamt gern bereit gewesen, dem Wunsche des Reichscommissars entsprechend, die Hülfsbereitschaft des portugiesischen Schooners im Spruche lobend anzuerkennen.

60. Spruch des Seeamts zu Flensburg vom 7. April 1897, betreffend den Seeunfall des Schraubendampfers „Secunda" von Flensburg.

Der Spruch des Seeamts lautet:

Der Unfall ist dadurch herbeigeführt, daß das Lenzpumpen-Ausgußventil von innen durch unberufene Hand geöffnet worden ist..

Es war unvorstchtig, daß der Maschinist Wentzel die Mündung der Lenzpumpenrohre unverschlossen ließ.

Gründe. Der englische Dampfer „Knight of St. John" war mit einer Ladung Reis für die Firma H. C. Kallsen im hiesigen Hafen angekommen. Die Besatzung bestand zum größten Theile aus Malaien.

Da der Dampfer 25 Fuß tief ging, war er nicht so nahe an die Schiffbrücke heranzubringen, daß er hier löschen konnte. Er mußte mitten im Fahrwasser liegen bleiben und zunächst durch Leichter entlöscht werden.

Als Leichter wurde verwendet der hier noch im Winterlager liegende, der hiesigen Dampfschiffahrts-Gesellschaft von 1869 gehörende Dampfer „Secunda". Am 14. März 1897 wurde die „Secunda" längsseit des englischen Dampfers gelegt, und zwar so, daß sie mit ihrer Steuerbordseite an seiner Backbordseite zu liegen kam. Es wurde dann mit dem Uebernehmen der Ladung in die „Secunda" begonnen und solches bis zum Abend des 17. März fortgesetzt. Während dieser Zeit war als Wache der 66jährige Steward Klaus Peter Hansen aus Flensburg an Bord, Maschinen- und Kesselraum unterstanden der Obhut zweier von der Rhederei angestellten Maschinisten, nämlich:

1. des Maschinisten I. Classe Franz Christian Michael Wentzel,
2. des Maschinisten II. Classe Andreas Runs.

Unter Leitung dieser Maschinisten wurde tagtäglich in der Maschine gearbeitet. Die Maschinenlenzpumpe mit dem Ventilkasten war herausgenommen, sie war zur Reparatur auf die Werft gebracht worden. Die von der Lenzpumpe nach dem Ausgußventil führenden Rohre waren unverschlossen geblieben. Das Lenzpumpen-Ausgußventil liegt an der Backbordseite. Es befand sich, als man mit dem Leichtern begann, etwa 1 ½ Fuß über der Wasserlinie. Allmählich kam es tiefer zu liegen. Am Morgen des 16. März lag es bereits unter der Wasserlinie und am Abend des 17. März, wo die „Secunda" mit 7500 Sack Reis ungefähr voll beladen war, stand das Ausgußventil 1 ½ Fuß unter Wasser. An diesem Abend zwischen 5 und 6 Uhr verließen die beiden Maschinisten mit dem Maschinenarbeiter Hansen die Maschine. Alle drei — außer ihnen war damals Niemand in der Maschine — haben übereinstimmend eidlich bekundet, daß bei ihrem Weggang in der Maschine Alles dicht gewesen und kein Wasser eingelaufen sei. Die beiden Maschinisten haben auch bezeugt, daß beim Weggange die Spindel am Lenzpumpen-Ausgußventil so tief wie möglich stand. Der zweite Maschinist verschloß die in den Maschinenraum führende Thür; dann begaben sich die Maschinisten und der Arbeiter ans Land. Der mit der Bewachung des Schiffes betraute Steward ging nach Feierabend gleichfalls an Land, um zu Abend zu essen. Er kehrte nach einer Stunde an Bord zurück und begab sich alsbald ins Bett. Er hatte seine Schlafstelle hinter der Capitainscajüte. Als er an Land ging, waren alle Leute von Bord;

bei seiner Rückkehr war Niemand zu sehen. In der Nacht vom 17. auf den 18. März ist er zweimal aufgestanden und auf Deck gegangen; er hat dabei nichts Verdächtiges bemerkt.

Von dem Kesselraume konnte man in den Maschinenraum gelangen; die Thür zum Kesselraume war nicht verschlossen, sie war allerdings mit einem Hängeschlosse versehen, es fehlte aber der Schlüssel dazu. Außer durch den Kesselraum konnte man auch durch das einfallende Licht in den Maschinenraum gelangen.

Als am anderen Morgen um 5 Uhr 30 Minuten der Steward an Deck kam, war das Schiff im Sinken begriffen. Es wurde sofort der in der Nähe liegende, der Flensburg-Ekensunder Dampfschiffahrts-Gesellschaft gehörende Bergungsdampfer „Adler", welcher gerade unter Dampf war, herbeigeholt. Als dieser längseit kam, lag die „Secunda" bis zum Schandeck im Wasser, im Maschinenraume stand das Wasser bis zur Oberkante des Condensators. Von dem Bergungsdampfer wurden Schläuche in den Maschinenraum der „Secunda" gebracht und dann das Wasser ausgepumpt. Gleichzeitig schleppte der Bergungsdampfer die „Secunda" nach der Ostseite des Hafens auf den Grund. Nach einiger Zeit war das Wasser soweit ausgepumpt, daß die Enden der Lenzpumpenrohre frei wurden. Da bemerkte man, daß das Wasser aus diesen Rohren in den Maschinenraum einströmte. Die offenen Enden der Rohre wurden mit hölzernen Pfropfen verstopft und damit hörte das Einströmen des Wassers auf. Der erste Maschinist stellte fest, daß das Ausguß-ventil ungefähr 15 mm gelüftet war. Er drückte es herunter, konnte es aber nicht ganz schließen, wie er annimmt, weil sich Schmutz dazwischen gesetzt hatte. Im Laufe des Vormittags wurde alles Wasser herausgepumpt. Das Schiff wurde dann wieder flott und an die Schiffsbrücke gelegt, um zu löschen. Beim Löschen stellte sich heraus, daß das Wasser vom Maschinenraume durch die offenen Schleusen in die Laderäume gedrungen war und einen großen Theil der Ladung beschädigt hatte. Der Gesammtschaden wird auf reichlich 50 000 M. geschätzt.

In der Nacht vom 17. auf den 18. März war das Wetter gut und die See ruhig. Torpedoboote und Dampfer, welche an der „Secunda" vorbeifuhren, fuhren allemal langsam. Es ist nicht bemerkt worden, daß Personen oder Gegenstände von außen mit der „Secunda" in Berührung gekommen sind.

Am 24. März war die „Secunda" soweit entlöscht, daß das Loch für das Lenzpumpen-Ausgußventil 18 Zoll über Wasser war. An diesem Tage wurde das Schiff unter Zuziehung des Marinebauraths Uthemann in Kiel, als Sachverständigen, einer seeamtlichen Untersuchung unterzogen. Die Untersuchung ergab Folgendes:

1. Das Loch in der Bordwand hatte eine lichte Oeffnung von 10 cm. Die Entfernung des Ventils von der Kante der Bordwand betrug 95 mm. Der Versuch, von einem Boote aus mit einer Stange das Ventil zu lüften, indem man die Stange in schräger und horizontaler Richtung ins Loch hinein brachte, hatte keinen Erfolg. Auch mit einem Bootshaken, dessen Spitze man ins Loch brachte, war das Ventil nicht zu öffnen. Mit einer Feile von 30 cm Länge, die man horizontal ins Loch brachte und mit ihrer Angel unter den Ventitkegel steckte, gelang es allerdings, das Ventil anzuheben; sobald man die Feile herauszog, fiel das Ventil indeß gleich wieder von selbst herunter. Bei weiteren Versuchen, das Ventil höher zu heben, blieb der Kegel stehen.

2. Das Lenzpumpen-Ausgußventil war ein gewöhnliches Kegelventil. Spuren einer äußeren Beschädigung waren nicht vorhanden. Der Kegel war an der Dichtungsfläche etwas ausgeschlagen, jedoch zeigte die Dichtungsfläche keine derartigen Abnutzungen, daß eine größere Undichtigkeit des Ventils die Folge davon hätte sein können. Die Ventilspindel war an ihrer Verbindungsstelle mit dem Ventilkegel in ihrer ursprünglichen Länge verkürzt; der Spindelkopf war durch eine anfgeschraubte Mutter mit Unterlagscheibe hergestellt. Außerhalb des Stopfbuchsdeckels waren in die Spindel 2 längliche Schlitze eingearbeitet; der eine hatte den Zweck, mittelst eines Vorsteckkeils das Ventil in gelüftetem Zustande zu erhalten, der andere, der obere, das Ventil fest auf seinen Sitz hinunter zu drücken. Der obere Schlitz konnte nach der obenerwähnten Verkürzung der Spindel nicht mehr seinen Zweck erfüllen.

In der heutigen Verhandlung hat der genannte Sachverständige Folgendes bekundet:

„Wenn das Ventil nur 6—7 mm offen ist, dringen zunächst 11,8 cm Wasser in der Stunde ins Schiff, später, wenn das Wasser im Maschinenraume bis zu den Oeffnungen der Lenzpumpenrohre gestiegen ist, laufen 26,5 cm in der Stunde ein.

Das Wasser ist durch das geöffnete Ventil und die an ihren Enden offenen Röhren der Lenzpumpe ins Schiff gekommen. Bei der am Morgen des 18. März vorgefundenen Sachlage hatte das

Schiff etwa 250 cbm Wasser aufgenommen. Dazu waren nach obiger Berechnung 12 Stunden erforderlich; mithin muß das Einlaufen des Wassers alsbald, nachdem die Maschinisten am Abend vorher das Schiff verlassen hatten, begonnen haben.

Es ist nicht anzunehmen, daß das Ventil von außen geöffnet worden ist. Dieses wäre völlig ausgeschlossen, wenn das Ventil von innen durch einen Keil hinuntergedrückt worden wäre.

Die Möglichkeit liegt vor, daß das Ventil überhaupt nicht ganz zu gewesen ist. Es können sich fremde Gegenstände dazwischen gesetzt haben, die gewissermaßen einen Pfropfen bildeten, der später bei Seegang und Bewegung des Schiffes lose geworden und herausgefallen ist.

Am wahrscheinlichsten ist, daß das Ventil von unberufener Seite geöffnet ist. Beim Abnehmen der Pumpe gebot es die Vorsicht, die damit offen gewordenen Rohre b. b. sachgemäß zu verschließen. War hierzu auch zur Zeit, wo das Ausgußrohr noch über der Wasserlinie lag, gerade keine dringende Veranlassung, so trat letztere doch unbedingt ein, sobald die Oeffnung mit der fortschreitenden Beladung des Schiffes unter die Wasserlinie kam. Das Ventil allein bietet keine ausreichende Sicherheit, die Rohre müssen, wie auch der Germanische Lloyd vorschreibt, immer einen doppelten Verschluß haben."

Es kann einem Zweifel nicht unterliegen, daß das Wasser durch das an Backbordseite der „Secunda" liegende Lenzpumpen-Ausgußventil und die an ihren Enden offenen Rohre ins Schiff gedrungen ist, sowie daß in Folge des eingedrungenen Wassers das Schiff zum Sinken gebracht wurde. Für das Eindringen des Wassers auf diesem Wege spricht zunächst der Umstand, daß das Eindringen von Wasser aufhörte, sobald die Rohre durch Pfropfen gedichtet waren, sodann aber auch, daß nachher das Ventil vom ersten Maschinisten um etwa 15 mm gelüftet gefunden wurde. Das Ventil ist hiernach offen gewesen. Es fragt sich nur, wie es geöffnet worden ist.

Die Annahme, daß es von außen geöffnet sei, hat keine Berechtigung. Konnte es am 24. März, wo es 1½ Fuß über Wasser lag, von außen nur mit einer Feile nothdürftig gelüftet werden, so ist die Möglichkeit, daß es am 17. März, wo es 1½ Fuß unter Wasser lag, von außen hätte geöffnet werden können, gänzlich ausgeschlossen.

Bei dem ruhigen Wetter, welches in der Nacht vom 17. auf

den 18. März herrschte, hat auch die Annahme, daß in Folge heftiger Bewegung des Schiffes das Ventil aufgesprungen sein könne, keinen Anhalt.

Angesichts der glaubhaften Aussage der beiden Maschinisten und der damit im Wesentlichen übereinstimmenden Angabe des Maschinenarbeiters Hansen nimmt das Seeamt als erwiesen an, daß beim Weggange der Maschinisten am Abend des 17. März das Ventil völlig geschlossen war.

Darnach verbleibt nur die Möglichkeit, daß das Ventil von innen von unberufener Hand geöffnet ist. Dies wird angesichts der vom Sachverständigen aufgestellten Berechnung über die eingedrungene Wassermasse alsbald nach dem Verlassen der Maschine, abseiten der Maschinisten geschehen sein, zu der Zeit, wo auch der Steward an Land gegangen und damit das Schiff ohne jegliche Bewachung war.

Unberufene Leute konnten sowohl durch das einfallende Licht, wie auch durch den Kesselraum in den Maschinenraum gelangen. Es können Knaben aus der Stadt gewesen sein, es können aber auch Malaien vom Bord des englischen Dampfers gewesen sein, welche zum Zeitvertreib in die Maschine stiegen und aus Spielerei an der Ventilspindel gedreht haben.

Auf alle Fälle war es, wie von dem Sachverständigen zutreffend bemerkt worden ist, von dem Maschinisten Wentzel unvorsichtig gehandelt, daß er es nach dem Herausnehmen der Pumpe unterließ, die damit offen gewordenen Rohre durch Laschen oder Pfropfen zu dichten. Wäre dies geschehen, so hätte sich der Unfall jedenfalls so wie geschehen, nicht entwickeln können. Demgegenüber kann mit Recht nicht eingewendet werden, daß für den Fall einer böswilligen Oeffnung des Ventils diese Vorsichtsmaßregel doch erfolglos geblieben sein würde, weil der böswillige Anstifter voraussichtlich keinen Anstand genommen hätte, auch den Verschluß zu beseitigen. Einmal liegen keine Anhaltspunkte für eine böswillige Handlung vor, und andererseits wäre doch bei einem genügenden Verschlusse die Ausführung des Verbrechens um vieles schwerer, ohne geeignete Werkzeuge vielleicht sogar ganz unmöglich gewesen, während das bloße Aufdrehen der Ventilspindel ohne jede Schwierigkeit zu bewerkstelligen war.

61. Spruch des Seeamts zu Flensburg vom 6. November 1896 und Entscheidung des Kaiserlichen Ober-Seeamts vom 21. April 1897, betr. den Zusammenstoß des Schraubendampfers „Maia" von Flensburg mit dem britischen Schraubendampfer „Effective".

Der Spruch des Seeamts lautet:

In der Nacht vom 21. auf den 22. August 1896 ist der Schraubendampfer „Maia", welcher sich mit einer Ladung Holz auf der Reise von Sikeå nach Grimsby befand, mit dem mit Steinkohlen beladenen, auf der Reise von Blyth nach Kronstadt befindlichen britischen Schraubendampfer „Effective", Schiffer W. Crosby, in der Nähe des Feuerschiffs „Skagen" zusammengestoßen. Durch diesen Zusammenstoß sind beide Schiffe sehr erheblich beschädigt, so daß der Dampfer „Maia" bei dem Dorfe Skagen auf den Strand gesetzt werden mußte, während es dem Dampfer „Effective" gelang, Gothenburg als Nothhafen anzulaufen.

Die Darstellungen der Besatzungen beider Dampfer über diesen Seeunfall weichen nicht unerheblich von einander ab und sind nicht in allen Punkten mit einander in Uebereinstimmung zu bringen.

Unter Zugrundelegung der Darstellung der Besatzung des Dampfers „Maia", welche die größere Glaubwürdigkeit für sich hat, muß der Zusammenstoß unrichtigen Manövern beider Dampfer, jedoch in erster Linie des Dampfers „Effective", zugeschrieben werden.

Zu rügen ist, daß der Steuermann Gydesen bei der Annäherung an das Skagener Feuerschiff den Schiffer Möller, entgegen dem ihm gegebenen Befehle, nicht geweckt hat.

Dem Steuermanne Hans Andreas Gydesen wird die Befugniß zur Ausübung des Schiffer- und Steuermanns-Gewerbes nicht entzogen.

Gründe. Der in Flensburg beheimathete Schraubendampfer „Maia", welcher laut Flaggen-Attest des Kaiserlich deutschen Consulats in Cardiff vom 23. Juli 1896 einen Brutto-Raumgehalt von 1227,95 und einen Netto-Raumgehalt von 749,32 britischen Register-Tons hat, im Jahre 1884 in Sunderland aus Eisen erbaut, durch Kaufvertrag vom 4. Juli 1896 in das Eigenthum der deutschen

Rhederei Holm & Molzen in Flensburg übergegangen und bis zu diesem Verkauf unter britischer Flagge und dem Namen „Roseland“ gefahren ist, befand sich am 21. August 1896 mit einer Ladung Holz auf der Reise von Sikeå nach Grimsby. Führer des Dampfers war der Schiffer Wilhelm Andreas Möller aus Flensburg; als erster Steuermann fungirte der 46jährige Hans Andreas Gydesen aus Flensburg. Die Besatzung bestand außer dem Schiffer, zwei Steuerleuten und zwei Maschinisten aus 13 Mann.

In der Nacht vom 21. zum 22. August gegen 1 Uhr stieß der Dampfer „Maia“ in der Nähe des Feuerschiffs „Skagen“ mit dem britischen Dampfer „Effective“ zusammen.

Der britische Schraubendampfer „Effective“ aus Sunderland, ein Schiff mit einem Netto-Raumgehalte von 1264 britischen Register-Tons, befand sich mit einer Ladung Kohlen auf der Reise von Blyth nach Kronstadt. Führer war der Schiffer W. Crosby, erster Steuermann Joseph Skrafton. Die Schiffsoffiziere bestanden aus dem Schiffer, zwei Steuerleuten und drei Maschinisten. Die Zahl der Mannschaften ist nicht festgestellt.

Der Dampfer „Maia“ wurde bei dem Zusammenstoß an Backbord 30 Fuß hinter dem Großwant, ungefähr in einem rechten Winkel von dem Dampfer „Effective“ getroffen. Dem letzteren wurde durch den Zusammenstoß der Bug und ein Theil der Bugplatten weggerissen. Da jedoch das vordere Collisionsschott dicht hielt, so blieb der Dampfer manövrirfähig und war im Stande, Gothenburg als Nothhafen anzulaufen. Dem Dampfer „Maia“ wurde durch den Zusammenstoß ein so großes Loch in der Backbordseite aufgerissen, daß er sich hart nach Backbord überlegte, sich bald mit Wasser füllte, nur durch seine Holzladung über Wasser gehalten wurde und in der Nähe des Dorfes Skagen auf Grund gesetzt werden mußte. Die „Maia“ wurde nach nothdürftiger Dichtung des Lecks durch Bergungsdampfer abgebracht, nach Frederikshavn geschleppt und von dort nach Löschung der Holzladung durch einen Schleppdampfer zur Reparatur nach Flensburg gebracht.

Die am 7. September 1896 im Dock in Flensburg vorgenommene Besichtigung der „Maia“ ergab, nachdem die provisorische Reparatur des Risses entfernt worden, folgenden Bestand der Beschädigung. Der an der Backbordseite 30 Fuß hinter dem Großwant liegende Riß erstreckte sich von oben bis unten 21½ Fuß lang, nämlich zunächst durch die 4 Fuß hohe Regeling und dann durch den ganzen 17½ Fuß tiefen Achterraum. Der Riß war 12 bis 24 Fuß breit, es waren zum Theil zwei, zum Theil eine Platte zerrissen, im Ganzen von oben bis unten gerechnet ungefähr acht Außenhautplatten. In diesem Risse saß der Steven des britischen Dampfers eingekeilt und zwar in einer Länge von ungefähr 23 Fuß; der unterste Theil des Stevens ragte außenbords etwa 2 Fuß tiefer heraus als der Riß der „Maia". Die zerrissenen Platten der „Maia" waren zum Theil 11½ Fuß lang und 35 bezw. 42 Zoll hoch. An dem in dem Riß eingekeilten Steven des britischen Dampfers saß ein Theil seiner Bugplatten und zwar etwa in einer Breite von 3 Fuß. Die im Innern des Achterraums der „Maia" vorhandenen eisernen Stützbalken und eine eiserne Treppe waren in Folge des durch den Zusammenstoß veranlaßten Hinüberschiebens der Holzladung nach Steuerbord zum Theil verbogen zum Theil zerbrochen.

Die Darstellungen des Unfalls und der ihm vorhergehenden Ereignisse abseiten der Besatzungen beider Dampfer weichen nicht unwesentlich von einander ab und sind nicht in allen wesentlichen Punkten mit einander in Uebereinstimmung zu bringen.

Behufs Feststellung des Thatbestandes sind von der Besatzung der „Maia" unter Vorlegung des Schiffsjournals, des Maschinenjournals und einer vor dem Seegericht in Frederikshavn am 28. August 1896 abgelegten Verklarung der Schiffer Möller, der erste Steuermann Gydesen, der zweite Maschinist Bertolatus sowie die Matrosen Koppe, Sarapik und Christoffersen, und zwar die ersteren drei uneidlich, die letzteren drei eidlich, vor dem Seeamte vernommen. Ferner sind folgende Urkunden verlesen: die von dem Führer und einem Theile der Besatzung des Dampfers „Effective" am 15. September 1896 vor dem See- und Handelsgericht in Kopenhagen abgelegte Verklarung in deutscher Uebersetzung, sowie eine in Zaandam am 27. Oktober 1896 von dem Führer und dem ersten Steuermann des norwegischen Dampfers „Romsdale" aus Christiansund, dem Schiffer Hirsch und dem Steuermann Olsen, beschaffte eidliche Aussage über den Unfall in dänischer Sprache und in deutscher Uebersetzung.

Die Besatzung des Dampfers „Maia" hat den Unfall folgendermaßen dargestellt:

Am 21. August Abends von 8 bis 12 Uhr hatte der Schiffer Möller mit dem zweiten Steuermanne Lorentzen zusammen die Wache. Etwas nach 10 Uhr verließ der Schiffer die Brücke, um sich im Kartenhause zum Schlafen niederzulegen. Der zweite Steuermann weckte dem ihm ertheilten Befehle gemäß den Schiffer, als das Landfeuer von Skagen in Sicht gekommen war. Der Schiffer kam auf die Commandobrücke, setzte mit dem Steuermanne zusammen die Peilung des Feuers in der Karte ab und legte sich wieder im Kartenhause hin, nachdem er dem Steuermann aufgegeben hatte, ihn zu wecken, sobald das Feuerschiff Skagen in Sicht kommen werde. Diesem Befehl entsprechend meldete der Steuermann um 11 Uhr 50 Minuten dem Schiffer, daß das Feuerschiff von Skagen 1/4 Strich an Backbord voraus in Sicht sei. Der Schiffer setzte, ohne an Deck zu gehen, diese Peilung in der Karte ab und befahl dem zweiten Steuermanne, dem um 12 Uhr die Wache übernehmenden ersten Steuermanne zu sagen, daß er ihn, den Schiffer, wecken solle, sobald der Dampfer in die Nähe des Feuerschiffs käme, weil er dann selbst mit auf der Commandobrücke sein wolle. Diesen Befehl hat der zweite Steuermann auch dem ersten Steuermanne Gydesen bei Abgabe der Wache an ihn übermittelt, letzterer aber nicht ausgeführt, so daß der Schiffer Möller erst um 12 Uhr 50 Minuten unmittelbar vor dem Zusammenstoße durch die Signale der Dampfpfeife der „Maia" und eines fremden Dampfers geweckt wurde und auf die Commandobrücke kam.

Als der erste Steuermann Gydesen um 12 Uhr Nachts die Wache übernahm, hatte er das Feuerschiff von Skagen etwa 8 Seemeilen voraus an Backbord und steuerte NNW1/2W. Außer dem ersten Steuermanne waren drei Mann auf Wache, nämlich der Matrose Christoffersen am Ruder, der Matrose Sarapik auf dem Ausguck und der Matrose Koppe ohne besondere Beschäftigung zur Verfügung des ersten Steuermanns. Die Nacht war dunkel, jedoch feuersichtig, der Wind SW und flau. Bei Annäherung an das Feuerschiff Skagen hat der erste Steuermann trotz dem ihm ertheilten Befehle den Schiffer Möller nicht geweckt, angeblich weil er dem Schiffer Ruhe gönnen wollte und überdies dessen Theilnahme an dem Commando nicht für erforderlich hielt.

Gegen 1 Uhr, als der Dampfer „Maia" die Feuer von Skagen-Feuerschiff und Skagen-Landfeuer in einer Linie eben passirt hatte, legte der Steuermann das Ruder Steuerbord, um den nach dem Passiren dieser Feuer gebotenen westlicheren Curs einzuschlagen, sowie angeblich auch, um von einem fremden Dampfer frei zu bleiben, welcher die „Maia" an Steuerbordseite in einer auf 1/4 Seemeile geschätzten Entfernung überholt, um die angegebene Zeit mit seinem Heck ungefähr den Bug der „Maia" passirt hatte und nach der Vermuthung des Gydesen jetzt seinen Curs gleichfalls nach Backbord hin westlicher zu nehmen im Begriffe stand. Das Ruder wurde, nachdem es 1 bis 1½ Minuten Steuerbord gelegen hatte, gestützt. Dabei kam der Curs auf NWzW. Etwa ½ Minute später sah man an Backbord voraus das rothe Licht zweier Dampfer dicht neben einander, das eine 1 Strich, das andere ½ Strich voraus. Um von diesen Dampfern frei zu bleiben, ließ der Steuermann das Ruder etwas mehr nach Backbord legen, jedoch nur einen kurzen Augenblick, und dann wieder stützen. Gleich darauf sah man das rothe und demnächst auch das Toplicht eines dritten Dampfers, wie sich später herausstellte, des britischen Dampfers „Effective", ½ bis ¾ Strich an Steuerbord voraus. Als dieser Dampfer kurz darauf einen Ton mit der Dampfpfeife gab, commandirte Gydesen hart Backbord das Ruder, überzeugte sich von der Ausführung dieses Commandos, beantwortete das Signal gleichfalls mit einem Tone und ließ das Ruder etwa 1 bis 2 Minuten hart Backbord liegen. Bald darauf, es mag dies etwa eine Minute vor dem Zusammenstoße gewesen sein, gab der fremde Dampfer zwei Töne mit der Dampfpfeife und zeigte sein grünes Licht; er war damals etwa 1½ Strich an Backbord voraus. Gydesen fuhr fort, das Ruder hart Backbord zu legen und antwortete wieder mit einem Tone. Er fuhr während der ganzen Zeit mit voller Kraft, reichlich 8 Seemeilen in der Stunde. Gydesen befürchtete jetzt zwar einen Zusammenstoß, fuhr aber fort, das Ruder bei voller Fahrt hart Backbord zu halten, weil er hoffte, daß die „Maia" so viel nach Steuerbord abdrehen würde, daß der Zusammenstoß vermieden werde.

Zu dieser Zeit kam der Schiffer Möller, durch die Signale geweckt, auf die Commandobrücke. Mittlerweile war der fremde Dampfer in Folge des Umstandes, daß die „Maia" unter hart Backbordruder nach Steuerbord drehte, 4 Strich nach Backbord gekommen. Der Schiffer sah, als er um etwa 12 Uhr 50 Minuten auf die Commandobrücke kam, das grüne Licht des fremden Dampfers 4 Strich an Backbord, commandirte „volle Kraft rückwärts", gleich darauf und zwar noch ehe dieses Commando ausgeführt war, „volle Kraft vorwärts". Dieses letztere Commando gab er deshalb, weil er zu bemerken glaubte, daß der fremde Dampfer entweder Backbordruder gäbe oder in Folge Rückwärtsarbeitens seiner Maschine nach Steuerbord ausschlüge. Möller hoffte, mit dem Commando „volle Kraft vorwärts" unter diesen Umständen noch vor dem fremden Dampfer vorüberzukommen. Es war jedoch bereits zu spät. Gleich nach dem Commando erfolgte der oben geschilderte Zusammenstoß beider Dampfer. Die „Maia" lag bei dem Zusammenstoße NzW bis Nord an.

Der Steuermann Gydesen hat aus dem Umstande, daß der fremde Dampfer die „Maia" ungefähr im rechten Winkel getroffen hat, gefolgert, daß derselbe im letzten Augenblick Backbordruder gegeben habe. Im Uebrigen hat Gydesen bis kurz vor dem Zusammenstoße sein grünes Licht und zuletzt beide Lichter gesehen; der Schiffer Möller hat zuerst das grüne, dann beide Lichter und zuletzt das rothe Licht gesehen. — Von dem ersten Sichten des rothen Lichtes des Dampfers „Effective" bis zum Zusammenstoße sind nach der Schätzung des Steuermanns Gydesen 3 bis 4 Minuten, nach der des Rudersmanns Christoffersen 3 Minuten verflossen. Ein Signal von drei Tönen der Dampfpfeife des „Effective" hat Niemand auf der „Maia" gehört. Uebrigens beruht die Annahme des Schiffers und des Steuermanns der „Maia", daß der „Effective" im letzten Augenblick vor dem Zusammenstoße Backbordruder gegeben haben soll, offenbar auf einer durch die Bewegung beider Schiffe veranlaßten Täuschung.

Die von der Besatzung des Dampfers „Effective" in ihrer Verklarung vom 15. September 1896 gegebene Darstellung des Unfalls ist folgende.

In der Nacht von dem 21. auf den 22. August hatte der erste Steuermann Skrafton seit 12 Uhr die Wache; mit ihm befand sich auch der Schiffer Crosby auf der Commandobrücke. Außerdem waren auf Wache: der dritte Maschinist in der Maschine, der Matrose Florey am Ruder, der Matrose Jensen am Ausguck auf der Back und der Matrose Hobbs ohne besondere Beschäftigung auf Deck. Das Wetter war dunkel, aber klar, der Wind SW und flau. Der Dampfer fuhr mit SOzOCurs auf das Feuerschiff von Skagen zu, welches man in SSW in einer Entfernung von 2 bis 3 Seemeilen in Sicht hatte. Ungefähr 20 Minuten nach 12 Uhr sah man etwa 1 Strich an Steuerbord die weiße Toplaterne und die rothe Laterne eines entgegenkommenden Dampfers in einer ungefähren Entfernung von 4 Seemeilen. Darauf wurde das Ruder Backbord gelegt und etwa 1 Minute so gehalten, bis die Top- und rothe Laterne des entgegenkommenden Dampfers auf 2 Strich an Backbordbug gebracht waren; dann wurde das Ruder gestützt. Der Curs war von dieser Zeit ab SSO. Ungefähr 3 bis 5 Minuten nach dem Stützen des Ruders verwandelte sich die rothe Laterne des entgegenkommenden Dampfers in die grüne. Der fremde Dampfer war, wie sich später herausstellte, der Dampfer „Maia". Der Steuermann Skrafton zeigte die Beobachtung der Verwandlung des rothen Lichtes in grünes dem Schiffer Crosby mit den Worten an: „Der Gegensegler hat das Ruder Steuerbord gelegt". In diesem Augenblick befand sich die „Maia" ungefähr 3 Strich an der Backbordseite des „Effective" in einer Entfernung von etwa 1 1/2 Seemeilen.

Der Schiffer Crosby gab nunmehr, um zu zeigen, daß der „Effective" nach Steuerbord drehe, einen Ton mit der Dampfpfeife und commandirte: „langsam". Die Maschinenumdrehungen wurden von 62 auf 40 in der Minute ermäßigt. Die „Maia" kam beständig näher an den Bug des „Effective". Ungefähr 1 bis 2 Minuten später um 12 Uhr 41 Minuten gab der Schiffer das Commando „Volle Kraft rückwärts" und zeigte dieses durch drei Töne mit der Dampfpfeife an. Jetzt war die „Maia" ungefähr recht voraus, beständig ihre grüne Laterne zeigend; ihr Umriß war sichtbar, die Entfernung etwa 3 bis 4 Schiffslängen. Als der „Effective" die „Maia" ungefähr 1/2 Strich an Steuerbord hatte, wurde ihr grünes Licht wieder in das rothe verwandelt in einer Entfernung von ungefähr 1 1/2 Schiffslängen. Gleichzeitig hörte man einen Ton der Dampfpfeife der „Maia", welche den Bug des „Effective" unter Backbordruder kreuzte. Bis dahin war der Curs des „Effective" nicht geändert. Auch hat der „Effective" zu keiner Zeit zwei Töne mit der Dampfpfeife gegeben.

Als das Vorderschiff der „Maia" quer vor dem Steven des „Effective" war und dieser im Begriffe stand, rückwärts zu gehen, commandirte der Schiffer Crosby Steuerbordruder, um das Schiff, welches eine rechtsgehende Schraube hat, schneller nach Steuerbord drehen zu lassen, während die Maschine rückwärts schlug.

Um 12 Uhr 45 Minuten rannte der „Effective" die „Maia" an ihrer Backbordseite ungefähr im rechten Winkel an. Bei dem Zusammenstoße hatte der „Effective" bereits angefangen, rückwärts zu gehen, jedenfalls hatte er alle Fahrt voraus verloren. Zur Zeit des Zusammenstoßes lag der „Effective" ungefähr SSO an und hatte das Feuerschiff von Skagen in SzW in einer Entfernung von ungefähr 2 Seemeilen. Der erste Maschinist Dunn hat ausgesagt, daß die Maschine etwa 3 bis 4 Minuten rückwärts geschlagen habe, ehe der Zusammenstoß erfolgte, so daß das Schiff zur Zeit des Zusammenstoßes bereits alle Fahrt voraus verloren haben müsse.

In ähnlicher Weise wie der Schiffer und der erste Steuermann hat auch der auf dem Ausguck stehende Matrose Jensen die Zeit vom ersten Sichten der Top= und rothen Laterne der „Maia" bis zum Zusammenstoß auf 25 Minuten geschätzt, und zwar mit dem Hinzufügen, daß von dem Sichten der rothen bis zum Erscheinen der grünen Laterne etwa 15 Minuten und von da ab bis zu dem Augenblick, als die rothe Laterne der „Maia" 1 Strich am Steuerbordbug des „Effective" in einer Entfernung von 3 bis 4 Schiffslängen wieder erschienen sei, etwa 10 Minuten verflossen seien, worauf dann der Zusammenstoß erfolgte. — Auf dem „Effective" hat man nur einmal einen Ton der Dampfpfeife der „Maia" gehört, und zwar zu dem oben angegebenen Zeitpunkte kurz vor dem Zusammenstoße.

Der Schiffer Hirsch und der erste Steuermann Olsen von dem norwegischen Dampfer „Romsdale" aus Christiansund, welcher sich zur Zeit des Unfalls auf der Fahrt von der Ostsee in die Nordsee bei Skagen in der Nähe der Unfallstelle befand, haben über ihre Beobachtung des Unfalls am 27. October 1896 in Zaandam folgende Aussage beschafft:

In der Nacht vom 21. auf den 22. August 1896 waren der Schiffer Hirsch und der erste Steuermann Olsen seit Mitternacht zusammen auf der Commandobrücke. Das Wetter war gut, der Wind schwach westlich, der Himmel leicht bewölkt, die Nacht war jedoch, da ungefähr Vollmond herrschte, verhältnißmäßig hell, so daß die Segelschiffe dem Auge früher als ihre Laternen sichtbar wurden. Um Mitternacht hatte der „Romsdale" das Feuerschiff von Skagen in WNW ungefähr 5 Seemeilen entfernt. Gesteuert wurde NWzN. Ein anderer Dampfer, welcher, wie sich später herausstellte, die „Maia" war, steuerte ungefähr denselben Curs; der „Romsdale" hatte diesen Dampfer dwars ab an Backbord. Um 12 Uhr 15 Minuten sahen Schiffer Hirsch und Steuermann Olsen das rothe Licht eines entgegenkommenden Dampfers, welcher, wie sich später herausstellte, der „Effective" war, 1 Strich voraus an Steuerbord. Um dieses rothe Licht nach Backbord zu bringen, wurde das Ruder etwas Backbord gelegt, ein paar Minuten später wieder der frühere Curs aufgenommen. Der östlich steuernde Dampfer „Effective" befand sich damals in WzN an der Backbordseite des „Romsdale" etwa ½ Seemeile entfernt. Die „Maia" war ungefähr SSW vom „Romsdale" an Backbord in einer Entfernung von etwa 3 Kabellängen. In diesem Augenblick hörte man auf dem „Romsdale" einen Ton der Dampfpfeife des „Effective", ohne ein Antwortsignal der „Maia" zu hören, und verfolgte von da ab die Manöver beider Dampfer mit gespannter Aufmerksamkeit. Ungefähr 2 Minuten später hörte man zwei Töne der Dampfpfeife des „Effective", welche von der „Maia" sofort mit einem Tone beantwortet wurden. Ungefähr ½ Minute, nachdem der „Effective" dieses zweite Signal

(2 Töne) gegeben hatte, hörten Hirsch und Olsen denselben drei Töne mit der Pfeife geben, ohne daß ein Antwortsignal der „Maia" gehört wurde. Ungefähr 1 Minute später hörten und sahen sie beide Dampfer zusammenstoßen.

Als dieser Zusammenstoß erfolgte', waren beide Dampfer 3 bis 4 Strich achteraus ungefähr SzO vom „Romsdale"; das Feuerschiff von Skagen lag ungefähr in SW zwei Seemeilen entfernt. In diesem Augenblick war die rothe Laterne der „Maia" sichtbar und es war so hell, daß der Schiffer Hirsch durch das Fernrohr sehen konnte, daß die „Maia" den Stoß hinter dem Maschinenraum erhalten hatte, auch schien es ihm, als ob der „Effective" die „Maia" ungefähr im rechten Winkel traf. Hirsch und Olsen sahen deutlich, daß die „Maia" in den letzten paar Minuten vor dem Zusammenstoße vor Backbordruder drehte und ebenso schien es ihnen, als ob der „Effective" mit Steuerbordruder drehte.

Der Dampfer „Romsdale" kehrte, nachdem er von einigen in der Nähe vorhandenen und ihn am sofortigen Wenden hindernden Seglern freigekommen war, an die Unfallstelle zurück, um nöthigenfalls Hülfe zu leisten. Man sah den Dampfer „Effective" mit schwer beschädigtem Bug stille liegen. Er gab jedoch keine Nothsignale. Von der „Maia" war überhaupt nichts zu sehen, so daß der Schiffer Hirsch vermuthete, sie werde auf den Strand gesetzt sein, weil man, falls sie gesunken wäre, jedenfalls etwas von der Ladung hätte umhertreiben sehen. Bei dieser Sachlage nahm der Dampfer „Romsdale" seinen früheren Curs wieder auf und setzte seine Reise fort.

Der Reichscommissar hat dem ersten Steuermanne des Dampfers „Maia" die Schuld an dem Zusammenstoße zugemessen und den Antrag gestellt, dem ersten Steuermanne Gydesen aus Flensburg sowohl die Befugniß zur Ausübung des Schiffergewerbes als auch die Befugniß zur Ausübung des Steuermannsgewerbes zu entziehen.

Die in dem vorstehenden Thatbestande festgestellten Darstellungen der Besatzungen der beiden Dampfer „Maia" und „Effective" weichen nicht unerheblich von einander ab und sind nicht in allen wesentlichen Punkten miteinander in Uebereinstimmung zu bringen. Dieses gilt zunächst von den Zeitangaben. Während in der Darstellung der „Maia" die Zeit von dem ersten Sichten des rothen Lichtes des „Effective" bis zu dem Zusammenstoß auf 3 bis 4 Minuten geschätzt wird, ist von der Besatzung des „Effective" angegeben, daß das rothe Licht der „Maia" um 12 Uhr 20 Minuten gesichtet und der Zusammenstoß um 12 Uhr 45 Minuten erfolgt sei, also zwischen beiden Ereignissen ein Zeitraum von 25 Minuten gelegen habe. Diese letztere sachlich unwahrscheinliche Angabe steht übrigens mit den im Einzelnen gemachten eigenen Zeitschätzungen des Schiffers und Steuermanns des „Effective" insofern in Widerspruch, als hiernach nur 8 bis 11 Minuten zwischen beiden genannten Ereignissen gelegen haben. Auch die Schätzungen der Entfernungen lassen sich nicht wohl mit einander vereinigen. Es kann aber auf diese Widersprüche ein wesentliches Gewicht nicht gelegt werden, weil erfahrungsgemäß die Schätzungen der Zeit und der Entfernungen meistens sehr unsicher und unzuverlässig zu sein und insbesondere bei der Schätzung der Zeit meistens größere Zeiträume, als thatsächlich verflossen sind, angegeben zu werden pflegen.

Wesentlicher ist der Widerspruch hinsichtlich der vom „Effective" gegebenen Signale. Die Besatzung der „Maia" behauptet, daß der „Effective", nachdem er Anfangs einen Ton gegeben hatte, später zwei Töne mit der Dampfpfeife, dagegen drei Töne überhaupt nicht gegeben hat. Demgegenüber stellt die Besatzung des „Effective" entschieden in Abrede, das Signal von zwei Tönen überhaupt gegeben und dementsprechend das Ruder Steuerbord gelegt zu haben. Dieser Widerspruch ist nicht zu heben und betrifft doch einen für die Beurtheilung der Navigirung sehr wesentlichen Punkt. Bei dieser Sachlage muß für die Beurtheilung des Unfalls diejenige Darstellung zu Grunde gelegt werden, welche einestheils die größere Glaubwürdigkeit und anderntheils die größere innere Wahrscheinlichkeit für sich hat.

Dieses ist bei der Darstellung der Besatzung der „Maia" der Fall. Einestheils werden ihre Angaben sowohl hinsichtlich der Zeitschätzung, als hinsichtlich der Signale des „Effective" durch die Aussagen des bei dem Unfall unbetheiligten Schiffers und Steuermanns des norwegischen Dampfers „Romsdale" zum größten Theile bestätigt. Der Werth dieser Aussagen kann nun freilich hinsichtlich desjenigen, was sie (abgesehen von den Lichtern) gesehen haben, mit Rücksicht auf die Nachtzeit nicht allzu hoch veranschlagt werden, ist aber sehr erheblich hinsichtlich der von ihnen gehörten Signale beider Dampfer. In dieser Beziehung bestätigen sie die Darstellung der „Maia", daß der „Effective", nachdem er zunächst einen Ton gegeben hatte, später zwei Töne mit der Dampfpfeife gegeben hat, welche von der „Maia" mit einem Tone beantwortet wurden. Sie fügen dann hinzu, daß der „Effective" ungefähr ½ Minute später drei Töne gegeben hat. Dieses letztere Signal ist freilich auf der „Maia" nicht gehört. Das Seeamt hat jedoch mit Rücksicht auf den Umstand, daß der Führer und der Steuermann des „Romsdale" bei dem Unfalle durchaus unbetheiligte Zeugen sind und die Vorgänge mit voller Aufmerksamkeit verfolgt haben, diese ihre Aussagen hinsichtlich der Signale sowohl zu Gunsten als zu Ungunsten der „Maia" als entscheidend ansehen müssen. — Auch hinsichtlich der Zeitschätzung wird die Angabe der „Maia" durch die Aussage des Schiffers und des Steuermanns des „Romsdale" im Wesentlichen bestätigt.

Die Darstellung der „Maia" hat aber auch die größere innere Wahrscheinlichkeit für sich, weil der Steuermann Gydesen auch diejenigen Manöver, welche unrichtig waren und ihn zu seinen Ungunsten belasten, offen dargelegt und nicht zu verdecken oder zu beschönigen gesucht hat. Dieses gilt namentlich von der Thatsache, daß er, als der „Effective" zwei Töne gab und sein grünes Licht zeigte, fortfuhr, das Ruder Backbord zu legen und mit voller Kraft zu fahren, anstatt zu stoppen und rückwärts zu gehen.

Die Darstellung der Besatzung des „Effective" ist dagegen, ganz abgesehen von den Zeitschätzungen, in zwei wesentlichen Punkten weniger glaubwürdig und ohne innere Wahrscheinlichkeit. Wenn es nämlich wahr wäre, daß der „Effective", nachdem er bei dem Sichten des Top- und des rothes Lichtes der „Maia" das Ruder Backbord gelegt, eine Minute Backbord gehalten und dann gestützt hatte, diesen so veränderten Curs beibehalten, also später das Ruder nicht Steuerbord gelegt hat, dann hätte der Zusammenstoß überhaupt nicht erfolgen können, weil die „Maia" damals unter Backbordruder lag und dann beide Dampfer rothes Licht gegen rothes Licht frei von einander hätten gehen müssen. — Ferner wird in der Darstellung der Besatzung des „Effective" hervorgehoben, daß der Dampfer zur Zeit des Zusammenstoßes bereits alle Fahrt voraus verloren gehabt und schon angefangen habe, rückwärts zu gehen; der erste Maschinist Dunn hat sogar behauptet, daß die Maschine bereits 3 bis 4 Minuten vor dem Zusammenstoße rückwärts geschlagen habe. Diese Darstellung steht mit der außerordentlich erheblichen Beschädigung, welche der Dampfer „Effective" dem Dampfer „Maia" thatsächlich zugefügt hat, im Widerspruche. Wenn der „Effective" bei dem Zusammenstoße wirklich bereits alle Fahrt voraus verloren gehabt hätte, dann wäre es unmöglich, daß er mit solcher Gewalt in die Seite der „Maia" hätte hineinfahren und ihr einen so gewaltigen Riß hätte beibringen können, wie er in dem vorstehenden Thatbestande beschrieben ist. Die bezüglichen Behauptungen der Besatzung des „Effective" können daher in diesem Punkte nicht wahr sein, das Stoppen und Rückwärtsarbeiten der Maschine muß vielmehr erheblich viel später erfolgt sein, und der „Effective" muß zur Zeit des Zusammenstoßes noch eine nicht unerhebliche Fahrt vorwärts gemacht haben. Dieses wird auch durch die Aussage der Schiffsofficiere des Dampfers „Romsdale" bestätigt.

Wenn nun unter Zugrundelegung der Darstellung der Besatzung der „Maia" und der beiden Schiffsofficiere des „Romsdale" zur Würdigung der Schuldfrage geschritten wird, dann muß der Zusammenstoß auf unrichtige Manöver beider Dampfer zurückgeführt werden. Dabei ist zunächst festzustellen, daß die Führer der Dampfer ihre Lichter nicht gleichzeitig gesichtet haben, daß vielmehr der „Effective" das Top- und das rothe Licht der „Maia" früher gesichtet hat, als die „Maia" das rothe und das Toplicht des „Effective".

Als der Führer des „Effective" das Top- und das rothe Licht der „Maia" 1 Strich an Steuerbord voraus erblickte, handelte er durchaus richtig und in Uebereinstimmung mit dem Artikel 16 der Kaiserlichen Verordnung zur Verhütung des Zusammenstoßens der Schiffe auf See vom 7. Januar 1880, indem er das Ruder Backbord legte, bis er die Lichter auf seinen Backbordbug gebracht hatte und dann das Ruder stützte. Diesen veränderten Curs hätte er dann aber auch beibehalten müssen. Unrichtig war es, daß er zwei Minuten später zwei Töne mit der Dampfpfeife gab und das Ruder Steuerbord legte. Drohte ein Zusammenstoß, dann hätte er, anstatt dessen unter Beibehaltung des einmal abgeänderten Curses, stoppen und rückwärts gehen müssen.

Dem Steuermann der „Maia" kann daraus, daß er nach dem Passiren des Feuerschiffs und Landfeuers von Skagen das Ruder Steuerbord legte und den Curs westlicher setzte, durchaus kein Vorwurf gemacht werden, weil dies der für die Umschiffung Skagens gegebene Curs ist und er damals das rothe und das Top-Licht des „Effective" überhaupt noch nicht gesichtet hatte. Eine Unaufmerksamkeit ist ihm auch in letzterer Beziehung nicht nachzuweisen. Als er darauf etwas später das rothe und das Top-Licht des „Effective" ½ bis ¾ Strich an Steuerbord voraus sichtete, handelte er durchaus richtig und in Uebereinstimmung mit dem Artikel 16 der Kaiserlichen Verordnung vom 7. Januar 1880, indem er das Ruder hart Backbord legte, um dem „Effective" auszuweichen. Dagegen trifft ihn der Vorwurf, daß er, als der „Effective“ später zwei Töne mit der Dampfpfeife gab und sein grünes Licht zeigte, nicht gemäß Artikel 18 der genannten Verordnung stoppte und rückwärts ging, sondern fortfuhr, mit voller Kraft unter hart Backbordruder zu fahren. Hätte er gestoppt und wäre er rückwärts gegangen, so würde trotz des unrichtigen Manövers des „Effective“ der Zusammenstoß wahrscheinlich vermieden worden sein.

Ferner trifft den Steuermann Gydesen der Vorwurf, daß er den Schiffer Möller bei der Annäherung an das Feuerschiff von Skagen trotz dem ihm gegebenen Befehle nicht geweckt hat, obgleich er dieses mit Leichtigkeit hätte ausführen können.

Beide Vorwürfe sind jedoch nicht derart, daß das Seeamt aus diesen begangenen Fehlern die Schlußfolgerung ziehen mußte, daß dem Gydesen die zur Ausübung des Gewerbes eines Schiffers und eines Steuermanns erforderlichen Eigenschaften fehlen. Es kommt hinzu, daß nach dem Urtheile des Seeamts die Schuld an diesem Unfall in erster Linie den Führer des „Effective“ trifft und erst in zweiter Linie den Steuermann der „Maia“. Außerdem ist über den jetzt 46jährigen Steuermann Gydesen, welcher seit 20 Jahren das Steuermannspatent und seit 14 Jahren das Schifferpatent besitzt, bisher Nachtheiliges nicht bekannt geworden, so daß das Seeamt zu der Hoffnung berechtigt ist, daß Gydesen diesen Unfall sich zum Ansporn dienen lassen wird, künftig seine Pflichten als Schiffer und Steuermann mit verdoppeltem Eifer und größerer Umsicht zu erfüllen. Das Seeamt hat daher den Antrag des Reichscommissars, dem ersten Steuermanne der „Maia“ Hans Andreas Gydesen aus Flensburg das Schiffer- und Steuermannspatent zu entziehen, abgelehnt.

Die Entscheidung des Ober-Seeamts lautet:

Auf die Beschwerde des Reichscommissars gegen den Spruch des Königlich preußischen Seeamts zu Flensburg vom 6. November 1896 über den Zusammenstoß des Dampfers „Maia“ von Flensburg mit dem britischen Dampfer „Effective“ hat das Kaiserliche Ober-Seeamt in seiner zu Berlin am 21. April 1897 abgehaltenen öffentlichen Sitzung nach mündlicher Verhandlung der Sache entschieden,

> daß der Spruch des Königlich preußischen Seeamts zu Flensburg vom 6. November 1896 zu bestätigen und die baaren Auslagen des Verfahrens außer Ansatz zu lassen.

Gründe. Der Hergang bei dem Zusammenstoß ist von der

Besatzung der beiden betheiligten Schiffe verschieden dargestellt. Bei der demgemäß angestellten Prüfung, welche Aussage als die richtigere anzusehen sei, ist das Ober-Seeamt dem Urtheile des Seeamts dahin beigetreten, daß die Aussagen der Besatzung der „Maia" glaubwürdiger erscheinen, als diejenigen der Besatzung des „Effective". Für diese Beurtheilung war in der Hauptsache bestimmend, daß die deutsche Besatzung auch diejenigen Punkte offen dargelegt hat, in welchen die Schiffsführung der „Maia" zu Ausstellungen Anlaß giebt und daß ihre Darstellung, mit Ausnahme der Angaben über die Signale mit der Dampfpfeife, durch die Bekundungen des Schiffers Hirsch vom Dampfer „Romsdale", welcher den Zusammenstoß beobachtet hat und nach demselben behufs Hülfeleistung nach der Unfallstelle gedampft ist, von einer gänzlich unbetheiligten sachverständigen Seite Bestätigung gefunden hat. Demgegenüber geben die Aussagen der Besatzung des „Effective" zu folgenden Bedenken Veranlassung.

Zunächst muß die Angabe des Schiffers des „Effective", daß er das rothe Licht der „Maia" in einer Entfernung von 4 Seemeilen bereits gesichtet habe, als unzuverlässig bezeichnet werden, da man rothe Laternen so weit kaum sehen kann; außerdem ist aber nach Angabe desselben Schiffers von dem Augenblick des ersten Sichtens des rothen Lichtes an bis zu dem Zusammenstoß ein Zeitraum von 25 Minuten verflossen, es hätten hiernach also, da man auf beiden Schiffen etwa 8 Knoten Fahrt lief, 25 Minuten vor dem Zusammenstoße beide Schiffe etwa 8 Seemeilen von einander entfernt sein müssen. Eine der beiden Aussagen oder beide sind daher unrichtig. Aus den Beschädigungen, die beide Schiffe davongetragen haben, läßt sich ferner mit Sicherheit schließen, daß nicht, wie in den britischen Aussagen behauptet wird, 4 Minuten vor dem Zusammenstoße schon die Maschine des „Effective" mit voller Kraft rückwärts gearbeitet hat. Die Maschine hat vielmehr offenbar erst unmittelbar vor dem Zusammenstoß angefangen rückwärts zu arbeiten. In 4 Minuten ist jedes Schiff von voller Fahrt voraus mit rückwärts arbeitender Maschine wenigstens zum Stoppen zu bringen. Da der „Effective" indessen noch mit großer Gewalt in die „Maia" hineingelaufen ist, kann die Angabe bezüglich der Zeit, zu welcher die Maschine auf dem „Effective" auf rückwärts gestellt worden ist, nicht richtig sein.

Schließlich will man beim Sichten der „Maia" auf dem „Effective" Skagen-Feuerschiff in SSW 2—3 Seemeilen entfernt, demnächst bei dem etwa nach 25 Minuten erfolgten Zusammenstoße mit der „Maia" dasselbe Feuer in SzW etwa 2 Seemeilen entfernt gepeilt haben, während man in der Zwischenzeit den Curs SSO gesteuert hatte, man würde also, obgleich man etwa 4 Seemeilen östlich gelaufen war, etwa 2 Seemeilen westlicher gestanden haben als zur Zeit der ersten Peilung. Hieraus geht die Unzuverlässigkeit der Angaben der „Effective"=Besatzung zur Genüge hervor, es kann daher seitens des Ober=Seeamts der Darstellung des Seeunfalls, wie er von der Besatzung des „Effective" gegeben wird, nicht die größere innere Wahrscheinlichkeit zugesprochen werden.

Verfolgt man den Verlauf der Begebenheiten, welche zu dem Zusammenstoße geführt haben, auf Grund der Zeugenaussagen, so muß als feststehend angenommen werden, daß beide Schiffe auf das Feuerschiff „Skagen" in entgegengesetzter Richtung zusteuerten und daß die „Maia" sich beinahe in der Deckpeilung der beiden Skagen=Feuer befand, als man ihre Lichter zuerst auf dem „Effective" erblickte, während die Lichter — und zwar zuerst das rothe Licht — des „Effective" auf der „Maia" erst gesichtet worden sind, nachdem man nach Passiren der Deckpeilung des Skagen=Feuers mit Ruder Steuerbord in die Nordsee gesteuert hatte.

Es steht daher fest, daß der Curs auf der „Maia" nicht geändert worden ist, um dem zu dieser Zeit überhaupt noch nicht in Sicht befindlichen „Effective" auszuweichen, sondern lediglich um dem Standorte des Schiffes entsprechend, den nunmehr gebotenen Curs nach dem Bestimmungsort einzuschlagen.

Der Vorwurf des Reichscommissars, daß Steuermann Gydesen durch diese Cursänderung gegen Artikel 22 der Kaiserlichen Verordnung zur Verhütung des Zusammenstoßens der Schiffe auf See verstoßen habe, kann demnach nicht aufrecht erhalten werden.

Ebenso kann die Behauptung des Reichscommissars, daß Steuermann Gydesen sehr unaufmerksam auf seiner Wache gewesen sein müsse, da er anderenfalls die Lichter des „Effective" etwa zu gleicher Zeit hätte bemerken müssen, wie umgekehrt die Lichter der „Maia" auf dem „Effective" gesehen worden sind, nicht für begründet erachtet werden. Die Zeitangaben in den Aussagen der Besatzung des „Effective" können, wie oben dargethan ist, der Wirklichkeit nicht entsprechen, es fehlt daher schon insofern an der nöthigen thatsächlichen Unterlage für den vermeintlichen Mangel an Aufmerksamkeit. Wenn aber von dem „Effective" aus die Lichter der „Maia" zeitiger bemerkt sein sollten, als man von der „Maia" aus die Lichter des „Effective" gesehen hat, so mögen zunächst die Laternen der „Maia" möglicherweise von besserer Beschaffenheit gewesen sein, als die des „Effective", so daß aus diesem Grunde die Lichter des letzteren später in Sicht kommen mußten. Es ergiebt sich aber auch aus der Lage der Schiffe, als „Maia" Skagen-Feuer in Deckpeilung hatte, daß man auf dem „Effective" gezwungen war, weil man die Deckpeilung der Feuer erst erreichen wollte, die in Sicht befindlichen Leuchtfeuer unausgesetzt im Auge zu behalten und daher die dicht dabei befindlichen Lichter der „Maia" früher gesehen haben mag, als umgekehrt.

Ein Vorwurf kann hieraus gegen die Schiffsführung der „Maia" nicht hergeleitet werden, da ihre Aufmerksamkeit durch die in der Nähe befindlichen anderen Schiffe im höchsten Grade in Anspruch genommen wurde.

Nachdem man auf der „Maia" den Curs auf NWzW gesetzt hatte, um in die Nordsee einzusteuern, wurde zunächst etwas nach Backbord abgehalten, um dem auf gleichem Curse fahrenden Dampfer „Romsdahl" Platz zu machen. Unmittelbar darauf bemerkte man die rothen Lichter von zwei in das Kattegatt einfahrenden Dampfern und legte, um diesen aus dem Wege zu gehen, das Ruder Backbord.

Erst nachdem das Ruder wieder gestützt war, wurde das rothe und das Toplicht des Dampfers „Effective" 1/2 bis 3/4 Strich an Steuerbord wahrgenommen. Es entsprach somit den Vorschriften des Artikels 16 der Kaiserlichen Verordnung zur Verhütung des Zusammenstoßens der Schiffe auf See, daß Steuermann Gydesen jetzt sein Ruder Backbord legen ließ, um diesem Dampfer aus dem Wege zu gehen.

Kann bis zu diesem Augenblicke der Schiffsführung der „Maia" kein Fehler in der Navigirung nachgewiesen werden, so muß das weitere Liegenlassen des Ruders auf Backbordseite und das Beharren in der Drehung unter Beibehaltung der Fahrt, als man die zwei Töne, welche „Effective" mit der Dampfpfeife abgab, hörte, als gegen Artikel 18 der Kaiserlichen Verordnung zur Verhütung des Zusammenstoßens der Schiffe auf See verstoßend bezeichnet werden; denn an Bord der „Maia" mußte angenommen werden, daß „Effective" seinen Curs nach Backbord richten werde, und nunmehr war die Lage beider Schiffe so, daß die Gefahr eines Zusammenstoßes entstand, es hätte also jetzt auf der „Maia" die Maschine gestoppt und mit voller Kraft rückwärts gegangen werden müssen. Die Schiffe müssen indessen zu dieser Zeit schon so dicht an einander gewesen sein, daß Steuermann Gydesen wohl den Artikel 23 der Vorschriften zur Verhütung des Zusammenstoßens der Schiffe auf See, welcher zur Abwendung unmittelbarer Gefahr den Schiffer berechtigt und verpflichtet, von den gesetzlichen Regeln abzuweichen, bei seinem weiteren Manövriren zu Grunde legen konnte. Er glaubte nämlich nur durch Beibehaltung der vollen Fahrt die drohende Collision noch vermeiden zu können. Dieser Entschluß wurde indessen durch das Eingreifen des Schiffers Möller, welcher in Folge der Pfeifensignale auf Deck geeilt war, in der Ausführung durchkreuzt, indem der Schiffer die Maschine auf volle Kraft rückwärts stellen ließ.

Mit Rücksicht auf die Thatsache, daß der „Effective" die „Maia" etwa 6 Meter von ihrem Heck entfernt getroffen hat, ist es nicht unwahrscheinlich, daß der Zusammenstoß überhaupt nicht erfolgt wäre, wenn nicht das in Ausführung begriffene Manöver eine Unterbrechung erfahren hätte. Die Entschließung des Steuermanns Gydesen, seine Fahrt bei der gegebenen Stellung der Schiffe zu einander beizubehalten, kann demnach als verfehlt nicht bezeichnet werden. Auf der anderen Seite handelte von seinem Standpunkt aus Schiffer Möller richtig, daß er das Maschinencommando auf „volle Kraft rückwärts" abgab.

Der den obigen Ausführungen zu Grunde gelegte Verlauf der Begebenheiten wird durch die Beschreibung, welche Schiffer Hirsch vom Dampfer „Romsdahl" von dem Hergange gegeben hat, im großen Ganzen bestätigt, mit alleiniger Ausnahme der von einander abweichenden Wahrnehmungen über die gehörten Pfeifensignale. In dieser Beziehung hat Schiffer Hirsch die Angaben des „Effective" insofern bestätigt, als er nach einem voraufgegangenen zweitönigen Signale vor der Collision noch drei Pfeifentöne vom „Effective" gehört haben will. Indessen haben Hirsch und sein Steuermann dieses Signal nur ganz kurze Zeit, etwa eine Minute vor dem Zusammenstoße, gehört, während der Führer des „Effective" das dreitönige Pfeifensignal viel längere Zeit vor dem Zusammenstoß abgegeben haben will; auf der „Maia" hat man nur ein zweitöniges Signal gehört und dieses Signal unmittelbar darauf durch einen Ton mit der Dampfpfeife erwidert. Vielleicht kann der Widerspruch als durch die schnelle Aufeinanderfolge dieser beiden Signale aufgeklärt gelten, indem dadurch wohl der Eindruck hat hervorgerufen werden können, als sei ein Signal von drei Tönen abgegeben worden.

Nach Abschluß der Verhandlungen des Seeamts sind in Bezug auf den soeben erörterten Punkt noch neue Ermittelungen eingegangen, indem von dem Leuchtfeuerwärter auf dem Feuerschiffe „Skagen" nachträglich Angaben gemacht worden sind, die bestätigen, daß zu der fraglichen Zeit ein Signal von drei Tönen gegeben bezw. gehört worden ist. Indessen können diese Aussagen nicht erweisen, daß dies Signal wirklich nur von einem Schiffe gegeben ist; jedenfalls ist es nicht ausgeschlossen, den von dem Leuchtfeuerwärter gewonnenen Eindruck so zu erklären, daß das eine Schiff, der „Effective", zwei kurze Töne und das andere, die „Maia", unmittelbar darauf einen Ton gegeben hat, so daß die beiden Signale vom Feuerschiff aus als eins gehört worden sind. Den Aussagen des Leuchtfeuerwärters vom Skagen-Feuerschiff kann aber überhaupt keine besondere Bedeutung beigemessen werden, da nicht anzunehmen ist, daß der Mann, dessen Beruf es ist, auf das Brennen und Funktioniren seines Leuchtapparats zu achten, in diesem belebten Fahrwasser die Bewegungen der einzelnen vorüberfahrenden Schiffe zu beobachten, Veranlassung genommen haben sollte. Es erscheint erklärlich und wahrscheinlich, daß er unter der Einwirkung einer gewissen Selbsttäuschung seine Angaben nachher aus der Erinnerung zusammengebracht haben mag. Dahingegen verdienen die Beobachtungen des Schiffers und Steuermanns des „Romsdahl", welche mit seemännischem Interesse den Verlauf des Unfalls beobachtet haben und unmittelbar nach erfolgtem Zusammenstoß an die Unglücksstelle geeilt sind, volle Beachtung, und das Seeamt hat zutreffend ausgeführt, daß die vom „Romsdahl" gegebene Darstellung die Angaben der Besatzung der „Maia" zum größten Theile bestätigt.

Die abweichenden Aussagen der vernommenen englischen Zeugen finden ihre Erklärung darin, daß man zu einem früheren Zeitpunkte die Lichter der „Maia" sah, bevor letztere die Skagen-Feuer in Deckpeilung hatte. Die dann von dem britischen Schiffe auf der Grundlage, daß man die „Maia" an Steuerbord hatte, gemachten Manöver waren von diesem Standpunkt aus richtig, man hätte indessen seinen Curs beibehalten sollen, nachdem man das rothe Licht der „Maia" an Backbord gebracht hatte. Dadurch, daß man das Ruder Steuerbord gelegt hat, ist die Gefahr des Zusammenstoßens erst entstanden. Befürchtete man einen Zusammenstoß, so hätte man stoppen und eventuell volle Kraft rückwärts gehen sollen.

Gemäß Artikel 19 der internationalen Verordnung zur Verhütung des Zusammenstoßens der Schiffe auf See verpflichtet die Abgabe von Pfeifensignalen, die nicht obligatorisch sind, den Signalgeber, sein Manöver mit dem gegebenen Signal übereinstimmend auszuführen. Dieser Verpflichtung ist jedoch seitens des „Effective" nicht nachgekommen, da, wenn wirklich so lange Zeit vor dem Zusammenstoße, wie auf dem „Effective“ das Signal mit drei Pfeifentönen angeblich gegeben worden ist, die Maschine des Dampfers mit voller Kraft rückwärts gearbeitet hätte, die Gewalt des Stoßes nicht hätte so groß sein können, wie sie thatsächlich gewesen ist.

Es treffen somit die Führer der beiden zusammengestoßenen Schiffe Vorwürfe wegen Nichtbefolgung der Vorschriften zur Verhütung des Zusammenstoßens der Schiffe auf See.

Aus den obigen Ausführungen ergiebt sich, daß das Ober-Seeamt dem Spruche des Seeamts und seiner Begründung im Wesentlichen beigetreten ist und der abweichenden Beurtheilung des Falles, zu welcher der Reichscommissar unter Zugrundelegung der von ihm für zuverlässiger erachteten Aussagen der Besatzung des „Effective“ gelangt ist, nicht hat folgen können.

Den Steuermann Gydesen trifft, wie der Reichscommissar mit Recht hervorgehoben hat, der weitere Vorwurf, daß er, entgegen dem ihm ertheilten Befehle, den Schiffer bei Annäherung an das Skagen-Feuerschiff nicht gerufen hat. Zutreffend führt der Reichscommissar aus, daß er den auf Deck befindlichen unbeschäftigten Mann mit dieser Meldung hätte zum Schiffer senden oder diesen selbst durch ein verabredetes Zeichen aus dem unter der Brücke liegenden Kartenhause hätte an Deck rufen können. Ein ursächlicher Zusammenhang zwischen diesem Verhalten und dem Unfalle besteht indessen nicht, da nicht anzunehmen ist, daß der Unfall verhindert worden wäre, wenn der Schiffer früher an Deck erschienen wäre. Die Cursänderung, als man in Deckpeilung des Skagen-Feuers war, hätte freilich vom Schiffer selbst angeordnet werden müssen; die von Gydesen getroffene Anordnung entsprach aber den örtlichen Verhältnissen und den Regeln der Navigirung.

Unter Berücksichtigung aller vorstehend erwogenen Punkte hat das Ober-Seeamt in Anerkennung der thatsächlich recht schwierigen Lage, in welcher sich die „Maia“ zu der in Frage kommenden Zeit befand, davon Abstand genommen, dem Steuermann Gydesen, welcher auch vor dem Ober-Seeamte durch sein sicheres und umsichtiges Auftreten einen vertrauenerweckenden Eindruck gemacht hat, dem Antrage des Reichscommissars entsprechend, die Befugniß zur Ausübung des Schiffer- und Steuermannsgewerbes zu entziehen. Es hat vielmehr der Spruch des Seeamts bestätigt werden müssen.

Die Kosten für das Beschwerdeverfahren bleiben außer Ansatz, da die Beschwerde vom Reichscommissar eingelegt ist.

62. Spruch des Seeamts zu Flensburg vom 13. März 1896 und Entscheidung des Kaiserlichen Ober-Seeamts vom 22. April 1897, betreffend den Zusammenstoß des Schraubendampfers „Emma“ von Kiel mit der französischen Bark „Pacifique“ in der Nordsee.

Der Spruch des Seeamts lautet:

Der Zusammenstoß des Schraubendampfers „Emma“ mit der französischen Bark „Pacifique“ in der Nordsee am 14. October 1895 ist dadurch herbeigeführt, daß die französische Bark durch Gieren zeitweilig derartig aus ihrem Curse gerieth, daß sie dem Dampfer ihr grünes Licht zeigte.

Dem Schiffer Oldenburg wird die Befugniß zur Ausübung des Schiffergewerbes nicht entzogen.

Gründe. Die französische Bark „Pacifique“ aus Dünkirchen und der Schraubendampfer „Emma“ sind am 14. Oktober 1895 Morgens zwischen 1 und 2 Uhr in der Nordsee einige Seemeilen nördlich vom Dudgeon-Feuerschiffe mit einander zusammengestoßen. Die Bark ist in Folge dessen gesunken und total verloren gegangen. Neun zur Besatzung gehörende Personen, darunter der Schiffer, die drei Steuerleute und ein englischer Lootse haben dabei das Leben verloren. Der Dampfer ist mit einer schweren Beschädigung am Bug davon gekommen.

Die Bark „Pacifique“ hatte einen Raumgehalt von 1526 britischen Register-Tons. Sie befand sich mit einer Ladung Steinkohlen auf der Reise von Shields nach Valparaiso. Ihr Führer war der Schiffer Pierre Cigarroa aus St. Jean im Departement Basses-Pyrenées.

Der Schraubendampfer „Emma“, Heimathshafen Kiel, führt das Unterscheidungs-Signal LCNF und hat einen Netto-Raumgehalt von 1550,3 cbm = 547,24 britischen Register-Tons. Die Maschine indicirte 320 Pferdestärken. Der Dampfer befand sich auf der Reise von Rotterdam in Ballast nach Boneß. Führer war der Schiffer Wilhelm Andreas Anton Oldenburg aus Lübeck.

Nach der Aussage des vor dem Seeamte vernommenen Schiffers Oldenburg ist der Verlauf des Unfalls folgender gewesen:

Das Wetter war klar, es wehte eine mäßige Briese aus WNW, bei wenig Seegang. Man steuerte NNW½W und machte mit voller Kraft etwa 10 Seemeilen in der Stunde. Der Schiffer und der

Steuermann waren auf der Commandobrücke. Als man 2—3 Seemeilen nördlich von Dudgeon-Feuerschiff stand, gewahrte der Schiffer 3—4 Strich an Backbord voraus und wie er meint, in einer Entfernung von 3—4 Seemeilen das grüne Licht eines Seglers. Er ließ sofort das Ruder Steuerbord und gleich darauf hart Steuerbord legen. Die „Emma" fiel in Folge dessen etwa 6 Strich nach Backbord ab. Durch diese Cursänderung wurde das grüne Licht des Seglers etwa 1 Strich an Backbord gebracht und gleich darauf kamen beide Lichter, das rothe und das grüne, in Sicht. Nunmehr ließ der Schiffer die Maschine stoppen und auf volle Kraft rückwärts stellen. Unmittelbar darauf erfolgte der Zusammenstoß, indem der Dampfer mit seinem Steven dem Segler beim Krahnbalken in die Backbordseite rannte. Unmittelbar vor dem Zusammenstoße war nur das rothe Seitenlicht des Seglers zu sehen. Mit der rückwärts gehenden Maschine kam die „Emma" alsbald wieder frei. Es wurden sofort zwei Boote ausgesetzt und nach der Unfallstelle hin dirigirt. Das eine Boot fischte 5 Mann von der Besatzung des Seglers auf und brachte sie an Bord der „Emma". Die Leute im anderen Boote stellten fest, daß der Segler nur noch mit den Masten bis zu den Unterraaen aus dem Wasser hervorragte und daß sich Leute in den Masten hielten. Sie konnten aber wegen des hohen Seeganges nicht ans Wrack herankommen. Unter diesen Umständen nahm der Schiffer beide Boote längsseit und dampfte dann so nahe wie möglich an die Unfallsstelle heran. Nunmehr gelang es, 10 Mann, die in den Wanten saßen, abzubergen und an Bord der „Emma" zu bringen. Man blieb noch bis 7 Uhr Morgens an der Unfallsstelle und suchte nach Schiffbrüchigen. Als man keinen mehr fand, setzte man den Curs auf Hull als Nothhafen. Noch im Laufe des Vormittags erreichte man Hull und landete hier die geretteten Franzosen. In Hull ist die „Emma" demnächst mit einem Kostenaufwande von 1000 Pfund Sterling reparirt worden.

Als der Zusammenstoß erfolgte, lag die Bark ungefähr Süd an. Die Raaen waren über Backbordbug angebraßt.

Der Schiffer Oldenburg sah vor dem Zusammenstoße beim Drehen der „Emma" nach Backbord, als er das volle grüne Licht des Seglers noch an Backbord hatte, durch dessen drei Masten hindurch, so daß diese offen sein mußten; er sah deutlich durch das Nachtglas, daß der Besahnmast links vom Großmast und dieser links vom Fockmaste war. Er hat hieraus geschlossen, daß die Bark im Curse OSO segelte und nördlich um das Dudgeon-Feuerschiff herumgehen wollte.

Der Schiffer Oldenburg war auf der Commandobrücke, obgleich es nicht seine Wache war; er war deshalb da, weil der Steuermann ein entzündetes Auge hatte und in Folge dessen nicht gut sehen konnte. Oldenburg bestreitet, daß er übermüdet gewesen sei, er will völlig frisch gewesen sein, weil er sowohl Morgens als auch Nachmittags vorher geschlafen hatte.

Der ebenfalls vor dem Seeamt vernommene Steuermann Stark befand sich neben dem Schiffer auf der Commandobrücke. Er hat, weil er ein entzündetes Auge hatte und das andere Auge in Mitleidenschaft gezogen war, das grüne Licht des Seglers nicht gesehen. Er bestätigt aber im Wesentlichen die Aussage des Schiffers. Er bezeugt namentlich,

> daß der Schiffer einige Minuten vor der Collision ausrief: Grünes Licht an Backbord,
>
> daß gleichzeitig der Ausgucksmann ausrief: Ein grünes Feuer an Backbord, daß, nachdem das Ruder Steuerbord und dann hart Steuerbord gelegt war, der Schiffer gerufen habe: Nun zeigt er roth und grün, daß gleichzeitig der Ausgucksmann ausrief: Jetzt zeigt er beide Lichter.

Eben vor der Collision hat er, der Steuermann Stark, das rothe Licht des Seglers gesehen.

Der Mann am Ruder und der Mann am Ausguck haben vor dem Seeamte nicht vernommen werden können, weil sie während der Zeit, wo die „Emma" in Hull unter Reparatur lag, desertirt waren. Sie sind indeß am 15. October 1895 vor dem Kaiserlich deutschen Consulat in Hull vernommen worden. Nach der dem Seeamte vorliegenden Verhandlung haben sie hier eidlich ausgesagt:

1. der Matrose Kleefeldt aus Pillau:

„Ich befand mich zur Zeit der Collision auf Ausguck. Als wir ungefähr 4 Strich an Backbord das grüne Licht eines Seglers in Sicht bekamen, machte ich sofort Meldung davon. Ich erhielt vom Schiffer die Antwort: »All right«. Unser Schiff fiel nach Backbord hin ab. Nach wenigen Minuten sah ich das rothe und grüne Licht ungefähr 1 Strich an Steuerbord. Ich meldete dies sogleich. Dann sah ich das rothe Licht allein und gleich darauf erfolgte der Zusammenstoß".

2. Der Matrose Hamer aus Gaarden sagt aus:

„Zur Zeit der Collision befand ich mich am Ruder. Als der Mann am Ausguck rief: „Grün Feuer 4 Strich an Backbord voraus" legte ich das Ruder auf Befehl sofort hart Steuerbord. Der Steuermann drehte mit über. Nach 2—3 Minuten erfolgte der Ausruf vom Ausguck: „Zwei Feuer, grünes und rothes, 1 Strich an Steuerbord zu sehen". Gleich darauf verloren wir das grüne Licht aus Sicht und sahen nur das rothe".

Die beiden desertirten Matrosen sind später in London wieder zum Vorschein gekommen. Sie haben sich dann im Kaiserlichen General-Consulat in London gestellt und hier erklärt:

Sie seien zur Desertion von der „Emma" lediglich durch Mißhelligkeiten mit dem ersten Steuermann und dem Bootsmann des Schiffes veranlaßt worden. Der Verdacht, daß sie von irgend einer Seite als dem Schiffer oder anderen Schiffsoffizieren ungünstige Zeugen des Collisionsfalls „Emma" und „Pacifique" zur Desertion angestiftet worden sein möchten, sei völlig unbegründet.

Nach einem Berichte des Kaiserlich deutschen Consuls in Hull an das General-Consulat in London haben die Deserteure, als sie nach Versegelung der „Emma" von Hull daselbst wieder zum Vorschein kamen, dem Sohne des Consuls erklärt, sie seien wegen wiederholten nächtlichen Ausbleibens vom Steuermann ins Schiffstagebuch eingetragen und wollten aus Furcht vor Strafe nicht wieder mit nach dem Heimathshafen zurück.

Ueber die Vorgänge an Bord der französischen Bark hat das Seeamt sich nur informiren können durch eine ihm vorliegende Verhandlung, welche am 15. October 1895 vor dem Receiver of Wreck in Hull mit dem französischen Matrosen Jean Seornee aufgenommen ist und durch einen Bericht, welchen Lloyds Shipping Gazette vom 4. November 1895 über die in Anlaß der Collision vor dem Admiralitätsgericht in London stattgehabten Verhandlungen enthält.

Die Aussage des französischen Matrosen vor dem Receiver of Wreck lautet im Wesentlichen folgendermaßen:

Die Lichter auf beiden Fahrzeugen brannten hell. Das Wetter war klar, der Wind nordwestlich mit einer leichten Briese. Die Bark führte alle Segel, ausgenommen die oberen. Sie lag SSO½O an als sie von dem deutschen Dampfer „Emma" angerannt wurde. Ich war vorne auf dem Ausguck und sah das rothe und das Toplicht der „Emma" ungefähr 15 Minuten vor der Collision. Die „Pacifique" machte ungefähr 10 Knoten Fahrt und behielt ihren Curs bei. Der Dampfer war ungefähr ½ Strich an unserem Backbordbug. Die Fahrzeuge näherten sich allmählich und als die „Emma" ungefähr 30 Meter entfernt war, sah ich alle ihre drei Lichter und unmittelbar darauf fand die Collision statt. Die „Emma" traf uns mit ihrem Steven am Backbordbug querab vom Krahnbalken. Die „Pacifique" begann gleich zu sinken. Die Mannschaft, mit Ausnahme von zwei Leuten, kam an Deck. Die Bark ging in ungefähr 4 Minuten unter. Es war keine Zeit die Boote auszusetzen. Ein Theil der Mannschaft ging in die Takelage, andere wurden ins Wasser gedrängt, als das Schiff unterging. Ich konnte mich an einer Planke im Wasser halten und wurde nach 1½ Stunden gerettet und an Bord der „Emma" gebracht nebst einigen Anderen, welche auch im Wasser aufgefischt waren. Die „Emma" that alles Mögliche, um Menschenleben zu retten. Sie blieb bis Tagesanbruch in der Nähe des Wracks.

Nach dem Berichte der Shipping Gazette haben die vor dem Admiralitätsgericht in London vernommenen Zeugen hier übereinstimmend mit dem vor dem Receiver of Wreck vernommenen Matrosen ausgesagt, die Bark habe SSO½O gesteuert und ihren Curs nicht verändert. Sie haben auch behauptet, ihr Schiff habe SzO½O angelegen, als es sank.

An dieser Stelle darf nicht unerwähnt bleiben, was über Aeußerungen der geborgenen Franzosen an Bord der „Emma" von den Leuten der letzteren berichtet wird. Die auf dem Ausguck und am Ruder gewesenen Matrosen Kleefeldt und Hamer haben vor dem Consulat in Hull übereinstimmend bezeugt, die geretteten Franzosen hätten sich dahin ausgesprochen, daß die Offiziere der Bark angetrunken und der englische Loose ein bad man gewesen sei, auch falsch manövrirt oder schlechtes Commando gegeben habe. Der Schiffer Oldenburg und der Steuermann Stark bezeugten vor dem Seeamt, ähnliches gehört zu haben. Der erstere behauptet, es sei ihm von drei Franzosen, die englisch sprachen, gesagt, daß am Abend ein Souper an Bord gewesen und viel Wein getrunken sei, während der Steuermann gehört haben will, die Franzosen hätten sich mit den Leuten der „Emma" auf Englisch unterhalten und seien dabei die Worte gefallen: Pilot and Captain no good, bad man.

Der Koch der „Emma", Namens Adolf Cordts hat bezeugt, die geretteten Franzosen hätten ihm und dem ersten Maschinisten erzählt, die Mannschaft der Bark und ihr Capitain seien betrunken gewesen.

Der englische Richter hat erkannt, daß die Schuld an dem Zusammenstoß allein die „Emma" treffe. Seine Gründe sind folgende:

Wenn man bei der Annäherung der beiden Schiffe bis auf Sichtweite der Lichter, von der „Emma" das grüne Licht des Seglers habe sehen können, so müsse dieser etwa OSO angelegen haben. Dagegen spreche zunächst der Umstand, daß es nicht wohl denkbar sei, daß ein Schiff auf diesem Curse eine Drehung machen würde, um den Bug der „Emma“ zu kreuzen und damit eine Collision herbeizuführen. Allerdings spreche dafür, daß der Curs des Seglers weiter östlich gewesen als SSO 1/2 O und daß er verändert worden, die Aussage eines für das Segelschiff geladenen Zeugen, wonach dieser etwa fünf Seemeilen entfernt das Dudgeon-Feuer vier Striche auf seinem Steuerbordbuge gesehen, dann aber wahrgenommen hat, daß es schwächer wurde und auf 1 1/2 Strich kam. Die Aussage dieses Zeugen könne aber eine genaue und richtige nicht sein, weil der Zusammenstoß thatsächlich ungefähr 7 Seemeilen vom Feuerschiff erfolgte und es demnach völlig klar sei, daß der Zeuge das Feuer in größerer Entfernung gesehen haben müsse. Gegen die Richtigkeit der Zeugenaussage spreche, daß es nicht zum wirklichen Berufe jenes Mannes gehörte, sich eine genau zutreffende Ansicht über die Höhe der Lichter und ihre Entfernung zu bilden. Andererseits sei es außerordentlich schwierig, einzusehen, wie die „Pacifique“ auf einem OSOCurse hätte sein sollen, da man ihr bei dieser Annahme einen Platz anweisen müßte, der höchst unwahrscheinlich, wenn man auch zugeben wolle, daß vielleicht der Curs ursprünglich SSO 1/2 O gewesen sein könne, um das Feuerschiff an der anderen Seite zu passiren. Wenn die „Emma“ zu der von der ihr angegebenen Zeit und in der angegebenen Entfernung Steuerbord- und hart Steuerbord-Ruder gab, so müsse sie eine größere Drehung gehabt haben, als sie selbst angiebt. Dieses in Verbindung mit den übrigen Unwahrscheinlichkeiten nöthige zu dem Schlusse, daß der Capitain der „Emma“ sich im Irrthume befand, indem er annahm, er habe zuerst das grüne Licht des Seglers gesehen. Es sei darauf hinzuweisen, daß der Capitain eine lange Zeit auf Wache gewesen und daß das Wachehalten bei einem starken ihm ins Gesicht schlagenden Winde kein günstiger Umstand sei, um ihn zur Unterscheidung zwischen den Farben der beiden Lichter zu befähigen. Die einfachste Auffassung sei die, daß er die Farbe des Lichtes verwechselte und das rothe Licht gesehen haben müsse anstatt das grüne. Es dürfe hierbei nicht vergessen werden, daß es bei Segelschiffen, wo man nicht den Vortheil des Toplichts habe, nicht so leicht sei, die Seitenlichter zu unterscheiden, wie bei Dampfschiffen. Deshalb könne kein Zweifel darüber bestehen, daß die Ursache des Zusammenstoßes ein Versehen des Capitains der „Emma“ gewesen ist. Es sei angedeutet worden, daß der Lootse der „Pacifique“ betrunken gewesen sei, aber dies scheine der Begründung zu entbehren.

Der Herr Reichscommissar ist ebenfalls der Meinung, daß der Führer der „Emma“ den Zusammenstoß verschuldet habe. Er nimmt allerdings nicht an, daß eine Verwechselung der Seitenlichter stattgefunden habe, sondern, daß auf der „Emma“ schlechter Ausguck gehalten sei und deshalb das Licht des Seglers zu spät gesehen wurde. Es ist der Antrag gestellt worden, dem Schiffer Oldenburg die Befugniß zur Ausübung des Schiffergewerbes zu entziehen.

Nach den internationalen Vorschriften zur Verhütung des Zusammenstoßens von Schiffen auf See war die „Emma“ als Dampfschiff verpflichtet aus dem Wege zu gehen, während die Bark ihren Curs beizubehalten hatte.

Für die Beurtheilung des vorliegenden Falles kommt es hauptsächlich darauf an, wie die Fahrzeuge zu einander standen, als die Gefahr des Zusammenstoßes eintrat. Standen sie so, daß von der „Emma“ das grüne Licht der Bark an Backbord gesichtet wurde, dann handelte man auf der „Emma“ vollkommen richtig, indem man das Ruder steuerbord legte und grün gegen grün zu bringen suchte. War es aber das rothe Licht der Bark, das gesichtet wurde, so war das Manöver der „Emma“ verkehrt, weil damit der Curs des Seglers gekreuzt werden mußte.

Auf die Angabe der Besatzungsleute darüber, wann und in welcher Entfernung die Lichter zuerst gesehen wurden, ist wenig zu geben. Bei solchen Ereignissen hält Niemand die Uhr in der Hand und stellt nach Minuten und Sekunden die Zeitmaße fest. Die angenommenen Entfernungen beruhen selbstverständlich nur auf uncontrolirbaren Schätzungen. Eine einigermaßen gute Handhabe für die Bestimmung der Entfernungen bietet nur die Sichtweite des grünen Lichtes. Eine sehr gute neue grüne Laterne ist nicht weiter als 2 Seemeilen sichtbar, sie leuchtet, wenn sie längere Zeit an Bord und in Gebrauch gewesen ist und dabei die Linse und der Reflektor die feine Politur verloren haben nur noch 1,5 Seemeilen. Da die Laternen der Bark mit zu Grunde gegangen sind, läßt sich natürlich nicht ermitteln, wie sie beschaffen gewesen sind. Nur soviel läßt sich sagen, daß die Sichtbarkeit der grünen Laterne zwischen 1,5 und 2 Seemeilen liegen muß, und demnach die Entfernung der beiden Schiffe von einander keine größere gewesen sein kann. Dies stimmt auch annähernd mit den Angaben der Leute der „Emma", welche die Zeit vom ersten Sichten des grünen Lichtes bis zum Zusammenstoße auf etwa 4 Minuten berechnen. Erwägt man nämlich, daß die Annäherungsgeschwindigkeit gleich der Fahrgeschwindigkeit beider Fahrzeuge ist, und nimmt man die Fahrgeschwindigkeit beider Schiffe zu rund 10 Seemeilen in der Stunde an, so konnten vom ersten Sichten des grünen Lichtes bis zum Zusammenstoße nicht mehr als 4—6 Minuten verlaufen. Steuerte aber damals, wo man von der „Emma" auf dem Curse NNW ½ W das grüne Licht gesehen haben will, die Bark thatsächlich den Curs SSO ½ O, so konnte ihr grünes Licht auf der „Emma" nicht gesehen werden. Nimmt man daher als erwiesen und festgestellt an, daß die Bark SSO ½ O anlag, so bleibt, wie der englische Richter richtig ausführt, nichts anderes übrig, als anzunehmen, man habe auf der „Emma" die Farbe der Lichter verwechselt.

Dagegen spricht aber die bestimmte Aussage des Führers der „Emma", er habe mit unermüdetem Auge das Licht des Seglers als ein grünes erkannt und daß diese seine Aussage durch die beeidigten Angaben der Matrosen Hamer und Kleefeldt, welche am Ruder bezw. auf dem Ausguck standen, als richtig bestätigt wird. Es kommt hinzu, daß auch die Aussage des Steuermanns Stark für die Richtigkeit der Beobachtungen des Schiffers Oldenburg spricht; hat er selbst auch wegen kranker Augen nicht sehen können, so hat er doch gehört, daß Oldenburg zuerst ausrief „Grünes Licht an Backbord" und daß zur gleichen Zeit vom Ausgucksmann das grüne Licht an Backbord ausgesungen wurde. Durch die fernere Aussage des Steuermanns, später, nachdem das Ruder steuerbord gelegt worden, sei vom Schiffer gerufen: „Nun zeigt er roth und grün" und vom Ausgucksmann ausgesungen: „Jetzt zeigt er beide Lichter" wird der Auffassung vorgebeugt, daß Schiffer und Ausgucksmann die Farben roth und grün nicht zu unterscheiden vermocht hätten. Das Seeamt trägt umsomehr Bedenken, dem englischen Richter darin, daß die Leute der „Emma" keinen Glauben verdienen, zu folgen, weil das Auftreten des Schiffers Oldenburg vor dem Seeamt einen besonders guten Eindruck machte. Dem Seeamte sind wenige Schiffer vorgekommen, welche mit gleicher Ruhe und Sicherheit die Richtigkeit ihrer Angaben zu vertreten vermochten.

Selbstverständlich läßt sich die in dieser Richtung vom englischen Richter abweichende Meinung nur dann rechtfertigen, wenn eine Sachlage gefunden wird, bei welcher das Sichten des grünen Lichtes bestehen kann. Diese Sachlage würde man haben, wenn man, wie der Schiffer Oldenburg will, den Curs des Seglers auf SOzO annimmt. In diesem Falle konnte das grüne Licht des Seglers von der „Emma" aus an Backbord gesichtet werden. Das Seeamt muß indeß dem englischen Richter darin beipflichten, daß die stattgehabten Ermittelungen dieser Sachlage nicht das Wort reden.

Keiner der vernommenen Franzosen hat davon gesprochen, daß ein anderer Curs als SSO ½ O gesteuert wäre und die Annahme, man habe nördlicheren Curs gesteuert, um Dudgeon-Feuerschiff an der anderen Seite zu passiren, hat keine Berechtigung, weil Wind und Wetter keinen Anlaß boten, mit einem Lootsen an Bord einen von dem geraden Curse erheblich abweichenden Umweg zu machen. Gegen den Curs SOzO spricht namentlich auch der Umstand, daß es nicht zu erklären sein würde, wie man von diesem Curse aus dazu kommen konnte, den Segler so zu steuern, daß er erheblich aus seinem Curse gerieth und damit dem Dampfer vor den Bug kam.

Es giebt indeß noch eine andere Sachlage und zwar eine solche, welche mit dem Sichten des grünen Lichtes abseiten der Leute der „Emma" sehr wohl vereinbar ist. Der Segler ist, wie die Franzosen richtig angeben, auf dem Curse SSO ½ O gewesen, es ist aber schlecht gesteuert worden, und gerade im Moment, wo man auf der „Emma" das grüne Licht zu sehen bekam, so weit nach Backbord gegiert, daß das grüne Licht so, wie angegeben, von der „Emma" aus gesichtet werden konnte. Unmittelbar darauf hat man dann das gierende Schiff wieder auf den richtigen Curs gebracht und ist damit vor den Bug des mittlerweile in die Drehung gekommenen Dampfers gelangt. Diese Sachlage ist nach dem Erachten des Seeamts die allein richtige. Sie findet Unterstützung in folgenden Umständen:

1. Darin, daß die Schiffsleute der „Emma" übereinstimmend bezeugen, es sei das grüne Licht des Seglers zuerst an Backbord gesichtet worden.

2. Darin, daß der Schiffer Oldenburg gleich nach dem Sichten des grünen Lichtes mit dem Nachtglase zwischen die Masten der „Pacifique" hat hindurch sehen können. Nach dem Erachten des Herrn Reichscommissars ist es allerdings für ein Märchen zu erachten, wenn der Schiffer Oldenburg solches behauptet. Das Seeamt nimmt jedoch an, daß man sehr wohl auch bei Nacht die Stellung der Masten eines Schiffes zu erkennen vermöge. Ist das, was der Schiffer Oldenburg hierüber berichtet, wie das Seeamt annimmt, glaubhaft und demnach richtig, so muß damals die „Pacifique" der „Emma"

die Steuerbordseite zugekehrt und damit ihr grünes Licht gezeigt haben. Letzteres läßt sich dann nur so erklären, daß sie durch schlechtes Steuern und starkes Gieren zeitweilig aus ihrem Curse gekommen war.

3. Darin, daß die „Pacifique" im weiteren Verlaufe zuerst beide Lichter und zuletzt nur ihr rothes Licht zeigte. Hätte sie ihren Curs nicht geändert, so hätten niemals beide Lichter vor der Collision in Sicht kommen können.

4. Darin, daß die geretteten Franzosen an Bord der „Emma" erzählt haben, es seien die Schiffsoffiziere und der Lootse betrunken gewesen. Es liegt dem Seeamte fern, anzunehmen, daß für eine folgenreiche Trunkenheit der an Bord des französischen Schiffes befindlichen leitenden Persönlichkeiten ein nennenswerther Beweis erbracht sei. Das Seeamt kann aber nicht umhin, darauf hinzuweisen, daß es eine auffallende Thatsache ist, daß gerade keiner der leitenden Persönlichkeiten sich zu retten vermochte. Man kann diese auffallende Thatsache sehr gut für die Vermuthung verwerthen, daß die Franzosen an Bord der „Emma" nicht die Unwahrheit gesagt haben. Ist letzteres aber nicht der Fall, so liegt eine große Wahrscheinlichkeit dafür vor, daß die Navigirung auf der „Pacifique" keine sorgfältige gewesen ist.

5. Darin, daß ein für das Segelschiff geladener Zeuge vor dem Admiralitätsgericht in London ausgesagt hat, er habe das Dudgeon-Feuerschiff vier Strich auf seinem Steuerbordbug gesehen. Ist dieses richtig, so muß die „Pacifique" bei Annäherung ans Feuerschiff nördlicher angelegen haben als SSO ½ O. Das Seeamt kann dem Gedankengange des englischen Richters, die Aussage des Zeugen sei deshalb unrichtig, weil es außerhalb seines Berufes liege, sich eine zutreffende Ansicht über die Stellung der Lichter zu bilden, nicht folgen.

Der Richtigkeit der diesseitigen Auffassung steht nicht entgegen, was der Ausgucksmann auf der „Pacifique" über das Sichten der Lichter der „Emma" und den gesteuerten Curs seines Schiffes bezeugt hat. Wenn er behauptet, er habe 15 Minuten vor der Collision das Toplicht und das rothe Licht des Dampfers gesehen, so findet dieses seine natürliche Erklärung darin, daß er diese Lichter früher sehen konnte und auch gesehen haben wird als das grüne Licht für die „Emma" in Sicht kommen konnte. Wenn er ferner behauptet, es sei der Curs auf der „Pacifique" immer SSO ½ O gewesen und nicht verändert worden, so ist zu sagen, daß er von seinem Standpunkte, vorne auf dem Ausguck, nicht allezeit genau darüber unterrichtet sein konnte, wie sein Schiff anlag.

Gerieth, wie nach diesseitiger Auffassung angenommen werden muß, die „Pacifique" durch Gieren zeitweilig derartig aus ihrem Curse, daß sie dem Dampfer das grüne Licht zeigte, so trifft sie allein die Schuld an dem Zusammenstoße, weil sie damit gegen die Vorschrift verstieß, ihren Curs beizubehalten und solchergestalt den Dampfer irre führte. Man handelte, wie bereits oben gesagt, auf der „Emma" richtig, indem man grün gegen grün zu bringen suchte. Man handelte ebenfalls richtig, als man beim Sichten beider Lichter des Seglers den gesetzlichen Vorschriften entsprechend die Maschine stoppte und auf volle Kraft rückwärts stellte; damals waren die Schiffe schon in eine so gefährliche Nähe gekommen, daß kein anderes Manöver übrig blieb.

Daraus, daß nach dem Erachten des Seeamts dem Schiffer Oldenburg ein Verschulden an dem Zusammenstoße nicht zur Last fällt, folgt ohne Weiteres, daß dem Antrage des Herrn Reichscommissars, es möge ihm die Befugniß zur Ausübung des Schiffergewerbes entzogen werden, nicht stattgegeben werden konnte.

Die nach dem Zusammenstoße von dem Schiffer Oldenburg getroffenen Maßregeln zur Rettung der Schiffbrüchigen, müssen, weil in jeder Beziehung zweckentsprechend, als lobenswerth anerkannt werden. Die Angabe eines Franzosen, er habe sich 1—1½ Stunden im Wasser gehalten, bis er aufgefischt wurde, beruht hinsichtlich der Zeit offenbar auf einem Irrthum. Dieser Irrthum ist begreiflich, wenn man erwägt, daß demjenigen, welcher mit dem Tode ringt, die Zeit leicht länger vorkommen wird, als sie thatsächlich ist.

Die Entscheidung des Ober-Seeamts lautet:

Auf die Beschwerde des Reichscommissars gegen den Spruch des Königlich preußischen Seeamts zu Flensburg vom 13. März 1896 über den Zusammenstoß des Dampfers „Emma" von Kiel mit der französischen Bark „Pacifique" hat das Kaiserliche Ober-Seeamt in seiner zu Berlin am 22. April 1897 abgehaltenen öffentlichen Sitzung nach mündlicher Verhandlung der Sache entschieden,

> daß der Spruch des Königlich preußischen Seeamts zu Flensburg vom 13. März 1896 zu bestätigen und die baaren Auslagen des Verfahrens außer Ansatz zu lassen.

Gründe. Das Ober-Seeamt erachtet die von dem Reichscommissar geäußerten Bedenken gegen die Richtigkeit der Aussagen der deutschen Zeugen in Uebereinstimmung mit dem Seeamt nicht für begründet, ist vielmehr der Ansicht, daß diese Aussagen der Wahrheit entsprechen. Wenn dieselben in dem für die Zeugen leicht verwirrend wirkenden Kreuzverhör, wie solches vor dem englischen Gerichte stattgefunden hat, vollständig übereinstimmend aufrecht erhalten worden sind, so spricht dieser Umstand um so mehr für die volle Glaubwürdigkeit der Aussagen. Dies gilt insbesondere auch von der Bekundung, daß gleich nach dem Erblicken des grünen Lichts der „Pacifique" auf der „Emma" das Ruder Steuerbord gelegt sei. Unsere Seeleute wissen sehr wohl, von wie großer Bedeutung bei der schnellen Fahrt heut zu Tage eine gewissenhafte und ungesäumte Bedienung des Ruders für die Sicherheit von Schiff und Menschenleben ist, es kann daher nichts Auffälliges darin erblickt werden, daß sämmtliche deutschen Zeugen diese Ruderlegung übereinstimmend hervorheben. Als feststehend ist demnach anzusehen, daß man auf der „Emma" zuerst ein grünes Licht an Backbord voraus 3—4 Strich erblickt hat; nachdem man sodann mit Steuerbordruder etwa 5 Strich nach Backbord abgefallen war, hatte man das grüne Licht etwa ½ Strich an Steuerbord; bald darauf sind beide Lichter des Gegenseglers, das grüne und das rote, etwa 1 Strich an Steuerbord gesichtet, und es ist sodann die Maschine gestoppt und auf volle Kraft rückwärts gestellt worden. Die von Seiten der Schiffsführung der „Emma" angeordneten Manöver vom Augenblick des Sichtens des grünen Lichtes an entsprechen somit den Vorschriften zur Verhütung des Zusammenstoßens der Schiffe auf See (Artikel 17) und es kann nur in Frage kommen, ob die Entfernung beider Schiffe von einander zur Zeit, als man auf der „Emma" den Gegensegler bemerkte, nicht schon so gering war, daß man nicht mehr erwarten durfte, mit Beibehaltung der Fahrt und Steuerbordruder frei zu bleiben und deshalb sogleich hätte stoppen und rückwärts gehen müssen (Artikel 18). Hierzu hätte nur in dem Falle Veranlassung vorgelegen, wenn man auf der „Emma" verschuldeter oder unverschuldeter Weise die Lichter der Bark „Pacifique" zu spät gesichtet hätte.

Für den vom Reichscommissar behaupteten, aber nicht nachgewiesenen Mangel an der nothwendigen Aufmerksamkeit auf der „Emma" hat sich aus den Verhandlungen kein Anhalt ergeben. Die bezüglichen Ausführungen sind in sich widersprechend, indem der Schiffer für übermüdet erklärt, gleichzeitig aber angenommen wird, derselbe habe den an entzündeten Augen leidenden Steuermann Stark auf der Kommandobrücke belassen, um sich mit ihm zu unterhalten. Schiffer Oldenburg entgegnet zutreffend, daß ein übermüdeter Mann keine Neigung zur Unterhaltung zu verspüren pflege.

Es könnte somit das anscheinend erst spät erfolgte Sichten des grünen Lichtes der Bark „Pacifique" nur die Folge mangelhafter Beschaffenheit der Laterne selbst oder ihrer Instandhaltung oder äußerer ungünstiger Einflüsse gewesen sein. Wenn man die Tageszeit berücksichtigt, zu welcher der Zusammenstoß erfolgte, — gegen 3 Uhr Morgens — so sprechen verschiedene Umstände dafür, daß die Laterne nur noch mangelhaft geleuchtet haben wird. Einmal ist der Uebergang von der Nacht zum Tageslicht an sich die ungünstigste Zeit zum Auffinden von Lichtern und sodann wird die Laterne kurz vor Ablauf ihrer Brennzeit auch nicht mehr so hell gebrannt haben, wie in der übrigen Brennperiode.

Aus diesen Thatsachen allein ließe sich ein spätes Erkennen des Lichtes herleiten. Bei der beiderseitigen schnellen Fahrt von je 10 Knoten, zusammen also 20 Seemeilen in der Stunde, muß sich das Sichten und der Zusammenstoß in kurzer Zeit abgespielt haben. Aus den dargelegten Umständen rechtfertigt sich aber nicht etwa die Folgerung, daß es beim Erblicken des Gegenseglers schon zu spät gewesen wäre, um mit Rudermanövern unter Beibehaltung der Fahrt auszuweichen. Im Gegentheil war nach den vom Seeamt mit Recht für zutreffend erachteten Zeitangaben noch hinreichend Zeit vorhanden, so daß für den Schiffer Oldenburg zunächst keine Veranlassung vorlag, zu stoppen und rückwärts zu gehen, da er hoffen durfte, durch Ruderlegen seinem Gegensegler ausweichen zu können. Insofern ist die Frage, ob das Licht schon früher hätte bemerkt werden müssen, für die Abmessung der Verschuldung ohne Belang.

Daß durch die von der „Emma" vorgenommenen richtigen Manöver der Unfall nicht vermieden worden ist, kann der Schiffsführung derselben nicht zur Last gelegt, muß vielmehr darauf zurückgeführt werden, daß die Bark „Pacifique" absichtlich oder unabsichtlich ihren Curs geändert hat, anstatt denselben, wie Artikel 12 der internationalen Vorschriften zur Verhütung des Zusammenstoßens der Schiffe auf See verordnet, unverändert beizubehalten.

Das Seeamt kommt, da es sich den Ausführungen des englischen Seegerichts bezüglich der Curshaltung auf der Bark „Pacifique" anschließt, zu der Ansicht, daß die Bark „Pacifique" unabsichtlich durch Gieren und schlechtes Manövriren ihren Curs geändert und dadurch der „Emma" zeitweise ihr grünes Licht zugewendet habe, wodurch die Maßnahmen auf der „Emma" nothwendig geworden seien, die schließlich zum Zusammenstoß beider Schiffe geführt hätten.

Mit dem Reichscommissar erachtet das Ober-Seeamt diese

Erklärung der Sachlage nicht für ausreichend und einwandsfrei. Es kann vielmehr der Zusammenstoß nur dadurch erklärt werden, daß die „Pacifique" ihren Curs ganz erheblich verändert haben muß. Daß dies geschehen ist, ergiebt sich auch aus der Stelle des Schiffsrumpfes, an welcher die „Pacifique" getroffen worden ist. Die „Emma" hätte sie mit der Drehung nach Backbord niemals an ihrem Backbord-Krahnbalken treffen können, wenn „Pacifique" nicht ihrerseits noch gedreht hätte. Die für die Annahme, daß die Cursrichtung der „Pacifique" beibehalten sei, angeführte Lage des Wracks SzO ½ O kann als beweiskräftig nicht betrachtet werden, da durch den Zusammenstoß eine nicht unerhebliche Drehung beider Schiffe, besonders aber der „Pacifique", bewirkt sein muß. Es wird diese Cursänderung auch durch die Aussage des von dem englischen Seegericht vernommenen französischen Matrosen Schorneck bestätigt, welcher ausgesagt hat, daß er das Dudgeon-Feuer etwa 4 Strich an Steuerbord in einer Entfernung von etwa 5 Seemeilen gesehen habe, dasselbe sei dann schwächer geworden und auf 1½ Strich gekommen. Derselbe Zeuge hat auch eingeräumt, daß es wohl möglich gewesen sei, daß die „Pacifique" etwas angeluvt und dadurch der Dampfer gerade auf sie zugekommen sei.

Wenn bisher diesen Zeugenaussagen keine Bedeutung beigemessen worden ist, weil es nicht zu dem wirklichen Berufe dieses Mannes gehört habe, sich ein genau zutreffendes Urtheil über die Lichter und ihre Entfernung zu bilden, so kann dem um so weniger zugestimmt werden, als die diesbezüglichen Aussagen des Zeugen sehr bestimmt und genau gemacht sind. Der Matrose Schorneck, welcher zur Zeit des Unfalls auf der „Pacifique" den Dienst als Ausguck versah, hat nämlich, wie die vom Ober-Seeamt beschafften stenographischen Aufzeichnungen über die Zeugenvernehmungen vor dem Admiralitätsgericht in London ergeben, ausgesagt, daß er von 12 bis 1 Uhr am Ruder gestanden und den Curs nach dem Compaß SzO gesteuert habe, daß er sodann als Ausgucksmann aufgestellt sei und 4 bis 5 Seemeilen entfernt, 3—4 Strich an Steuerbord ein weißes Licht mit roten Blinken, gesehen habe — was der Charakteristik des Dudgeon-Feuers entspricht. Dieses Licht sei von ihm ¼ Stunde früher gesehen und gemeldet worden, als der Dampfer. Es peilte, als der Dampfer gesichtet wurde, 2 bis 2½ Strich an Steuerbord und kam vor dem Zusammenstoß bis auf 3 bis 3½ Strich. Nun werden die übrigen Aussagen dieses Mannes, namentlich seine Cursangaben, als zutreffend und grundlegend für die Beurtheilung der Schuldfrage an dem Zusammenstoß bei den bisher ergangenen Entscheidungen angesehen.

Diese ungleichmäßige Bewerthung der Aussagen einer und derselben Auskunftsperson erscheint dem Ober-Seeamt um so weniger gerechtfertigt, als gerade die Beobachtung und Meldung von Lichtern in den letzten Stunden vor dem Zusammenstoß zu dem Beruf dieses Mannes gehört, während die Controle und Beobachtung der Curse unter seine Dienstobliegenheiten als Ausgucksmann nicht fällt.

Der Reichscommissar hat auf Grund der Cursangabe der von ihm für glaubwürdig erachteten französischen Auskunftspersonen nachzuweisen versucht, daß die „Emma" das grüne Licht der „Pacifique" überhaupt nicht hätte erblicken können, da mit Rücksicht auf die Gegend, in welcher die „Pacifique" sich zur Zeit der Collision befand und mit Rücksicht auf den Bestimmungsort derselben, sie keinen andern Curs hätte steuern können als den von den Zeugen angegebenen.

Demgegenüber muß zunächst hervorgehoben werden, daß positive Aussagen über die Cursrichtung von verantwortlichen Personen aus der Besatzung der „Pacifique" überhaupt nicht gemacht worden sind, daß namentlich der gerettete zweite Steuermann der „Pacifique" Namens Maurin, welcher zur Zeit des Zusammenstoßes nicht auf Wache war, sondern in der Cajüte schlief, bei seiner Vernehmung vor dem englischen Seegericht jede Verantwortlichkeit für die Navigirung abgelehnt hat, da man ja einen Lootsen an Bord hatte, dem die Führung des Schiffes zufiel. Die Aussage des französischen Ausgucksmanns über das Sichten von Dudgeon-Feuer bestätigt dagegen, daß eine Cursänderung erfolgt ist. Es ist sodann sehr auffällig, daß die Bark „Pacifique" überhaupt in der Gegend segelte, wo sie schließlich zu Grunde gegangen ist, da der übliche Curs ostwärts von Dudgeon-Feuer vorbeiführt. Das Ober-Seeamt vermag demnach nicht sich den Schlußfolgerungen des Reichscommissars anzuschließen, insofern derselbe aus der von den französischen Zeugen ausgesagten Cursrichtung der „Pacifique" die Unmöglichkeit eines andern Curses für letzteres Schiff herleitet. Das Ober-Seeamt hat vielmehr auf Grund der eigenen Aussagen der geretteten Franzosen, wie sie vor dem englischen Gericht zu Protokoll gegeben sind, zu der Ansicht gelangen müssen, daß man auf der „Pacifique", weil man einen Lootsen an Bord hatte, es an der nöthigen Beaufsichtigung der Navigirung hat fehlen lassen, daß man dann, als die Lichter der „Emma" in Sicht kamen, unsicher geworden ist, den Kopf verloren und so verabsäumt hat, den Vorschriften des Wegerechts gemäß, seinen Curs beizubehalten.

Daß dieses Schiff zur Zeit des Zusammenstoßes gewissermaßen führerlos gewesen ist, geht unter Anderem auch aus der traurigen

Thatsache hervor, daß so viele Menschen und unter ihnen gerade die Schiffsoffiziere ihren Tod bei dieser Collision gefunden haben. Wenn man sich um die Navigirung bekümmert hätte, würde man gewußt haben, daß das Schiff sich auf flachem Wasser befand, und der Schiffsführer hätte nur zu befehlen brauchen, daß die Leute, anstatt über Bord zu springen, in die Takelage gehen sollten, von der sie sicher alle hätten abgeborgen werden können, da das Schiff ja nur bis zu den Raaen gesunken ist. Ob diese Nachlässigkeit in der Wahrnehmung des Dienstes seitens der Schiffsoffiziere eine Folge von Trunkenheit gewesen, oder auf zu großes Vertrauen auf den Lootsen zurückzuführen ist, kann unerörtert bleiben, ihr Vorhandensein kann indessen nicht geleugnet werden.

Gegen das Verhalten des Schiffers Oldenburg nach stattgehabter Collision ist von keiner Seite Einspruch erhoben, im Gegentheil dasselbe als anerkennenswerth bezeichnet worden.

Das Ober-Seeamt kann sich dem nur anschließen und die von dem p. Oldenburg angeordneten Maßnahmen zur Rettung der Schiffbrüchigen lobend hervorheben. Da nach dem Vorstehenden das Verhalten des Schiffers Oldenburg vor, während und nach dem Zusammenstoß in keiner Weise bemängelt werden kann, so ist dem Antrage des Reichscommissars, dem p. Oldenburg die Befugniß zur Ausübung des Schiffergewerbes zu entziehen, keine Folge zu geben.

Die baaren Auslagen des Beschwerdeverfahrens bleiben außer Ansatz, weil die Beschwerde vom Reichscommissar eingelegt ist.

63. Spruch des Seeamts zu Bremerhaven vom 28. April 1897, betreffend den Seeunfall des Vollschiffs „Rajah“ von Bremen.

Der Spruch des Seeamts lautet:

„Am 9. Dezember 1896 ist das Vollschiff „Rajah“ mit einer Ladung von 1692 Tonnen Kohlen, von Cardiff nach Hongkong bestimmt, in der Nähe der Insel Lundy gekentert und gesunken. Von der aus 19 Mann bestehenden Besatzung sind nur die beiden Matrosen Hermann Löper aus Schwerin und Friedrich Witt aus Neu-Warschau durch den britischen Dampfer „Springwell“ gerettet und in Swansea gelandet.

Die Ursache des Unfalls hat mit Bestimmtheit nicht festgestellt werden können. Doch erscheint die Annahme gerechtfertigt, daß bei der Einnahme der Kohlenladung und Vertheilung derselben im Unterraum und Zwischendeck auf die Bauart des Schiffes nicht genügend Rücksicht genommen und der Unfall hierauf in Verbindung mit dem schweren Wetter zurückzuführen ist.

Mängel in der Beschaffenheit, Ausrüstung oder Bemannung des Schiffes haben sich nicht ergeben.

Das Rettungswerk des britischen Dampfers „Springwell", sowie die Aufnahme und Verpflegung der beiden Schiffbrüchigen an Bord desselben ist lobend anzuerkennen.

Gründe. Das Vollschiff „Rajah", Unterscheidungs-Signal QDKT, hatte Bremen zum Heimathshafen und einen Netto-Raumgehalt von 3484,2 cbm oder 1229,92 britischen Register-Tons. Dasselbe war im Jahr 1864 aus Eisen erbaut und hatte einen Chronometer an Bord. Das Schiff gehörte seit 1880 zur Rhederei D. Schilling in Bremen und wurde seit 2½ Jahren von dem Schiffer J. Bellmer aus Rönnebeck geführt, welcher seit 28 Jahren für dieselbe Rhederei zu deren voller Zufriedenheit gefahren hat. Die Besatzung bestand aus 19 Mann. Im Oktober 1896 hatte in Bremen und Brake eine Spezialbesichtigung des Schiffes innen und außen durch den Experten des britischen Lloyd Thomsen in Bremerhaven stattgefunden, auf Grund deren die Klasse + ⁜ A 1 auf 4 Jahre verlängert wurde. Ueber die Besichtigung äußert sich der Expert Thomsen weiter: „Im Zwischendeck war alles in guter Ordnung und frisch gemalt, im Unterraum habe ich Planken der Wegerung entfernen lassen und habe den Schiffsboden untersucht, welcher noch vollkommen gut war. Auch habe ich zwei Platten an Stellen, die mir am dünnsten erschienen, anbohren lassen und dieselben noch reichlich dick gefunden."

Ende Oktober 1896 segelte die „Rajah" von der Weser nach Cardiff, um daselbst für Hongkong Kohlen zu laden. Auf der Reise nach Cardiff, woselbst das Schiff etwa 4 Wochen lang zur Einnahme der Ladung im Barry-Dock gelegen hat, ist nichts Besonderes passirt. Aus dieser Liegezeit stammen eine Reihe von Berichten des Schiffers Bellmer an seine Rhederei. Nach diesen Berichten ist zunächst mit dem Trimmen des Ballastes begonnen, dann ist ein Quantum von 600 Tonnen Stiffening-Kohlen eingenommen und hierauf der Ballast gelöscht. Alsdann sind im Zwischendeck zur Verhütung des Uebergehens der Ladung Längsschotten hergestellt, und zwar in der Weise, daß 1 ½ bis 2 Zoll dicke Planken an jeder Seite der Deckstützen angelascht wurden. Im Unterraume sind Längsschotten nicht angebracht. In einem Berichte vom 30. November 1896 klagt der Schiffer Bellmer über die schlechte Verladung der 600 Tonnen Stiffening-Kohlen, welche man ihm nicht platter hätte trimmen wollen, weil die großen Stücke hätten ganz bleiben sollen; mit seiner Mannschaft hätte er die Kohlen nicht anrühren dürfen. Trotz der 600 Tonnen Stiffening-Kohlen habe das Schiff bei etwas einkommendem Winde so stark übergeholt, daß er sich gezwungen gesehen habe, die Bramraaen an Deck zu geben, um das Schiff nicht kentern zu lassen. Am 3. Dezember 1896 hat der Schiffer Bellmer seiner Rhederei dann gemeldet, daß die „Rajah" mit 1692 Tonnen Kohlen beladen sei, bei einem Tiefgange von 20 Fuß 8 Zoll auf ebenem Kiel und er zum Antritt der Reise nur auf gutes Wetter warte. Abgesehen von der Klage über die mangelhafte Stauung der Stiffening-Kohlen enthalten die Berichte des Schiffers Bellmer über die Stauung der eigentlichen Ladung, insbesondere über die Vertheilung derselben im Zwischendeck und Unterraume nichts. Auch die beiden geretteten Schiffbrüchigen haben über diesen Punkt keine sachlichen Angaben machen können. Der Leichtmatrose Löper hat nur verschiedene Male gesehen, daß der Steuermann unten bei den Kohlen gewesen ist. Der Matrose Witt hat in der mündlichen Verhandlung vom 21. Dezember 1896 erklärt:

> „Das Einnehmen der Kohlen hatte einen Tag in Anspruch genommen. Es wurde durch zwei Luken bewerkstelligt. Es befanden sich Leute von Land zum Trimmen in beiden Luken. Im Zwischendeck befanden sich kleine Luken, welche offen waren, und durch welche die Kohlen in den Unterraum getrimmt wurden. Im Zwischendeck waren 400—500 Tonnen Kohlen; dasselbe war nicht ganz voll. Querschotten waren nicht vorhanden. Die Kohlen waren alle von einer Sorte. Von einer Klage des Schiffers über das Trimmen der Kohlen habe ich nichts gehört."

Auf die schätzungsweise Angabe des Matrosen Witt, daß im Zwischendeck 400 bis 500 Tonnen Kohlen verstaut gewesen seien, hat das Seeamt keinen Werth legen zu dürfen geglaubt, da die Schätzung eines Matrosen über einen solchen Punkt wegen der ihm fehlenden Sachkunde zu unsicher ist. Das Seeamt hat sich daher veranlaßt gesehen, dem Antrage des Reichscommissars gemäß den Versuch zu machen, über die für die Beurtheilung des vorliegenden Falles so wichtige Frage der Verstauung und Vertheilung der Kohlen im

Zwischendeck und Unterraum aus England durch Vermittelung des Deutschen General-Consulats in London amtliche Auskunft zu erhalten. Diese Auskunft liegt dem Seeamt in zwei bei der mündlichen Verhandlung zur Verlesung gekommenen Schreiben des Deutschen Consulats aus Cardiff vor, welche folgenden Wortlaut haben:

1) Cardiff, den 22. Januar 1897.

Ew. Hochwohlgeboren beehre ich mich auf das hochgeschätzte Schreiben vom 8. d. M. gehorsamst zu berichten, daß die Verstauung von Kohlen hier durch die abladende Mine unter Controle des Schiffers und der Schiffsoffiziere geschieht, nach deren Anweisungen die Arbeiter die Kohlen trimmen müssen.

„Rajah" nahm im Ganzen 1692 Tons Kohlenladung ein. Bevor der an Bord befindliche Ballast gelöscht war, hatte, wie die bei der Mine angestellten Nachfragen ergeben haben, Schiffer Bellmer im Vorderraum $312^{2}/_{20}$ Tons und im Hinterraum $303^{13}/_{20}$ Tons, zusammen $615^{15}/_{20}$ Tons Stiffening-Kohlen eingenommen. Darauf wurde der unter der Großluke liegende Ballast von $769^{19}/_{20}$ Tons gelöscht und sodann der Rest der Ladung durch die Groß- und Hinterluken eingenommen. Da Schiffe mit Cardiff-Kohlen nicht voll laden, so bleiben hohle Räume und liegen die Kohlen unter der Luke, durch welche dieselben eingeschüttet, etwas kegelförmig, doch wird hier angenommen, daß darin keine Gefahr liegt.

Der Vormann der Mine, welcher „Rajah's" Beladung beaufsichtigte, erklärt, daß die Verstauung der Kohlen nach Anordnung des Schiffers Bellmer und zu des Letzteren Befriedigung erfolgt sei.

Wenn ein Schiffsführer Klage über die Verstauung seiner Ladung zu führen hat, so sorgen die Minenbesitzer dafür, daß das Stauen den Anordnungen des Schiffers gemäß erfolgt.

Eine Ueberwachung der Kohlenabladungen durch Inspectoren der Versicherer findet hier nicht statt.

Der Kaiserliche Consul.
gez. Max Krieger.

2) Cardiff, den 6. April 1897.

In der Unfallsache „Rajah" beehre ich mich Eurer Hochwohlgeboren in Erledigung des hochgeschätzten Schreibens vom 31. v. M. gehorsamst zu berichten, daß ich eingehende Erkundigungen angestellt habe, doch ist es mir leider nicht gelungen, die gewünschte Auskunft zu erhalten. Die bei der „Rajah" beschäftigt gewesenen Trimmer erklären, daß das Stauen nach Anordnung des Schiffsführers geschehen sei, können aber selbst nicht annähernd angeben, wie viele Tons Kohlen im Zwischendeck verstaut wurden, da darüber keine Notizen gemacht worden sind, wie solches überhaupt nie hier geschieht.

Der Kaiserliche Consul.
gez. Max Krieger.

Das erste Schreiben steht mit der Behauptung des Schiffers Bellmer, daß er auf die Stauung der Stiffening-Kohlen keinen Einfluß gehabt habe, insofern im Widerspruch, als nach diesem Schreiben den Wünschen und Anordnungen des Schiffers beim Trimmen der Kohlen Rechnung zu tragen ist. In der Praxis mag sich die Sache häufig wohl anders verhalten, so daß die Klage des Schiffers Bellmer doch vielleicht nicht unbegründet ist. Da sich diese Klage aber lediglich auf die Stiffening-Kohlen bezogen hat, über die Stauung der Restladung aber nichts Bestimmtes ermittelt ist, so läßt diese Klage keine sicheren Schlüsse auf die Stauung der Restladung zu. Ueber den wichtigen Punkt der Vertheilung der Kohlen im Zwischendeck und Unterraume geben beide Schreiben nicht die gewünschte Auskunft, so daß die Stabilität des Schiffes vor Antritt der Reise wegen Fehlens dieses Factors nicht hat berechnet werden können. Aus dem Berichte des Schiffers Bellmer an seine Rhederei vom 25. November 1896 erscheint noch die in dem Briefe vorkommende Frage erwähnenswerth: „Rajah" ist doch bei Bremer Assekuradeuren versichert?" Diese Frage ist seitens der Rhederei durch einen Brief vom 27. November 1896 dahin beantwortet: „Rajah" ist mit 50000 M. für Casco bei einem Taxatpreise von 100000 M. bei hiesigen Gesellschaften nach Bremer Versicherungsbedingungen versichert, während die Fracht zur Höhe der drüben bezahlbaren Frachtsumme versichert ist, ebenfalls bei hiesigen Compagnien". In der mündlichen Verhandlung hat Friedrich Schilling, Prokurist der Rhederei D. Schilling, unter Eid die Erklärung abgegeben, daß sowohl bei der Frage als auch bei der Antwort der Hauptnachdruck auf das Wort Bremer zu legen sei.

Wegen ungünstigen Windes hat die „Rajah" mehrere Tage nach Beendigung des Ladens noch im Hafen gelegen. Am 8. December Morgens 8 Uhr 30 Minuten hat das Schiff im Schlepptau eines Dampfers den Hafen von Cardiff verlassen und ist bis zur Insel

Lundy, welche etwa 5 Uhr Nachmittags erreicht ist, geschleppt worden. In dem letzten, off Lundy, den 8. December 1896 datirten, an die Rhederei gerichteten Briefe, theilt der Schiffer Bellmer den Antritt der Reise mit und schließt mit der Hoffnung auf glückliche und schnelle Reise; an Bord alles wohl und Schiff in bester Ordnung. Nachdem die Insel Lundy bei steifem Südwinde passirt war, wurde der Wind wieder westlich, das Schiff segelte mit Backbordhalsen mit gesetzten Obermarssegeln. Allmählich fing es an stürmisch zu werden, so daß um 10 Uhr Abends die Segel bis auf das Vor- und Großuntermarssegel, sowie das Vorstenge-Stagsegel festgemacht werden mußten. Von 12 Uhr Nachts bis 4 Uhr Morgens am 9. December 1896 sind die beiden zur Backbordwache gehörigen überlebenden Matrosen zur Koje gewesen. Am 9. December 4 Uhr Morgens hat das Schiff starke Schlagseite gehabt, so daß in Lee beständig Wasser an Deck gestanden hat. Um 6 Uhr hat das Wasser schon in der auf Deck befindlichen Kajüte gestanden und sind die Bemühungen, dasselbe auszuschöpfen, vergeblich gewesen. Um 7 Uhr wurde die andere Wache zum Halsen gepurrt und erschien auch alsbald an Deck; das Wasser stand um diese Zeit in Lee schon bis an den Großmast. Die Großraaen wurden etwas aufgeholt, um das Schiff zum Abfallen zu bringen. Als der Wind dwars einkam, legte sich das Schiff ganz auf die Seite, mit den Masten auf das Wasser. Das Steuerbord-Rettungsboot hatte sich beim Ueberlegen des Schiffes in Folge des Druckes von selbst gelöst. Der Matrose Witt ging die Kreuzwanten längs bis zur Marsraa und stieg von da in das Boot; der Leichtmatrose Löper war ins Wasser gesprungen, schwamm auf das Boot zu und wurde von Witt hineingezogen. Beide nahmen alsdann noch den auf das Boot zuschwimmenden zweiten Steuermann Jänicke und den Matrosen Holtz in demselben auf. Das Boot war hinten am Steven auseinandergeschlagen und lief daher gleich voll Wasser. In demselben befanden sich 3 Riemen, aber keine Dollen; das Zurückrudern nach dem Schiffe, um die in den Wanten stehenden Mannschaften noch zu retten, mußte aufgegeben werden. 4—5 Minuten nach dem völligen Kentern ging das Schiff mit einem, von der ausströmenden Luft herrührenden Knall unter und zog auch die noch an Bord befindliche Mannschaft mit in die Tiefe. Die 4 im Boote befindlichen Personen saßen in Folge der fortwährend über dasselbe hinwegbrechenden Seen bis an die Hüften im Wasser; von den 3 Riemen wurden alsbald 2 weggewaschen, mit dem letzten wurde das Boot zunächst von dem Matrosen Holtz auf der See gehalten. Bis um

5 Uhr Nachmittags hielten sich die 4 Schiffbrüchigen im Boote. Um diese Zeit wurde der nur mit einem dünnen Hemde bekleidete Steuermann Jänicke ohnmächtig und in Folge dessen aus dem Boote herausgewaschen; dasselbe Schicksal theilte bald darauf der Matrose Holtz. Die beiden im Boote zurückbleibenden Löper und Witt, vor deren Augen Jänicke und Holtz gewissermaßen im Boote ertranken, waren selbst so verklamt, daß sie sich selbst im Boote kaum aufrechterhalten und deshalb zur Rettung der beiden Ertrunkenen keine Hand rühren konnten. Abends sichteten Löper und Witt ein Blinkfeuer und auch 2 Dampfer, wurden aber von den letzteren scheinbar nicht bemerkt. An dem Blinkfeuer trieb das Boot in etwa 5 Seemeilen Entfernung vorbei, das Wasser reichte den beiden Schiffbrüchigen nur noch etwa bis an die Kniee, da das Wetter etwas ruhiger geworden war. So verbrachten sie die ganze Nacht vom 9. auf den 10. December. Am Morgen des 10. December, als es Tag wurde, erblickten sie Land. Es wurde jedoch bald darauf nebelig und so trieben sie auch am 10. December tagesüber willenlos weiter, bis sie um 5 Uhr 30 Minuten Nachmittags von dem von Liverpool nach Swansea bestimmten britischen Dampfer „Springwell" etwa 10 Seemeilen SW von Caldy Island gesichtet wurden, als es schon ganz dunkel war. Der Dampfer wurde sofort gestoppt und manövrirt, um in die Nähe des Bootes zu kommen, was auch gelang; da aber die beiden Schiffbrüchigen in ihrem Boote keine Riemen hatten und eine sehr schwere See lief, konnten sie das Boot nicht längsseit des Dampfers bekommen. Es mußte daher das Rettungsboot vom Dampfer ausgesetzt werden, welches bei dem sehr starken Rollen des Dampfers mit vielen Schwierigkeiten verbunden war. Das Boot, besetzt mit dem ersten Steuermann, dem Zimmermann, dem Bootsmann und zwei Matrosen fand nach etwa einstündigem Rudern das dem Sinken nahe Boot der „Rajah", an welches sich die beiden Schiffbrüchigen Löper und Witt angeklammert hatten. Mit vieler Mühe wurden die Beiden in das Rettungsboot übergenommen und von hier aus mittelst eines Tauendes an Bord des Dampfers „Springwell" geholt, während das Rettungsboot wegen der groben See nicht aufgeheißt werden konnte, sondern ins Schlepptau genommen werden mußte, wobei es erheblich beschädigt wurde. Die beiden Schiffbrüchigen, welche volle 36 Stunden in dem mehr oder weniger mit Wasser gefüllten Boote zugebracht hatten, fanden an Bord des Dampfers „Springwell" die beste Aufnahme, wurden mit Nahrung und trockener Kleidung versehen und nach Landung in Swansea der weiteren Fürsorge des dortigen deutschen

Consuls übergeben. Die beiden geretteten Schiffbrüchigen sind nicht in der Lage, irgend welche Aufklärung über den Grund des Kenterns und Untergehens der „Rajah“ zu geben, so daß es erforderlich erscheint, noch kurz auf die Aussagen der im Laufe der Untersuchung ermittelten und erst zur letzten Verhandlung geladenen Zeugen Albrecht und Vollmer, welche früher beide auf der „Rajah“ gefahren haben, einzugehen. Beide Zeugen, von denen Albrecht die „Rajah“ 13 Jahre als Schiffer gefahren hat, während Vollmer etwa 4 Jahre als Steuermann an Bord gewesen ist, bekunden übereinstimmend, daß das Schiff rank war, und deshalb im Hafen stets die Stengen und Bramraaen an Deck genommen wurden. Bei einer Reise von Akyab mit Reis habe das Schiff in Folge Sackens der Ladung bei schwerem Wetter in der Nähe des Caps der guten Hoffnung Schlagseite bekommen; diese sei aber nach dem Zurechttrimmen der Reissäcke wieder verschwunden und hätten sie das Kentern des Schiffes nicht befürchtet, da sie sonst die Stengen gekappt haben würden. Der Schiffer Albrecht bekundet ferner wörtlich noch Folgendes: „Ich habe immer weite Reisen mit dem Schiffe gemacht, nämlich nach der Westküste Südamerikas, nach Ostindien, nach Australien und von da mit Kohlen nach China. Das Schiff war stark gebaut und mit schwerer Ladung ein gutes Seeschiff. Es war scharf gebaut und es kam darauf an, daß die Ladung gut verstaut war. Ich hatte mit dem Schiff in schwerem Wetter nicht mehr Schwierigkeiten, wie mit einem anderen Schiffe. Bei einer Ladung von 1830 Tonnen lag das Schiff bei 21 Fuß 1 1/2 Zoll Tiefgang auf ebenem Kiel. Das Schiff hatte dann noch Auswässerung genug. In Akyab sind Besichtiger an Bord gewesen und haben mir bei diesem Tiefgange Schwierigkeiten nicht gemacht. Bei Kohlenladungen hatte ich ungefähr 500 Tonnen im Zwischendeck; es können auch wohl mal 530 bis 540 Tonnen gewesen sein, ich glaube aber nicht, daß es jemals mehr gewesen sind. Bei Salpeterladungen hatte ich 600 Tonnen im Zwischendeck.“ Nach Schluß der Beweisaufnahme bat der Schiffer Albrecht nochmals um das Wort, um sich über die Ursache des Unfalls wie folgt auszulassen: „Wenn ich meine Meinung über die Ursache des Unfalls aussprechen darf, so möchte ich sagen, daß nach meiner Ansicht das Schiff in dem schweren Wetter große Wassermassen übergenommen hat, welche, da das Schiff eine 6 Fuß hohe Regeling hatte und da, wie ich a n n e h m e, die Wasserpforten nicht geöffnet waren, dieses zum Ueberliegen und späteren Kentern brachten. Ich habe selbst einmal einen ähnlichen Fall mit der „Rajah“ erlebt, wobei es mir eben noch gelang die Pforten zu öffnen. Wenn die Oberkannte der Regeling ungefähr mit dem Wasser egal war, stand dieses bis an die Grozluke in Lee. An jeder Seite befanden sich drei Wasserpforten, eine vor der Kajüte, eine beim Großluk und eine beim Vorluk. Die Pforten waren alle gleich groß und maßen 4 Fuß im Quadrat. Auf jeder Seite befanden sich außerdem 4 große Speigatten."

Wie aus der Aussage des Schiffers Albrecht und einer vom Zeugen Schilling zu den Akten überreichten und in der mündlichen Verhandlung vom 28. April 1896 unter Eid bestärkten Aussage hervorgeht, ist die „Rajah" auf ihren früheren Reisen schwerer als auf der letzten Ausreise, wo die Ladung nur 1692 Tonnen betrug, beladen gewesen, und zwar bis zu 1830 Tonnen, ohne bei diesen schweren Ladungen Unfälle erlitten zu haben.

Nach dem Resultat der vorstehend ausgeführten Beweisaufnahme hat die Ursache des Kenterns und Unterganges der „Rajah" nicht mit Bestimmtheit festgestellt werden können. Der Reichscommissar nimmt in erster Linie als Ursache des Unfalls die falsche Stauung der Ladung an, dann die nach dem englischen Tiefladegesetze vorhanden gewesene Ueberladung des Schiffes, da anstatt 4 Fuß 11 Zoll nur 4 Fuß 3 Zoll Freibord vorhanden gewesen sei, und drittens das Uebergehen der Ladung in Folge des Ueberlegens des Schiffes und der mangelhaften, aus dünnen Planken hergestellten Längsschotten. Das Seeamt hält jedoch die Annahme für gerechtfertigt, daß der Seeunfall, abgesehen von dem schweren Wetter, lediglich auf die verkehrte Stauung der Kohlen, insbesondere deren unrichtige Vertheilung auf Zwischendeck und Raum zurückzuführen ist. Aus einem bei den Akten befindlichen Gutachten des Schiffsbaumeisters Baars geht hervor, daß, wenn im Zwischendeck der „Rajah" 600 Tonnen verstaut gewesen sind, die Stabilität des Schiffes eine vollkommen ungenügende war. Es scheint fast, als ob der Schiffer Bellmer beim Einnehmen der Ladung seine Wünsche, bezüglich der richtigen Stauung derselben, den Stauern und Trimmern gegenüber nicht mit der nöthigen Energie zur Geltung gebracht hat, so daß durchaus mit der Möglichkeit der Verstauung einer für die Stabilitätsverhältnisse des Schiffes zu großen Quantität Kohlen im Zwischendeck gerechnet werden darf. Daß an sich die „Rajah" mit 1692 Tonnen Kohlen zu schwer beladen ist, kann das Seeamt, wenn auch die englische Tieflademarke nicht eingehalten ist, nicht annehmen, da das Schiff auf einer ganzen Anzahl früherer Reisen schon erheblich größere Lasten geladen hat. Ebensowenig ist das Seeamt der Ueberzeugung, daß beim Ueberlegen des

Schiffes, welches ganz allmählich und stetig erfolgt ist, die Ladung übergegangen ist, weil im Zwischendeck genügend starke Längsschotten aus 1½ bis 2 zölligen Planken hergestellt waren.

Um derartigen Seeunfällen wie den vorliegenden in Zukunft vorzubeugen, empfiehlt der Reichscommissar dreierlei. Erstens eine sorgfältige Aufsicht durch den Schiffer oder durch einen von den Versicherungsgesellschaften angestellten Inspector bei Einnahme der Ladung, damit dieselbe auf Zwischendeck und Unterraum richtig vertheilt wird; zweitens Erlaß eines Tiefladegesetzes mit Tieflademarke, damit der Schiffer weiß, wie tief er sein Schiff beladen darf; drittens die Einführung bestimmter Vorschriften über die Anbringung von Längsschotten.

Das Seeamt hat dem Wunsche des Reichscommissars, die von ihm hervorgehobenen Maßregeln zur Verhütung ähnlicher Seeunfälle eingehender zu erörtern, nicht entsprechen können, da die Seeämter gemäß § 1 des Gesetzes vom 27. Juli 1877, betreffend die Untersuchung von Seeunfällen, lediglich zur Untersuchung von Seeunfällen berufen sind und deshalb derartige längere Ausführungen in Seeamtssprüchen zu vermeiden sind, welche gemäß § 25 a. a. O. sich allein über die Ursachen des Seeunfalls zu verbreiten haben.

64. Spruch des Seeamts zu Brake vom 24. Mai 1897, betreffend den Seeunfall des Fischdampfers „Wilhelmshaven“ von Wilhelmshaven.

Der Spruch des Seeamts lautet:

Der Fischdampfer „Wilhelmshaven“ hat am 4. Dezember 1896 Vormittags unweit von Helgoland dadurch einen Unfall erlitten, daß die Maschine manövrirunfähig wurde und das Schiff nach Wilhelmshaven eingeschleppt werden mußte. Die Schuld an dem Unfalle trifft den Maschinisten Ramm, der den Salzgehalt im Kessel nicht mit genügender Aufmerksamkeit beobachtet hat, sodaß es geschehen konnte, daß sich eine 1—1½ cm dicke Salzschicht auf den Flammenröhren bildete und so starke Einbeulungen in denselben hervorrief, daß der Weiterbetrieb der Maschine unmöglich wurde. Dem Maschinisten Ramm wird deshalb, da nur durch seine Unkennntniß und Nachlässigkeit der Unfall verursacht ist, die Befugniß zur Ausübung seines Gewerbes entzogen.

Gründe. Der Fischdampfer „Wilhelmshaven", Heimathshafen Wilhelmshaven, Unterscheidungs-Signal KHTP, ist im Jahre 1896 von der Aktien-Gesellschaft Neptun, Schiffswerft und Maschinenfabrik in Rostock erbaut. Das Schiff trat dann am 17. Oktober 1896 sofort seine erste Reise nach Wilhelmshaven und zum Fischen an. Schiffer war der Schiffer auf kleiner Fahrt Theodor Bergmann; die Neptunwerft hatte als sogenannten Garantiemaschinisten den Maschinisten Heinrich Ramm gestellt.

Ramm ist 52 Jahre alt; er hat im Jahre 1872 in Rostock sein Maschinistenexamen gemacht; im Jahre 1880 ist ihm dann ohne weiteres Examen gemäß § 5 der Bekanntmachung des Reichskanzlers vom 30. Juni 1879, betreffend die Prüfung der Maschinisten auf Seedampfschiffen, ein Reichspatent als Maschinist II. Classe ertheilt worden. Er hat in den Jahren 1875—1877 etwa 2 Jahre lang als Maschinist auf Seeschiffen gefahren, und 1895 und 1896 von der Elbe aus als Maschinist auf Fischdampfern, in der ganzen Zwischenzeit auf einem Passagierdampfer zwischen Rostock und Warnemünde. Am 19. Oktober Nachmittags wurde dem Schiffer vom Maschinisten gemeldet, daß sie wegen Reparatur an der Maschine stoppen müßten; es hatte sich ein Condensatorrohr herausgezogen; es wurde wieder hineingezogen und verpackt, was etwa 1½ Stunde in Anspruch nahm. Am 20. Oktober Morgens um 2 Uhr konnte die Reise fortgesetzt werden. Am 21. Oktober um 7½ Uhr Vormittags wurde die Maschine zum Zwecke des Lothens gestoppt, und als sie wieder angehen sollte, wurde vom Maschinisten wiederum Reparatur an der Maschine gemeldet, die etwa 2 Stunden dauerte. Diese erste Reise wurde am 28. Oktober beendet. Auf der zweiten Reise vom 30. Oktober bis zum 8. November, sowie auf der dritten vom 10. bis zum 19. November kamen Schäden an der Maschine nicht vor. Die vierte Reise wurde am 20. November Morgens angetreten. Um 2¼ Uhr Nachmittags meldete Ramm, daß wegen Vornahme einer Reparatur die Maschine für mehrere Stunden gestoppt werden müßte. 2 Condensatorröhren hatten sich herausgezogen und mußten wieder eingesetzt und verpackt werden. Ferner fand man ein Loch in einem Condensatorrohre, wofür ein neues Rohr eingesetzt werden mußte. Die Vornahme dieser Reparaturen dauerte bis 11 Uhr 30 Minuten Abends. Diese vierte Reise war am 29. November beendet. Am 1. Dezember wurde die fünfte Reise angetreten. Am 4. Dezember Morgens 9 Uhr 30 Minuten meldete Ramm, daß die Maschine nicht mehr arbeiten könnte. Das Netz wurde eingeholt und die üblichen 3 schwarzen Bälle gehißt, um sichtbar zu machen, daß man manövrirunfähig sei. Man befand sich zur Zeit ungefähr 5 Seemeilen NzW vom Feuerschiff Außen-Weser. Der Fischdampfer „Köln" war in der Nähe und fragte an, was gewünscht würde, worauf ihm erwidert wurde, man wünsche eingeschleppt zu werden. Da über den Preis für das Einschleppen eine Einigung nicht erzielt wurde, so wurde ohne feste Abmachung der Dampfer nach Wilhelmshaven geschleppt, wo man um 7 Uhr Abends ankam. Dem Dampfer „Köln" sind später für das Einschleppen 3500 M. zugebilligt, die Reparatur selbst hat bis zum 23. Februar 1897 gedauert und ungefähr 6000 M. gekostet. Ramm ist am 10. Dezember 1896 abgemustert, und fährt jetzt wieder auf einem Passagierdampfer zwischen Rostock und Warnemünde. Bei der Untersuchung fand man an beiden Flammenröhren je 2 starke Einbeulungen, nicht oben drauf, sondern mehr nach der Seite zu, die ungefähr je 1 m lang und 30 cm hoch waren. Im Kessel befand sich sehr viel Salz, das an den Röhren 1—2 cm dick auflag.

Ramm führt den Unfall darauf zurück, daß im Condensator sich Röhren losgelöst hätten und daß in dem einen Rohre sich ein Loch befunden habe. So sei Salzwasser in den Kessel geströmt, habe das Salz an den Flammenröhren abgesetzt, und die Röhren seien an diesen Stellen, da sie keine Kühlung gehabt, durchgebogen. Den Salzgehalt im Kessel habe er jede Woche mit dem Salinometer geprüft und gefunden, daß während der beiden ersten Reisen ein Salzgehalt von nicht mehr als 3 % vorhanden gewesen sei; auch auf den übrigen Reisen habe er durchschnittlich 4½ % Salzgehalt gemessen, aber nicht mehr. Beim Antritt der Reise in Rostock sei der Kessel mit süßem Wasser gefüllt, später dies aber niemals ganz erneuert worden. Er habe auf den Reisen wohl anfangs Wasser aus dem Frisch-Wasser-Tank entnommen, dann aber, weil dies nicht ausgereicht habe, stets noch mehrere Tage Wasser von außenbords zum Nachfüllen des Kessels. Der Kessel sei in der ganzen Zeit nicht abgeblasen und gereinigt worden; er habe die Reinigung nicht für nöthig erachtet, da er den Salzgehalt von höchstens 4½ % für unschädlich gehalten habe und nach der Vorschrift die Kessel nur alle 3 Monate gereinigt zu werden brauchten.

Der vorstehende Sachverhalt ist festgestellt worden auf Grund des Schiffsjournals, der in Wilhelmshaven von der Mannschaft abgelegten Verklarung, der eidlichen Aussage des Direktors Knappe von der Neptunwerft zum Protokolle des Amtsgerichts Rostock und der in der Hauptverhandlung vor dem Seeamte vernommenen Zeugen: des Schiffers Bergmann, des Maschinisten Ramm, des Vorstandsmitglieds der Fischereigesellschaft Wilhelmshaven Kaufmann Takenberg und des Marinebauinspektors Thämer in Wilhelmshaven.

Der Reichscommissar hat beantragt, dem Maschinisten Ramm die Befugniß zur Ausübung seines Gewerbes als Maschinist zu entziehen.

Der Unfall ist dadurch entstanden, daß in Folge des Lockerwerdens der Condensatorröhren, sowie durch das in einem oder einigen dieser Röhren befindliche Loch, hauptsächlich aber durch das regelmäßige Auffüllen des Wassers im Kessel von außenbords, Salzwasser in den Kessel gekommen ist, und hier das Salz an den Flammenröhren abgesetzt hat. Durch diese Salzkruste ist eine Kühlung der Bleche und der Flammenrohre durch das umgebende Wasser verhindert worden; diese sind glühend geworden, haben ihre Widerstandsfähigkeit gegen den Dampfdruck eingebüßt, und die Folge davon war, daß sich die Einbeulungen bildeten. Es wäre Sache und Pflicht des Maschinisten Ramm gewesen, die Bildung dieser Salzkruste durch geeignete Vorkehrungen zu verhüten. Wenn er nun auch Soda verwandt hat, so hat er es doch andererseits geradezu befördert, indem er regelmäßig Salzwasser dem Speisewasser zuführte. War dies wirklich in einem einzelnen Falle nöthig, so mußte er sich doch der hierin liegenden Gefahr bewußt sein, und sofort nach Beendigung der Reise auf eine Untersuchung und Reinigung des Kessels dringen. Wenn er sich gegen diesen Vorwurf damit entschuldigt, daß er den Salzgehalt mit dem Salinometer regelmäßig gemessen und durchschnittlich zuerst 3 %, später 4½ % gefunden habe, so ist dies nach der Ansicht des Seeamts ein Ding der Unmöglichkeit. Einen Beweis für diese seine Behauptung hat er nicht erbracht; ein Maschinenjournal ist nicht geführt worden. Der Salzgehalt blieb doch nicht stetig derselbe; er steigerte sich und mußte sich steigern. Daß er auf den letzten Reisen stets 4½ % betragen haben soll, kann nicht wahr sein. Entweder sagt Ramm die Unwahrheit, indem er in Wirklichkeit den Salzgehalt nicht gemessen hat, oder er versteht nicht mit dem Salinometer umzugehen. Er allein hat den Unfall durch seine Nachlässigkeit und Unkenntniß verschuldet; ihm wird daher dem Antrage des Reichscommissars entsprechend das Patent entzogen. Wer in der verantwortungsreichen Stellung als leitender Maschinist eines Dampfers so leichtfertig und unüberlegt handelt, wie Ramm es hier gethan hat, der darf nicht wieder in die Lage kommen eine gleiche Stellung zu bekleiden. Ganz abgesehen von dem nicht unbedeutenden pekuniären Schaden, den er den Betheiligten zugefügt hat, hat er auch Menschenleben in die größte Gefahr gebracht. Wie leicht hätte eine Kesselexplosion eintreten können! Oder wenn zur Zeit des Unfalls, als der Dampfer hülflos trieb, stürmisches Wetter eingetreten wäre, so hätte die größte Gefahr bestanden, daß der Dampfer untergegangen und alle Menschen darauf ertrunken wären. Das Seeamt nimmt an, daß Ramm in den langen Jahren, die seit seinem Examen vergangen sind, und da er fast immer unter einfachen Verhältnissen auf einem Flußdampfer bei Rostock gefahren hat, seine früheren Kenntnisse zum Theil vergessen, seine Befähigung verloren hat und nicht mehr im Stande ist, auf Seedampfschiffen als leitender Maschinist zu fungiren. Daß er in der kurzen Zeit, wo er auf Fischdampfern von der Elbe ausfuhr, nicht ähnliches Unheil angerichtet hat, wie hier, wird darin seine Erklärung finden, daß dort eine schärfere Aufsicht über ihn und den Zustand der Maschine geübt worden ist, sodaß sich ähnliche Mängel nicht herausstellen konnten.

Ein Maschinenjournal ist nicht geführt worden, und brauchte nach den bestehenden Vorschriften auch nicht geführt zu werden. In Fällen wie dem vorliegenden macht sich das Fehlen eines Maschinenjournals für die Führung der Untersuchung recht unangenehm geltend. Wenn aus dem Zustande des Kessels auch mit Sicherheit zu schließen ist, daß der Maschinist seine Pflicht nicht gethan hat, so lassen sich die Einzelheiten doch in Ermangelung von Zeugenaussagen nicht mehr feststellen. Vielleicht würde schon das bloße Vorhandensein eines Journals und die Nothwendigkeit, es führen zu müssen, den Maschinisten an seine Pflicht erinnert haben. Thatsächlich wird auch auf manchen Fischdampfern in Folge einer dahingehenden Vorschrift der Rheder ein Maschinenjournal geführt. Richtig wäre es auch und läge in eigenem Interesse der Rheder, wenn von ihrer Seite eine schärfere Aufsicht über die Maschinisten geübt würde, als es hier der Fall gewesen ist. Auf Einzelheiten will sich das Seeamt in dieser Beziehung nicht einlassen, aber doch nicht verfehlen, die Aufmerksamkeit auf diesen Punkt hinzulenken. Das öffentliche Interesse ist zu sehr dabei betheiligt, und die Gefahr ist zu groß.

Auffällig muß es auch erscheinen, daß die Neptunwerft einen Mann, wie den Maschinisten Ramm, der Rhederei als einen sogenannten Garantie-Maschinisten auf den neuen Dampfer mitgeben konnte.

Die kleineren Mängel, die sich an der Maschine und dem Condensator auf den ersten Reisen gezeigt haben, sind von keiner besonderen Bedeutung.

Den Schiffer Bergmann trifft an dem Unfalle keine Schuld. Diese rein technischen Angelegeheiten muß er dem leitenden Maschinisten überlassen.

65. Spruch des Seeamts zu Hamburg vom 26. Mai 1897, betreffend den Seeunfall des Schraubendampfers „Castilia" von Hamburg.

Der Spruch des Seeamts lautet:

Wodurch der Bruch des Niederdruckschieberkastens an Bord der „Castilia", in Folge dessen der Maschinist Julius Carl Jacobsen aus Neustadt in Holstein seinen Tod fand und der Maschinist Sörensen sowie der Trimmer Bockholt erheblich verletzt wurden, herbeigeführt worden ist, hat sich mit Sicherheit nicht feststellen lassen, jedoch läßt sich annehmen, daß die vorgefundenen älteren, aber nicht erkennbar gewesenen Brüche des Schieberkastens hierzu mitgewirkt haben.

Es ist indeß durch die Untersuchung festgestellt, daß in der Behandlung der Maschine Fehler seitens des Maschinenpersonals nicht gemacht worden sind, sondern daß im Gegentheil bei der Maschinenprobe mit der nöthigen Vorsicht und Sachkenntniß vorgegangen ist.

Thatbestand und Gründe. Am 25. Februar 1897 fand auf dem Schraubendampfer „Castilia" bei der Maschinenprobe eine Explosion des Niederdruckschieberkastens statt, und es erlitten der zweite Maschinist Johannes Julius Carl Jacobsen aus Neustadt in Holstein und der vierte Maschinist Johann Heinrich Sörensen aus Flensburg durch den ausströmenden Dampf schwere Verletzungen. Am folgenden Tage erlag der zweite Maschinist seinen Verletzungen. Einige Stunden nach dem Unfalle fand an Bord der „Castilia" auf Ersuchen der Rhederei des Schiffes, der Hamburg-Amerikanischen Packetfahrt-Actien-Gesellschaft, eine Besichtigung seitens des ersten Kesselrevisors der Baupolizeibehörde und eines Assistenten statt.

Der Schieberkasten des Niederdruckcylinders war gerissen und das Hauptstück gegen die Ecke der Wand vom Vorrathsraum und hinteren Schottwand geschleudert, kleinere Stücke lagen auf der Plattform des Maschinenraums. Die Stücke zeigten mehr oder weniger alte Risse.

Nachdem die Theile des Schieberkastens nach Möglichkeit zusammengelegt worden, zeigte sich, daß unten, hinten am Schieberkasten, das Material in einer Länge von circa 80 Centimeter anscheinend früher schon gebrochen war, nur eine Linie von 1—2 mm Stärke, sogenanntes kalt nachgegossenes Material, hatte noch gehalten und verhindert, daß hier Dampf durchtrat. Weiter zeigten sich in den übrigen Bruchflächen des Materials ältere bruchähnliche Stellen.

Das Material erwies sich in der Hauptsache als gut. Einzelne Stellen ließen jedoch zu wünschen übrig, namentlich der Nachguß auf das kalte Material.

Auf Veranlassung des Kesselrevisors wurden die Bruchstellen mit rother Farbe angestrichen. Es fanden dann mehrere seeamtliche Besichtigungen an Bord statt im Beisein der sämmtlichen Maschinisten des Schiffes. Der erste Maschinist Wagner gab hierbei folgende Darstellung von der Anwärmung der Maschine bis zur Katastrophe.

Morgens 8 Uhr 15 Minuten seien an dem fraglichen Tage unter Zuziehung sämmtlicher Maschinisten die zur Maschinenprobe erforderlichen See- und Dampfventile geöffnet worden. Nachdem sämmtliche Cylinder und Schieberbodenhähne voll geöffnet waren, ließ Maschinist Wagner die Dampfabsperrventile am Hauptkessel einen halben Gang öffnen und machte die Dampfdrosselklappe etwa 1—1 ½ Zoll offen. Dann ließ Maschinist Wagner die Umsteuerungsmaschine langsam hin- und herlaufen, und pumpte der Pulsometer beständig durch den Condensator. Die Maschine machte während der Zeit des Anwärmens viertel und halbe Umdrehungen. Die Hülfsmaschinen waren während des Anwärmens nicht im Betriebe. Nachdem die Umsteuerungsmaschine bereits eine Stunde gelaufen hatte, wurde dieselbe gestoppt und nochmals sämmtliche Maschinentheile revidirt. Dann wurden die Absperrventile am Kessel ungefähr einen halben Gang weiter offen gedreht und die Umsteuerungsmaschine zum zweiten Male in Betrieb gesetzt. Die Dampfdrosselklappe war ¼ Gang geöffnet, und drehte die Maschine jetzt halbe Touren rück- und vorwärts. Maschinist Wagner sowohl wie auch Maschinist Waltz, welcher später als erster Maschinist fungiren sollte, überzeugten sich dann beide persönlich von dem regelmäßigen guten Durchwärmen der Cylinder und Schieberwände. Der Dampfdruck im Kessel betrug zu dieser Zeit 8½ bis 9 Atmosphären. Die beiden

Hauptkessel waren normal mit Wasser gefüllt. Ein Ueberkochen des Kesselwassers fand nicht statt. Der Dampfdruck im Mitteldruck-Receiver war beim Durchwärmen 1,5 bis 2 Atmosphären und im Niederdruck-Receiver 0,4 bis 0,5 Atmosphären groß. Gegen 10 Uhr 30 Minuten wurde der vierte Maschinist Sörensen an Deck gesandt, um nachzusehen, ob die Schraube klar zum Drehen sei. Es erfolgte die Meldung, daß alles klar zur Maschinenprobe sei, und ließ Maschinist Wagner nun die Umsteuerung wieder vor- und rückwärts arbeiten. Um 10 Uhr 45 Minuten hörte man plötzlich ein Rucksen in der Maschine, dem fast unmittelbar danach ein starker Knall folgte. Gleichzeitig füllte sich der Maschinenraum mit Dampf. Maschinist Wagner schloß sofort die Dampfdrosselklappe und eilte mit dem dritten Maschinisten Körner nach dem Heizraum und schloß die Dampfabsperrventile am Hauptkessel. Nachdem der Dampf sich verzogen hatte, zeigte sich, daß der Niederdruckschieberkasten in Stücke geplatzt war. Der zweite Maschinist Jacobsen hatte auf der Gräting bei dem Niederdruckcylinder an der Steuerbordseite und der vierte Maschinist Sörensen an der Backbordseite auf derselben Gräting gestanden. Jacobsen, der unmittelbar vor dem zerplatzten Theile des Niederdruckcylinders gestanden hatte, war schwer verbrüht, Maschinist Sörensen weniger erheblich, während der Trimmer Bockholt sich durch einen Stoß eine Kopfwunde zugezogen hatte, als er aus dem unteren Maschinenraum in den Heizraum flüchtete. Bei der Besichtigung abseiten des Seeamts wurde constatirt, daß die beiden auf den Condensator aufgeschraubten Coulissenlager mehrfach gebrochen, und die Stiftschrauben krumm gebogen waren. Die Niederdruckschieberstange hatte eine leichte, von der Schieberfläche in der Mitte abweichende Verbiegung.

Bei der seeamtlichen Hauptverhandlung brachte der Assistent Molsen dem Seeamte zur Kenntniß, daß im Jahre 1890 bei der Montage der Maschine des Schiffes „Castilia", damals „Bhopal" genannt, der Niederdruckcylinder mit dem daran geschraubten Schieberkasten bei dem Herablassen in das Schiff ungefähr 50 Centimeter durch zu plötzliches Angehenlassen der Winde auf die Bodenplatte hinunterfiel. Assistent Molsen sprach hierbei die Vermuthung aus, daß der jetzige Unfall auf einen alten Bruch, welcher höchst wahrscheinlich durch das derzeitige Herunterfallen des Cylinders und Schieberkastens entstanden, zurückzuführen sei.

Maschinist Wagner erklärte speciell, an keiner Stelle des Schieberkastens irgend eine Undichtigkeit bemerkt zu haben.

In der seeamtlichen Verhandlung sprachen dann der Maschinen-Inspector der Rhederei Blumenthal und der Kesselrevisor die Ansicht aus, daß der Riß am Unterende des Schieberkastens schon lange vorher in dem Material vorhanden gewesen sein müsse. Die Maschine habe 8—9 Jahre einwandsfrei gearbeitet, und sei dieser Riß in der langen Zeit durch keinerlei Undichtigkeiten bemerkt worden.

Nach eingehender Erwägung der Resultate der Besichtigungen und der stattgehabten Vernehmungen hat das Seeamt zu einem überzeugenden Schlusse nicht gelangen können, auf Grund dessen der Zusammenbruch jenes Maschinentheils zu erklären wäre.

Nach Ansicht des Seeamts können drei verschiedene Ursachen die Herbeiführung des Unfalls bewirkt oder auch zusammen herbeigeführt haben, und zwar:

I. Die seitens der Beamten der Kesselrevision constatirten älteren Bruchflächen, welche zu erkennen dem Seeamt in Folge des Uebermalens nicht mehr möglich war, können im Laufe der Jahre eine derartige Ausdehnung gewonnen haben, daß die Schieberkastenwandungen selbst dem bei dem Probiren stattgehabten verhältnißmäßig niedrigen Drucke, in Verbindung mit den beim Anwärmen entstehenden Spannungen, nicht mehr widerstehen konnten.

II. Ist die Möglichkeit nicht ausgeschlossen, daß die Schwinglager der Niederdruckcoulisse in Folge einer nicht mehr feststellbaren Ursache zuerst gebrochen sind. Da hierauf der Niederdruckschieber einen über seine normale Ausdehnung hinaus gehenden Hub erlangen konnte, so war ein Anstoßen des Schiebers an im Schieberkasten vorstehende Theile, bis zu welchen derselbe bei normalem Hube nicht gelangen konnte, oder auch ein Hinterhaken der Schieberführungsleisten möglich, und können die hierdurch entstandenen Beanspruchungen der Schieberkastenwandungen den Bruch herbeigeführt haben.

III. Bei dem Anwärmen von Schiffsmaschinen durch sogenanntes Balanciren, welches bei durchlaufender Umsteuerungseinrichtung erzielt wird, wenn man die Umsteuerungsmaschine in einer Richtung dauernd laufen läßt, und wobei die Hauptmaschine nur Theile einer Umdrehung vorwärts und dann rückwärts und so weiter ausführt, kann das sich über den tiefer stehenden Kolben bildende Condensationswasser bei dicht schließendem Kolben nicht, oder doch nur zum kleinen Theile durch die Bodenhähne entweichen. Da der Niederdruckkolben der schwerste ist, so ist anzunehmen, daß sich derselbe bei diesem Balanciren auf den unteren Todpunkt stellt und nur um Geringes gehoben und wieder gesenkt wird, so daß sich über diesem Kolben bis zum oberen

Dampfkanal allmählich ein bedeutendes Wasserquantum sammeln kann. Wird diesem Kolben nun in der Absicht, die Maschine voll herumschlagen zu lassen, plötzlich der volle Hub ertheilt, so wird die angesammelte Wassermasse mit Gewalt in den oberen Dampfkanal geschleudert, muß den Schieber abheben und den Schieberkasten anfüllen. Der Stoß einer so in Bewegung gebrachten Wassermasse, in Verbindung mit dem sich bewegenden voluminösen Schieber, ist wohl geeignet, auch kräftig construirte Wandungen zu sprengen bzw. Widerstände in den Schieberbewegungsmaschinismus einzuführen, welche Brüche, wie etwa in diesem Falle den Bruch der Coulissenlager und das Verbiegen der Schieberstange herbeiführen können.

Welche von diesen drei möglich erscheinenden Ursachen die Entstehung dieses Unfalls bewirkt hat, bzw. welche von den Ursachen in ihrer Zusammenwirkung denselben herbeigeführt haben, läßt sich nach Ansicht des Seeamts mit auch nur annähernder Sicherheit nicht behaupten. Es ist indeß auszusprechen, daß in der Behandlung der Maschine Fehler seitens des Maschinenpersonals nicht gemacht worden sind, sondern daß mit der nöthigen Vorsicht und Sachkenntniß vorgegangen worden ist.

Das Seeamt ist ferner nicht der Ansicht, daß die Beschädigung des gebrochenen Schieberkastens auf den erwähnten Unfall bei der Montage zurückzuführen ist, da die Construction der Schieberkastenwandungen für die stattfindende Beanspruchung eine außergewöhnlich schwere ist, und selbst entstandene Risse, deren Ausdehnung bei der stattgehabten sorgfältigen Untersuchung nur eine geringe sein konnte, die Widerstandsfähigkeit nur in geringem Maße beeinträchtigen konnten.

Nach diesen Auslassungen ist die schwere Verletzung, die Maschinist Jacobsen erlitten und die den Tod desselben zur Folge hatte, sowie die Verletzungen des Maschinisten Sörensen und des Trimmers Bockholt nicht auf ein Verschulden irgend einer Person zurückzuführen.

66. Spruch des Seeamts zu Hamburg vom 31. Mai 1897, betreffend den Seeunfall des Schraubendampfers „Thuringia" von Hamburg.

Der Spruch des Seeamts lautet:

Die Strandung des Schraubendampfers „Thuringia" auf Curaçao ist dadurch herbeigeführt, daß man das um 3 Uhr

Nachts gesichtete Feuer wegen mangelhaften Functionirens desselben nicht als dasjenige von Klein-Curaçao erkannte und den ursprünglichen Curs noch weiter fortsetzte.

Bei größerer Vorsicht hätte sich die Strandung des Schiffes jedenfalls vermeiden lassen.

Eine Verbesserung des Feuers von Klein-Curaçao würde im Interesse der Schiffahrt liegen.

Thatbestand und Gründe. Am 16. December 1896 strandete der Schraubendampfer „Thuringia" bei Ambroch an der Südküste von Curaçao und wurde nach Abbringung vom Strande condemnirt, da die Reparaturkosten des erlitenen Schadens in keinem Verhältniß zu dem Werthe des Schiffes standen.

Die über diesen Unfall eingeleitete seeamtliche Untersuchung hat Folgendes ergeben:

Die „Thuringia", Unterscheidungs-Signal RFWJ, ein im Jahre 1880 aus Eisen erbauter Schraubendampfer mit einer Maschine von 800 indicirten Pferdekräften und einem Netto-Raumgehalte von 3395,6 cbm = 1198,65 britischen Register-Tons, ist Eigenthum der Hamburg-Amerikanischen Packetfahrt-Actien-Gesellschaft, und wurde geführt vom Schiffer Diederich Görtz. Das Schiff befand sich in regelmäßiger Fahrt nach Westindien. Am 15. Devember 1896 Nachmittags 5 Uhr 30 Minuten setzte der Dampfer seine Reise von Puerto-Cabello nach Curaçao fort und wurde zunächst ein rechtweisender Curs von N8°W 30 Seemeilen und von 9 Uhr 15 Minuten Abends an N28°W gesteuert. Von 8 bis 12 Uhr Abends hatte der dritte Steuermann Reglien die Wache, und war während dieser Wache Schiffer Görtz mehrfach an Deck. Um 11 Uhr zog sich Schiffer Görtz zurück, um zu ruhen, mit der Weisung, ihn zu wecken, wenn irgend welche Feuer oder Land in Sicht kämen. Um 12 Uhr übernahm der zweite Steuermann Otto Schärges die Wache, erhielt von dem Steuermann Reglien die Mittheilung, daß der Schiffer Görtz den Curs um 10 Uhr etwas geändert habe und nunmehr N29°W gesteuert werden solle. Vor Uebernahme seiner Wache setzte der Steuermann Schärges im Kartenzimmer diesen Curs und die bis 10 Uhr gesteuerten Curse, sowie die auf seiner Wache zu segelnde Distanz ab und ging dann auf die Brücke. Das Feuer von Klein-Curaçao sollte angeblich danach etwa um 3½ Uhr in einer Entfernung von 10 Seemeilen passirt werden. Gegen 3 Uhr meldete Matrose Stöwer, welcher auf Ausguck war, ein weißes festes Feuer an Steuerbordseite, welches auch vom Rudersmann Scharmacher gesehen wurde. Diesen Zeugen schien das Feuer langsam auszuwandern. Steuermann Schärges beobachtete jenes Feuer längere Zeit und da es ihm rasch auszuwandern schien, kam er nach Einsicht des Feuerbuchs und der Karte von seiner ursprünglichen Ansicht, daß jenes Feuer dasjenige von Klein-Curaçao sein könne, zurück, weil dieses Feuer ein Blinkfeuer ist, ein Blinken aber nicht bemerkt wurde. Er nahm nunmehr an, daß jenes Feuer von der Toplaterne eines Dampfers herrühre. Da das in Sicht befindliche Feuer nach einer Viertelstunde verschwand, machte er von dem Erscheinen desselben keine Meldung, sondern steuerte den erhaltenen Curs weiter. Um 3 Uhr 35 Minuten gewahrte Steuermann Schärges Land voraus und meldete dies dann sofort dem Schiffer. Dieser kam sogleich an Deck, beobachtete das Land durch ein Nachtglas und kam zu der Ansicht, daß das Land noch 5—6 Seemeilen entfernt sein müßte. Da er aber nicht genau ausmachen konnte, welchen Theil von Curaçao er vor sich habe, so ertheilte er den Befehl, die Maschine zu stoppen, um Tageslicht abzuwarten. Schiffer Görtz suchte sich darauf in der Karte über die Formation der Küste zu orientiren, bald darauf rief der zweite Steuermann, er sähe jetzt Brandung dicht voraus, und wurde nun der Befehl „volle Kraft rückwärts" gegeben. Jetzt gewahrte man einen schmalen niedrigen Streifen Landes, der sich vor einer Lagune hinzog, hinter welcher sich das zuerst gesehene hohe Land abhob. Nach dem Maschinen-Journal erfolgte um 3 Uhr 41 Minuten das Commando „Stopp", um 3 Uhr 43 Minuten „volle Kraft rückwärts", und ungefähr um 3 Uhr 47 Minuten saß die „Thuringia" fest. Der Stoß war trotz des felsigen Bodens so leicht, daß er kaum von der Besatzung verspürt wurde. Die Fahrt des Schiffes betrug zu jener Zeit höchstens eine Seemeile. Man hoffte Anfangs noch durch Rückwärtsarbeiten der Maschine und durch Auspumpen der vorderen Tanks 1 und 2 das Schiff wieder flott zu bekommen, welches nach den Lothungen ungefähr bei dem Fockmast festsitzen mußte. Man sah aber bald, daß die „Thuringia" durch das Rückwärtsarbeiten der Schraube immer mehr nach rechts ausdrehte und dadurch quer zur Küste zu liegen kam. Es wurde deshalb ein schwerer Anker an Steuerbordseite querab vom Heck ausgebracht, und um 5 Uhr 36 Minuten der Versuch gemacht, das Schiff abzuhieven. Als das Schiff sich gerade nach rückwärts zu bewegen anfing, machte der erste Maschinist die Meldung, daß das Wasser mit großer Geschwindigkeit in den Maschinen- und Heizraum eindringe. An ein Abhieven war unter diesen Umständen nicht zu denken, und schlug die „Thuringia“ nun bald quer. Inzwischen war der zweite Steuermann mit einem Boote nach Curaçao gesandt, um Hülfe zu requiriren. Tagsüber löschte man dann Ladung an Land; später kam die erbetene Hülfe. Am 1. Februar 1897 wurde das Schiff wieder flott und nach Newport News geschleppt. Hier ergab die Besichtigung des Schiffes die Nothwendigkeit der Condemnirung desselben.

In der seeamtlichen Hauptverhandlung führte Schiffer Görtz Folgendes über sein Verhalten an:

Nach der Segelanweisung West Indian Pilot von 1893 und nach seinen eigenen Erfahrungen setzt zwischen Curaçao und dem Festlande ein starker Weststrom; er habe daher seinen Curs, nachdem er zuerst N30°W gesteuert, direct auf Klein-Curaçao abgesetzt, N28°W 67 Seemeilen, in der Erwartung, daß, wenn die „Thuringia“ durch den starken Strom erheblich nach Westen versetzt werden würde und dadurch etwa das Feuer von Klein-Curaçao nicht gesichtet werden sollte, das Schiff doch immerhin direct in den Feuerkreis von St. Anna Feuer gerathen werde.

Da dies nun nicht geschehen, das Schiff vielmehr 10 Seemeilen östlich von St. Anna Feuer strandete, ist Schiffer Görtz der Ansicht, daß die „Thuringia“ eine Stromversetzung von ungefähr 9 Seemeilen nach NWzN gehabt haben müsse. Hierbei sei es nun auffallend, daß keiner der Wachehabenden das Feuer von Klein-Curaçao gesehen habe, bei welchem man nach dem in Wirklichkeit über den Grund gemachten Curse in 5 Seemeilen Abstand vorübergekommen sein müsse. Das Feuer habe offenbar nicht gebrannt, und auf die Unzuverlässigkeit desselben sei die Strandung deshalb zurückzuführen.

Zum Beweise dafür, daß jenes Feuer von Klein-Curaçao mangelhaft brenne, brachte Schiffer Görtz eine Reihe von Attesten zu den Acten, welche Beobachtungen über die Unzuverlässigkeit jenes Feuers enthielten, und die außerdem auch durch consularische Mittheilungen bestätigt wurden. Auch aus einer Bekanntmachung in den „Nachrichten für Seefahrer“ No. 817 Ausg. 12 von 1897, S. 217 geht die Unregelmäßigkeit des Brennens von Klein-Curaçao-Leuchtfeuer hervor.

Darüber, daß jenes Feuer von Klein-Curaçao unregelmäßig brennt, und die characteristischen Verdunkelungen desselben unzuverlässig sind, besteht nach dem vorliegenden Beweismaterial kein Zweifel. In gewisser Weise dient dieser Umstand dem Schiffer Görtz, sowie dem wachehabenden Steuermann Schärges zur Entschuldigung. Andererseits wußte Schiffer Görtz, seiner eigenen Erklärung nach, aus eigener Erfahrung, daß im Allgemeinen den Feuern in ganz Westindien nicht zu trauen sei, und hätte er daher jedenfalls sich selbst von der Richtigkeit dieses Umstandes vergewissern und rechtzeitig auf der Brücke erscheinen sollen, anstatt während der Nacht in unmittelbarer Nähe des Landes die Führung des Schiffes völlig dem zweiten Steuermann zu überlassen.

Schiffer Görtz will nun das Erscheinen des Feuers erst um 3 Uhr 30 Minuten Nachts erwartet haben; ein genaues Absetzen der Curse, wie besonders auch das Zurücksetzen des Curses von dem Strandungsort an und nach der Zeit, also von 3 Uhr 47 Minuten bis 3 Uhr Morgens, in welcher Zeit 8,8 Seemeilen zurückgelegt wurden, ergiebt, daß das Schiff sich um 3 Uhr Morgens ungefähr 5 Seemeilen von jenem Feuer entfernt befunden haben muß.

Thatsächlich ist dann auch zu jener Zeit ein Licht von sämmtlichen Wachehabenden der „Thuringia" beobachtet worden, und muß dies das Feuer von Klein-Curaçao gewesen sein, namentlich wenn man die Berichte über die Unzuverlässigkeit des Feuers von Klein-Curaçao in Berücksichtigung zieht, nach denen die Blinke, resp. die Verdunkelungen jenes Lichtes bis zu 25 Minuten und darüber ausgeblieben sind, und wenn man ferner den Umstand berücksichtigt, daß dem Steuermanne Schärges das Licht erst erschienen ist, als es beinahe dwars war, was, wenn es das Toplicht eines entgegenkommenden Dampfers gewesen wäre, doch höchst wahrscheinlich sich schon früher ereignet haben würde.

Das Seeamt gelangt danach zu der Ansicht, daß das um 3 Uhr Nachts gesichtete weiße Feuer dasjenige von Klein-Curaçao gewesen sein muß, selbst wenn es der characteristischen Merkmale entbehrte und von dem Steuermann Schärges nicht als solches erkannt wurde.

Daß nun Steuermann Schärges von dem Erscheinen dieses Feuers, selbst wenn er es für ein Dampferlicht hielt, nichts gemeldet hat, war ein entschiedener Fehler. Einmal hatte er den Befehl erhalten, jedes Erscheinen eines Lichtes zu melden, dann war er doch selbst auch Anfangs zweifelhaft gewesen, ob jenes Licht nicht etwa ein Landfeuer sei. Nach der Karte mußte diese Annahme sehr nahe liegen, und hätte er jedenfalls hierüber dem Schiffer Görtz sofort berichten sollen.

Die Wahrnehmung des Steuermanns Schärges, daß das Licht schnell auswanderte, war eine durchaus zutreffende, denn bei der Fahrt des Schiffes über den Grund von 11,7 Seemeilen muß das Auswandern des Feuers kein zu langsames gewesen sein.

Abgesehen von diesem Umstande, daß man es unterließ, das erschienene Feuer in genügende Berücksichtigung zu ziehen, giebt im Uebrigen der gesteuerte Curs an sich zu keinerlei Ausstellung Veranlassung. Daß Schiffer Görtz zunächst auf westlich setzenden Strom rechnete, war an sich richtig, und ist auch die „Thuringia" mit dem auf Klein-Curaçao abgesetzten Curse westlich von jener Insel freigekommen. Nur hat die „Thuringia" keinen so starken westlichen Strom gehabt, wie bei Absetzung jenes Curses angenommen wurde, noch auch jene Versetzung von 9 Seemeilen NWzN, wie oben erwähnt. Der Strom hat die „Thuringia" vielmehr seit 9 Uhr 15 Minuten Abends rechtweisend N72°W 12 Seemeilen nahezu WNW½W mit 1,8 Knoten Fahrt gesetzt.

Dies konnte Schiffer Görtz bei Absetzung seines Curses am Abend vor der Strandung mit annähernder Sicherheit nicht voraussehen. Wurde nun aber Klein-Curaçao Feuer nicht gesichtet, und gerieth man mit der „Thuringia" auch nicht wie angenommen in den Feuerkreis von St. Anna Hafen, so mußte schon um 3 Uhr Morgens der Curs der „Thuringia" ein nicht ungefährlicher werden, da sie sich dann bei Beibehaltung des Curses der Küste von Curaçao in bedenklicher Weise näherte.

Es war unter diesen Umständen Pflicht des Schiffers, früher auf die Brücke zu kommen, als wie er gewollt und gethan.

Wäre dies geschehen, und wäre ihm von jenem Feuer Meldung gemacht, so ist mit Sicherheit zu erwarten, daß der Curs dann noch rechtzeitig geändert worden wäre, und selbst nach dem ersten Sichten von Land das Schiff noch zeitiger von der Küste hätte abgelegt werden können. Es war um so eher Pflicht des Schiffers Görtz, auf der Brücke zu sein, da er jene Gegenden nicht genauer kannte und dieselben überdies zum ersten Male als Schiffsführer bei Nacht befuhr, auf ihm somit die volle Verantwortlichkeit lag.

Dieses Außerachtlassen der nöthigen Vorsicht hat die Strandung herbeigeführt und verdient ernstlichen Tadel.

Es erübrigt noch, darauf hinzuweisen, daß eine Verbesserung des Feuers von Klein-Curaçao im dringenden Interesse der deutschen Schiffahrt liegen würde.

67. Spruch des Seeamts zu Rostock vom 2. Juni 1897, betreffend den Seeunfall des Schraubendampfers „Olivia" von Hamburg.

Der Spruch des Seeamts lautet:

Die am Morgen des 8. März 1897 in der Nähe von Gjedser auf dem Steinriffe Schönheiders Pulle erfolgte Strandung des Schraubendampfers „Olivia", welche schwere Beschädigungen desselben zur Folge gehabt hat, ist durch Stromversetzung und dicke Luft verursacht. — Dem Führer des Dampfers, Schiffer Karl Eißfeldt, wird kein Verschulden an dem Unfalle zur Last gelegt.

Entscheidungsgründe. I. Auf Grund der seeamtlichen Untersuchung ist Folgendes für thatsächlich festgestellt erachtet:

A. Der in Hamburg beheimathete eiserne Schraubendampfer „Olivia", Unterscheidungs-Signal RGQN, ein im Jahre 1884 zu Flensburg erbautes, mit einer Maschine von 460 indicirten Pferdekräften versehenes Schiff von 1610,0 cbm = 568,34 britischen Register-Tons Netto-Raumgehalt, verließ am 7. März 1897 mit einer nach Reval bestimmten werthvollen Ladung Stückgüter den Hafen von Hamburg unter Führung des Schiffers Karl Eißfeldt. Die Besatzung bestand mit Einschluß des Schiffers aus 18 Personen. Passagiere waren nicht an Bord. Der Dampfer, welcher noch erste Klasse bei Veritas hatte, befand sich in einem durchaus seetüchtigen Zustand und war vollkommen und gut ausgerüstet. An Booten führte er zwei als Rettungsboote eingerichtete von je 6,55 m Länge und 1,75 m Breite, daneben eine 6,10 m lange und 1,65 m breite Schaluppe. Auf Deck waren an leicht zugänglichen Stellen drei Rettungskränze aufgehängt, und an Korkwesten waren ungefähr 50 Stück vorhanden. Der Maschinenraum und die einzelnen Laderäume waren durch wasserdichte Querschotten von einander getrennt. Daneben war im Vorderschiff ein Collisionsschott angebracht. Die für die vorhabende Reise erforderlichen Seekarten waren in brauchbarer Beschaffenheit an Bord, unter ihnen eine vom Reichs-Marine-Amt in Berlin herausgegebene Karte vom westlichen Theile der Ostsee aus dem Jahre 1881 mit Correctionen bis zum Jahre 1896. Der Tiefgang des Dampfers betrug hinten 16 und vorne 14 Fuß englisches Maß.

B. Nachdem der Dampfer den Kaiser Wilhelm-Kanal durchfahren, passirte derselbe am 8. März Morgens 1 Uhr 45 Minuten die Heultonne von Puttgarden-Riff im Fehmarn-Belt dicht bei. Der seit Morgens 1 Uhr gesteuerte Curs mißweisend SOzO ward bis Morgens 2 Uhr festgehalten, dann aber nach Lothung von 15 Faden nach mißweisend OSO geändert. Schiffer Eißfeldt hatte von Mitternacht an die Wache und befand sich beständig mit einem der beiden Steuerleute auf der Commandobrücke. Die Luft war diesig, zuweilen dick von Nebel und feinem Regen, klarte aber nach 3 Uhr Morgens so weit ab, daß man nach Schätzung des Schiffers bis auf 3 Seemeilen Leuchtfeuer hätte sehen können. Der Dampfer fuhr daher wieder mit voller Maschinenkraft, mit welcher er durchschnittlich 9 Seemeilen in der Stunde zurücklegte. Um 4 Uhr Morgens wurden 7 Faden gelothet und nun der Curs nach mißweisend SOzO½O geändert, als aber das um 4 Uhr 40 Minuten Morgens von Neuem geworfene Loth nur 5½ Faden ergab, ließ Schiffer Eißfeldt den Curs, in welchem man von 4 Uhr an 6 Seemeilen zurückgelegt hatte, noch um einen halben Strich südlicher, nämlich mißweisend SOzO setzen. Alle Lothungen wurden mit großer Sorgfalt ausgeführt, nachdem jedesmal vorher die Maschine gestoppt worden war. Ungefähr 5 Minuten später — von den umliegenden Feuern war bis dahin keines sichtbar geworden — rannte der Dampfer mit voller Fahrt auf das ungefähr 4 Seemeilen in SW von Gjedser Feuerthurm belegene Steinriff Schönheiders Pulle, wo er festkam. Die Versuche, ihn mit der Maschine wieder abzubaken, scheiterten, vielmehr legte sich der Dampfer nach Backbord über, und der Großraum füllte sich schnell mit Wasser. Schiffer Eißfeldt ließ Nothsignale mit der Dampfpfeife und durch Kanonenschläge geben, es erschien aber keine Hülfe. Um 5 Uhr Morgens kam Gjedser Landfeuer auf einen Augenblick in ONO in Sicht und als Vormittags 9 Uhr sich der auf See lagernde Nebel hob, gewahrte man südwärts die an der Südkante von Schönheiders Pulle verankerte, durch 3 nach oben gekehrte Besen bemerkmalte Boje, deren Besen indeß im Winter vom Eise fortgerissen waren. Inzwischen hatte Schiffer Eißfeldt durch Leute vom Lande nach Dampferassistenz telegraphiren lassen, worauf die Bergungsdampfer „Hertha" und „Helsingör" und später auch noch „Kattegat" herbei kamen, von denen die beiden letzteren die „Olivia", nachdem deren Ladung geborgen und an Land gebracht worden war, am 18. März in flottes Wasser zogen, demnächst aber nach Rostock schleppten, wo das Schiff auf der Neptun-Werft einer umfänglichen Reparatur unterworfen ist. Die „Olivia" hatte durch das Auflaufen auf das Steinriff und das 10 Tage lange Arbeiten auf demselben bei zeitweise hohem Seegange schwere Beschädigungen davongetragen. Insbesondere war der Kiel vom Vordersteven bis zur Großluke in einer Länge von ungefähr 70 Fuß fast gänzlich zerschlagen und der Schiffsboden zu beiden Seiten des Kiels auf jener Strecke in Höhe von 3 Platten total zerstört. Was den Maschinenschaden anlangt, so zeigte bei der Untersuchung durch Sachverständige die Drucklagerwelle am hinteren Ende des Drucklagers einen Riß, welcher sich, wie durch Bohren festgestellt ward, tiefer in die Welle hinein erstreckte, während ein eigentlicher Bruch der Schraubenwelle nicht vorlag. Die Reparaturkosten haben ungefähr 90000 M. betragen; die Bergungskosten sind ihrer Höhe nach noch nicht festgestellt.

C. Die als sachverständige Zeugen vernommenen Führer der zwischen Warnemünde und Gjedser in regelmäßigen Tag- und Nachtfahrten verkehrenden Postdampfer „Kaiser Wilhelm" und „Edda", die Schiffer Magnus Jantzen und Christian Bang zu Warnemünde, haben es bestätigt, daß die Luft am Morgen des 8. März unweit der Strandungsstelle diesig und zuweilen dick von Nebel und feinem Regen gewesen ist, so daß auch vom Dampfer „Edda", welcher Morgens 3 Uhr 18 Minuten aus Warnemünde ging und Morgens 5 Uhr 30 Minuten in Gjedser eintraf, fast ununterbrochen Nebelsignale gegeben wurden, und man an Bord dieses Schiffes das Licht des Gjedser Feuerschiffs erst in einem Abstande von ungefähr 1 Seemeile, die Landfeuer von Gjedser erst nach dem Passiren des Feuerschiffs in Sicht bekam.

Beide Schiffer, welche mit den Meeresströmungen in der Gegend der Strandungsstelle genau bekannt sind, haben angegeben,

> daß bei östlichen Winden der Strom zwischen Gjedser und Darser Ort regelmäßig in westlicher Richtung laufe, dabei aber häufig in einem Bogen um die Spitze von Gjedser Riff herumgehe und dann nördlich setze.

Schiffer Bang hat während der 10 Tage, welche die „Olivia" auf dem Steinriffe saß, bei seinen Nachtreisen 4 mal Schiffe zwischen Schönheiders Pulle und dem nur 1½ Seemeilen von diesem Riff entfernten, nördlich von demselben belegenen „Rothe Sand" benannten Riffe passiren sehen und nimmt an, daß diese Schiffe durch die eben erwähnte nördlich setzende Strömung in die gefährliche Nähe jener Bänke gedrängt worden sind.

D. Auf Grund einer am 24. März 1897 vor dem Seegerichte

zu Nykjöbing stattgehabten Verhandlung hat dieses Gericht folgendes Urtheil abgegeben:

> Die Ursache des Grundstoßens der „Olivia" sei darin zu finden, daß in Folge des Nebels die Leuchtfeuer nicht sichtbar gewesen seien, und die „Olivia" auf dem letzten Theile der von ihr befahrenen Strecke von Fehmarn bis Gjedser Riff-Feuerschiff durch die Meeresströmung nach Norden versetzt worden sei. Die bei östlichem Winde gewöhnlich hart nach West laufende Strömung gehe nämlich in einem Bogen rund um das Gjedser Riff herum und wende sich dann nordwärts.

II. Das Seeamt hat sich, was die Ursache des vorliegenden Unfalls anlangt, der Ansicht des Seegerichts zu Nykjöbing lediglich anschließen können und führt mit diesem die Strandung des Dampfers auf Stromversetzung und dicke Luft zurück. Der Punkt, an welchem sich der Dampfer Morgens 4 Uhr befand, steht fest. Denn damals wurden 7 Faden gelothet und eine gleiche Wassertiefe findet sich in jener Meeresgegend zu der vom Schiffer Eißfeldt benutzten, in rat. I sub A näher bezeichneten Karte nicht weiter angegeben. Nach den von ihm bis dahin gesteuerten Cursen, welche ihn sowohl von den die Südküste Laaland's umsäumenden Bänken als auch von Gjedser Riff frei führen mußten, sollte er Morgens 4 Uhr ungefähr 2½ Seemeilen südlicher stehen, als es in Wirklichkeit der Fall war, eine Differenz, welche sich nur durch eine nördlich setzende Meeresströmung erklären läßt. In Rücksicht auf das hiernach von ihm als wahrscheinlich angenommene Vorhandensein einer solchen Stromversetzung ließ Schiffer Eißfeldt einen halben Strich südlicher, nämlich SO3O½O steuern und als Morgens 4 Uhr 40 Minuten nur 5½ Faden gelothet wurden, abermals einen halben Strich südlicher, nämlich SO3O, und in diesem Curse strandete der Dampfer ungefähr 5 Minuten später auf der Nordseite des Riffes Schönheiders Pulle, an einem Punkte, welcher gut 2½ Seemeilen nördlicher liegt als der Ort, an welchem sich der Dampfer nach den von Morgens 4 Uhr an von ihm gesteuerten Cursen und abgelaufenen Distanzen befinden sollte. Da die Lothungen stets mit äußerster Genauigkeit ausgeführt worden sind, und der Schiffer, welcher beständig zusammen mit einem der beiden Steuerleute auf der Commandobrücke war, bei der Navigirung seines Schiffes die größte Sorgfalt angewendet hat, so kann die erhebliche Abweichung von dem seit Morgens 4 Uhr gesteuerten Curse wiederum nur durch eine Stomversetzung in nördlicher Richtung bewirkt worden sein, welche eine verhältnißmäßig starke gewesen sein muß, da sie auf einer Strecke von 7 Seemeilen 2½ Seemeilen betragen hat.

Die Strandung war daher im Wesentlichen auf Stromversetzung, zugleich aber auch mit auf die herrschende dicke Luft zurückzuführen. Denn ohne die letztere würden die Gjedser Landfeuer und das Feuer des 2 Seemeilen südlich von demselben ausgelegten Feuerschiffs rechtzeitig in Sicht gekommen sein, worauf man an Bord der „Olivia" unzweifelhaft sofort die zu große Annäherung der letzteren an die gefährlichen Bänke längs der Südostküste der Insel Laaland bemerkt, durch entsprechende Cursveränderung sich aus der Nähe jener Bänke entfernt und so die Strandung vermieden haben würde. Die festgestellte Beschädigung der Drucklagerwelle der Maschine ist wahrscheinlich durch das anhaltende Arbeiten der Maschine auf dem Steinriff entstanden und steht mit der Strandung des Dampfers in keinem ursächlichen Zusammenhange.

Das Verhalten des Schiffers Eißfeldt hat zu Ausstellungen keinen Anlaß gegeben. Er hat fleißig und sorgfältig lothen lassen und ist auch sonst eifrig bemüht gewesen, jede Gefahr von dem ihm anvertrauten Dampfer abzuwenden. Insbesondere hat er, als er Morgens 4 Uhr aus der gelotheten Wassertiefe ersah, daß er nördlicher stehe als wie er nach seinem Bestecke stehen sollte, den Curs alsbald einen halben Strich südlicher nehmen lassen. Denselben noch südlicher zu nehmen, erschien ihm mit Recht bedenklich, da er sich von dem Gjedser Landfeuer und dem Gjedser Riff-Feuerschiffe, welche er zu seiner Orientirung in Sicht zu bekommen suchen mußte, nicht allzuweit entfernen durfte. Ganz das Gleiche gilt aber von der Morgens 4 Uhr 40 Minuten angeordneten Cursveränderung. Hier kommt zwar in Betracht, daß ohne diese Cursveränderung die Strandung auf Schönheider's Pulle jedenfalls vermieden und wahrscheinlich alles klar gegangen sein würde, da der Dampfer, sobald die Gjedser Landfeuer in Sicht kamen, was nicht lange mehr dauern konnte, in der Lage war, sich mit südlichem Curse von den ihn bedrohenden Bänken zu entfernen und dann Gjedser Riff-Feuerschiff anzusteuern. Allein bei der starken und plötzlichen Abnahme der Wassertiefe, welche sich aus der Lothung um 4 Uhr 40 Minuten ergab, war es unbedingt geboten, zunächst wieder in tieferes Wasser zu gelangen, und das konnte, da die lang gestreckte Bank Rother Sand auf der Backbordseite des Dampfers lag, nur mit Backbordruder versucht werden; daß sich damals aber der Dampfer gerade in der Nähe des auf seiner Steuerbordseite belegenen Steinriffs Schönheider's Pulle befand, auf welches er mit Backbordruder zu lief, konnte Schiffer Eitzfeldt nicht wissen. Da nun der letztere nach der Strandung alles gethan hat, was zum Zwecke der Rettung von Schiff, Ladung und Menschenleben der Sachlage nach geschehen konnte, so war ihm ein Verschulden an dem Unfall oder dessen Folgen nicht beizumessen. Die Südostküste der Insel Laaland ist der vor derselben lagernden Untiefen uud Riffe wegen, zu denen auch Schönheider's Pulle gehört, für die aus dem Fehmarn=Belt kommenden ostwärts steuernden, sowie für die den Fehmarn=Belt von Osten ansteuernden Schiffe bei Nacht und dicker Luft nicht ohne Gefahr zu passiren, zumal wenn, wie es bei östlichem Winde häufig der Fall ist, die Meeresströmung westlich von Gjedser Riff nördlich setzt. Denn die Gjedser Landfeuer sowie das Feuer des südlich von Gjedser Odde ausgelegten Feuerschiffs werden bei dicker Luft für die von West aufkommenden Schiffe oft erst sichtbar, wenn sich diese ihnen bis auf 1—2 Seemeilen genähert haben und entschwinden somit den westwärts steuernden Schiffen oft schon, wenn die letzteren nach deren Passiren erst 1—2 Seemeilen zurückgelegt haben; von der an der Südseite des Riffes Schönheider's Pulle in 8 m Wassertiefe verankerten Treibbake mit rother Stange und 3 aufwärts gerichteten Besen aber ist natürlich Nachts bei dunkeler Luft überall nichts zu sehen. Die nothwendige Folge hiervon ist, daß passirende Schiffe öfter Nachts unter dem Einfluß einer nach Norden setzenden Meeresströmung den Bänken an der Südostseite von Laaland in gefährlicher Weise nahe kommen, wie dies während des kurzen Zeitraums von 10 Tagen von dem Führer des dänischen Postschiffs „Edda", Schiffer Bang, 4 mal auf seinen Nachtreisen beobachtet worden ist. Mit Rücksicht darauf, daß sich der Schiffsverkehr längs der Südküste von Laaland seit der Fertigstellung des Kaiser Wilhelm=Kanals bedeutend gehoben hat und sich voraussichtlich noch weiter vergrößern wird, glaubt das Seeamt es als eine im Interesse der Sicherheit der Schiffahrt dringend wünschenswerthe Maßregel bezeichnen zu dürfen, daß südwestlich von dem Riffe Schönheider's Pulle entweder ein Feuerschiff ausgelegt oder ein auch Nachts und bei dicker Luft sicher erkennbares Seezeichen angebracht wird.

68. Spruch des Seeamts zu Stettin vom 4. Juni 1897, betreffend den Seeunfall des Schraubendampfers „Tilsit" von Stettin und des Flußdampfers „Paul".

Der Spruch des Seeamts lautet:

Der Seeunfall, welcher am 18. April 1897 den Schrauben=

dampfer „Tilsit" in Höhe von Rixhöft durch Wegsinken des von ihm geschleppten Flußdampfers „Paul", welches den Verlust von 2 Menschenleben zur Folge hatte, betroffen hat, ist auf die Seeuntüchtigkeit des Dampfers „Paul", wahrscheinlich auf Leckspringen desselben zurückzuführen. Die Besatzung des „Tilsit" trifft keine Schuld.

Thatbestand. Am 18. April 1897 gegen 10 Uhr 30 Minuten Abends ist der zum Schleppdienst bestimmte Flußdampfer „Paul" im Schlepptau des Schraubendampfers „Tilsit", Heimathshafen Stettin, Unterscheidungs-Signal JBDH, vermessen zu einem Netto-Raumgehalte von 493,8 cbm = 174,30 britischen Register-Tons, eine Maschine von 180 indicirten Pferdestärken, welcher von dem Schiffer Vorsatz geführt wurde, in der Ostsee auf der Höhe von Rixhöft gesunken und haben dabei der Schiffsführer des „Paul", August Strauß aus Warsine (in Schlesien) und ein Kupferschmied (Klempner) Namens Jonelat (?) das Leben verloren. Der Schraubendampfer „Tilsit" ging am 18. April 1897 früh mit Ladung von Memel weg nach Kolberg. Bei der Memeler Maschinen- und Schiffbau-Gießerei und Kesselschmiede Kroll & Busch war zu jener Zeit gerade ein für Rechnung der Rhederei vereinigter Schiffer in Breslau erbauter Fluß-Schleppdampfer „Paul" fertig geworden. Die Inhaber der Handlung Kroll & Busch vereinbarten mit dem Führer des „Tilsit", dem Schiffer Vorsatz, die Mitnahme des „Paul" nach Kolberg und weiterhin nach Stettin für den Preis von 250 M., und zwar ging der Schiffer Vorsatz hierauf nur unter der Bedingung ein, daß der „Paul" während der Ueberfahrt auch etwas Dampf unterhalten sollte, um auf diese Weise das Schleppen zu erleichtern. Mit den auf dem „Paul" befindlichen Leuten hatte Schiffer Vorsatz nur kurze Zeit Gelegenheit zur Besprechung; der „Paul" kam bei der Ausfahrt in See erst im letzten Augenblicke längsseits des „Tilsit" und bei dieser Gelegenheit betonte Schiffer Vorsatz zu den auf Deck des „Paul" befindlichen 3 Leuten, insbesondere dem Schiffsführer Strauß, daß sie etwas Dampf unterhalten sollten. Es befanden sich auf dem „Paul"

1. der von Breslau her zur Ueberführung abgeordnete Schiffsführer August Strauß aus Warsine bei Neumarkt in Schlesien,
2. der in gleicher Weise abgeordnete junge Bootsmann Karl Findeklee aus Warsine,
3. der in Memel angenommene Maschinist Anton Harz aus Stettin,

4. ein Kupferschmied (Klempner) aus Memel, der die Gelegenheit benutzen wollte, um nach Stettin zu kommen. Sein Name ist offiziell nicht festgestellt, nach einer von der Stettiner Ostsee-Zeitung übernommenen Notiz des „Memeler Dampfboot“ hieß der Mann Jonelat.

Von diesen Leuten sind Findeklee und Harz gerettet worden und ersterer bezeugt ausdrücklich, daß er mitangehört habe, wie der Schiffer Vorsatz vor der Abfahrt vom langsamen Mitgehenlassen der Maschine des „Paul“ gesprochen habe. Dagegen soll Strauß nach Bekundung des Maschinisten Harz von der Handlung Kroll & Busch angeblich eine andere Instruction bekommen haben, denn thatsächlich hat man auf Anweisung des Strauß — so bekundet wenigstens Harz — das Feuer unter dem Kessel auf dem „Paul“ sehr bald nach dem Fortgang aus dem Memeler Hafen ausgehen lassen und dann nicht wieder angezündet.

Die auf dem „Paul“ befindlichen Leute waren bis auf Harz sämmtlich noch nicht auf See gefahren, und auch Harz war mehr für den Flußdienst vorbereitet. Schiffer Vorsatz und sein Steuermann Grensing wußten hiervon nichts; besondere Signale für den Fall von Noth wurden, zumal das Wetter sehr günstig schien, nicht verabredet; nur sagte Strauß vor der Vorfahrt zum Schiffer Vorsatz „Sie nehmen uns doch auf, wenn das Wetter schlecht wird“ und Vorsatz bestätigte dies als selbstverständlich.

Der „Tilsit“ nahm den „Paul“ an eine wohl ungefähr 100 Meter lange Drahttrosse, und die Reise ging bis zum Abend ohne besondere Vorfälle von Statten. Zwar war des Mittags vorübergehend bei westlichem Winde etwas Seegang eingetreten, und die Wellen waren über den vielleicht nur 2 Meter aus dem Wasser ragenden Bug des „Paul“ hinweg und über das Deck gegangen; sie waren aber auch wieder abgelaufen, ohne daß man zu Besorgnissen gekommen wäre. Mit dem Heck ragte der „Paul“ nur etwa 1 Meter aus dem Wasser heraus; man hatte im Heck etwa 500 Stück Mauersteine und außerdem in den Bunkern ungefähr 120 Ctr. Kohle gestaut.

Im Uebrigen hatte der „Paul“ nur eine Länge von 17 Metern in der Wasserlinie, eine Breite von 3,8 Metern und eine Seitenhöhe von 1,9 Metern. Das Schanzkleid war 0,65 Meter hoch und darauf befand sich eine Drahtseilbarriere mit eisernen Stützen. Das Fahrzeug war nach dem Zeugnisse der Erbauerin aus bestem Siemens-Martin-Stahl gebaut, mit ½zölligen Platten, in den Längsnähten einfach, in den Quernähten doppelt mit Laschen-Hinterlegung genietet; das

Deck war aus Riffelblech, die Aufbauten theils aus Eisen, theils aus Teakholz. Das Steuerrad befand sich in der vorderen Hälfte des Schiffes.

Gegen Abend waren auf beiden Schiffen die vorschriftsmäßigen Laternen angezündet worden, auf dem „Paul" freilich erst — ein Zeichen der Unkenntniß der Seevorschriften — nachdem man vom „Tilsit" aus ein Zeichen mit einer grünen Laterne gegeben hatte. Schiffer Vorsatz ging um 8 Uhr zur Ruhe; er hatte Tag und Nacht vorher anstrengenden Dienst gehabt und fühlte auch keine Besorgniß wegen des „Paul", da die See „spiegelglatt" war, auch der „Paul" genau im Kielwasser folgte. Dennoch befahl er vor dem Hinuntergehen nicht nur dem Steuermann, sondern auch der übrigen Besatzung an, den „Paul" unausgesetzt im Auge zu behalten.

Gegen 10 Uhr Abends, als man Rixhöft etwa in SSO½O in 8 Seemeilen Abstand peilte, begann die See bei mäßigem westlichen oder südwestlichen Winde etwas unruhig zu werden. Die Wellen schlugen über den Vordersteven des „Paul" hinweg und das Schiff schöpfte vorne — so kam es dem Findeklee vor — soviel Wasser, daß es hinten noch ziemlich hoch über das Heck ablief.

Die Trosse spannte sich in Folge der unruhigen Bewegung bald an, bald ließ sie nach und gab dadurch dem kleinen Fahrzeuge Stöße. Maschinist Harz, welcher sich gleich dem Kupferschmied in den letzten Stunden in dem hinten gelegenen Mannschaftslogis befunden hatte, will um diese Zeit zwei besonders kräftige Stöße kurz hintereinander gespürt haben; in Folge davon stürzte auch die im Logis hängende Lampe herunter und explodirte. Gleichzeitig hörte Harz seine beiden draußen befindlichen Gefährten Hülferufe ausstoßen; er eilte an Deck und hatte sofort den Eindruck, daß das Vordertheil im Sinken begriffen war. Findeklee und Strauß hatten bis dahin am Steuerrade gestanden, waren hier von der vorne überkommenden See bereits bis zur Hälfte des Leibes umspült worden und hatten dann nach dem „Tilsit" zu fortgesetzt um Hülfe geschrieen.

Bei dem entgegenstehenden Winde und dem Geräusche des Seeganges hatte man davon aber zunächst auf dem „Tilsit" nichts gehört. Als der Seegang immer höher wurde, flüchteten Strauß und Findeklee gleich ihren inzwischen nach oben gekommenen beiden Gefährten nach hinten und ließen das Steuerrad fahren. Es war das nach Findeklees Meinung vielleicht nur noch 5 Minuten vor dem Untergange. Auf dem „Tilsit" bemerkte man jetzt — es war kurz nach Ablösung des Matrosen Böttcher vom Ruder — daß der bis dahin im Kielwasser folgende „Paul“ plötzlich nach Steuerbord ausschoor; man sah nur sein rothes Seitenlicht. Böttcher rief sofort, der „Paul“ scheine nicht mehr zu steuern; er eilte mit dem Steuermann Grensing nach dem Heck, und nun war es ihm auch so, als wenn sie Hülferufe hörten. Grensing ließ die Maschine stoppen, weckte den Schiffer und ließ die Trosse einholen. Schiffer Vorsatz eilte sogleich auf Deck und befahl die Maschine rückwärts gehen zu lassen. Das Alles geschah im Zeitraume von etwa 3 Minuten. Man hatte sich dem „Paul“ bereits auf etwa 20 Meter genähert und die Trosse schon losgeworfen, als man bei der Stellung der auf dem „Paul“ noch brennenden Seitenlaternen und des Schornsteins erkannte, daß der Bug des „Paul“ im Sinken war. Schiffer Vorsatz ließ nun sein kleines Boot aussetzen; dies gelang auch; aber im gleichen Augenblicke sank der „Paul“ mit dem Bug zuerst in die Tiefe.

Nur Strauß und Harz hatten vorher je einen Korkring vorgefunden und sich denselben umgelegt; Harz war kurz vor dem Sinken in Folge eines Fehltritts über Bord gefallen; er wie Findeklee sind noch von dem Boot des „Tilsit“ erreicht worden, an das sie sich anklammerten und sind in dieser Weise bis an den Tilsit heran- und dort emporgezogen worden. Von den beiden anderen Personen, dem Strauß und dem Kupferschmied, hat man nichts mehr gesehen und gehört, obgleich der „Tilsit“ noch etwa ½ Stunde auf der Unglücksstelle verblieb. Beide sind daher wohl mit dem „Paul“ in die Tiefe gezogen worden. Gepumpt ist auf dem „Paul“ überhaupt nicht; man hielt dies für zwecklos, da nur das von oben her kommende Wasser gefährlich erschien.

Vorstehender Sachverhalt ist auf Grund der von der Mannschaft des „Tilsit“ abgelegten Verklarung, der vor dem Seeamt abgegebenen eidlichen Aussagen des Schiffers Vorsatz, Steuermanns Grensing, Matrosen Böttcher und des Heizers Harz, sowie der bei dem Königlichen Amtsgericht in Neumarkt abgegebenen und dann verlesenen eidlichen Aussage des Findeklee, ferner der Zuschrift der Handlung Kroll & Busch vom 28. April 1897, der Auskunft der Seewarte Hamburg und des Leuchtfeuerwärters zu Rixhöft vom 8. Mai 1897 als festgestellt erachtet worden.

Entscheidungsgründe. Der Umstand, daß das Vordertheil des „Paul“ nicht nur zuerst gesunken ist, sondern auch vorher schon so niedrig über Wasser lag, daß die Mannschaft nach hinten flüchten mußte und daß Harz bereits etwa 10 Minuten vor dem Untergange das Absinken des Schiffes bemerkte, läßt mit ziemlicher Gewißheit darauf schließen, daß das Vordertheil des Fahrzeugs in Folge eingedrungenen Wassers zu schwer geworden ist.

Das vorne befindliche Logis des Schiffsführers soll verschlossen gewesen sein, wie es auch selbstverständlich war, wenn nicht jede Umsicht gefehlt haben sollte. Das Wasser wird also wahrscheinlich durch ein Leck unterhalb der Wasserlinie eingedrungen sein. Wie dieses entstanden, ist nicht aufgeklärt. Aber in Folge des stoßweisen Zerrens der Trosse an dem „Paul" kann sich leicht ein Stück der an dem Vordersteven oder sonst befindlichen Platten ein wenig gelöst haben, und das hätte genügt, um im Laufe der Zeit viel Wasser eindringen zu lassen. Die beiden Stöße, von welchen Harz erzählt, lassen sich ebenfalls auf ein besonders starkes Anrucken der Trosse zurückführen; nicht unmöglich ist aber auch, daß ein oder mehrere Balken, wie sie öfters in der Ostsee umhertreiben, gegen den „Paul" angetrieben sind und ein Leck verursacht haben. Der „Paul" war nur für Zwecke der Flußschiffahrt gebaut. Freilich werden solche Dampfer vielfach eine kürzere Strecke auf See überführt, ohne Havarie zu erleiden, und die Vereinbarung zwischen dem Schiffer Vorsatz und der Handlung Kroll & Busch hatte daher nichts Auffälliges. Ein Fehler war es aber, daß sich auf dem „Paul" — abgesehen von dem ebenfalls nicht seeerfahrenen Maschinisten Harz — nur Leute befanden, welche nicht nur keine Erfahrung besaßen, sondern überhaupt noch keine Seereise gemacht hatten. Es ist nur mit Mangel an Umsicht und dem Eintritte völliger Fassungslosigkeit zu erklären, wenn von dem „Paul" aus, sobald dort Gefahr vermuthet wurde, keine Signale nach dem „Tilsit" zu gemacht worden sind. Dazu hätte ein Schwenken einer Laterne, das Anzünden von etwas mit Petroleum getränktem Werg u. s. w. genügt. Daß man auf dem „Tilsit" aufpaßte, beweist der Umstand zur Genüge, daß man das Ausscheeren des steuerlos gewordenen „Paul" sogleich bemerkte und dann in kürzester Frist die geeigneten Vorkehrungen zur Annäherung und Rettung traf. Harz bekundet ausdrücklich, daß bei seinem Hinaufeilen an Deck der „Tilsit" bereits etwa dwars lag, also wahrscheinlich schon im Rückwärtsgehen war; Findeklee bezeugt, daß er sich erst 5 Minuten vor dem Untergange vom Steuer zurückgezogen habe; in diesen 5 Minuten ist der „Tilsit" auch schon auf 20 m herangekommen.

Dem Schiffer und Steuermann des „Tilsit" kann man keinen Vorwurf machen. Ersterer ging um 8 Uhr Abends bei spiegelglatter See zur Ruhe. Erst gegen 10 Uhr begann es etwas zu wehen; aber von erheblichem Seegang oder Wind ist auch dann nicht die Rede gewesen; dies beweist am besten der Umstand, daß das kleine Boot des „Tilsit" hat klar gemacht und bemannt werden können. Man hat daher auf dem „Tilsit" an eine gefährliche Lage des „Paul" überhaupt nicht gedacht und hatte auch keine Veranlassung dazu; auch hielt man es für selbstverständlich, daß die Leute des „Paul", wenn sie sich gefährdet glaubten, dies signalisiren würden. Das Rufen derselben ist bei dem Seegang und dem entgegenstehenden Winde nicht gehört worden. Das Ausgehenlassen der Feuer auf dem „Paul" ist — mag es nun in Mißverständniß oder bösem Willen seinen Grund haben — für den Unfall insofern auch verhängnißvoll geworden, als man mittels der Dampfpfeife jederzeit hätte Signale geben können.

69. Spruch des Seeamts zu Danzig vom 5. Juni 1897, betreffend den Seeunfall des Schraubendampfers „Agnes" von Danzig.

Der Spruch des Seeamts lautet:

Der Unfall, der den Schraubendampfer „Agnes" am 23. Februar 1897 im Hafen von Neufahrwasser betroffen hat, ist der Unvorsichtigkeit des ersten Maschinisten Lendrath zuzuschreiben. Veranlassung, ihm das Patent als Maschinist zweiter Klasse zu entziehen, liegt nicht vor.

Gründe. Durch die eidlichen Aussagen des Schiffers Brettschneider, des Steuermanns Zielke von der „Agnes" und des Kohlenaufsehers Koehler in Verbindung mit den Bekundungen der Maschinisten Lendrath und Schmidt ist folgender Sachverhalt festgestellt:

Im Februar 1897 hatte der auf der Reise von Danzig nach London befindliche, zur Rhederei von Th. Rodenacker in Danzig gehörende Schraubendampfer „Agnes", Unterscheidungs-Signal HFTS, ein Schiff von 1556,1 cbm = 549,31 britischen Register-Tons Netto-Raumgehalt, nach Neufahrwasser zurückkehren müssen, weil ihm im Eise eine Platte eingedrückt war. Behufs Reparatur des Schiffes war ein Theil der Ladung gelöscht, auch waren die Kohlen aus den Bunkern herausgenommen und in ein Fahrzeug übergeladen. Nach beschaffter Reparatur lag die „Agnes" am 23. Februar bei etwa

16 Fuß Wassertiefe an der Bordung der Südseite des Hafenbassins. In den Vorderräumen befanden sich 250 Tons, in den Hinterräumen 150 Tons der aus Zucker und Getreide bestehenden Ladung, womit das Schiff vorn 15 und hinten etwa 10 Fuß tief lag. Am Abend des folgenden Tages sollte alles klar sein zum Wiederantritt der Reise. Es war deshalb angeordnet, daß noch nach Feierabend gearbeitet werde, um die Kohlen wieder in die Bunker zu schaffen. Diese unter Aufsicht des Kohlenvogts Koehler gestellte Arbeit geschah in der Weise, daß die Kohlenkörbe mittelst einer auf dem Fahrzeuge stehenden Handwinde gehoben und die Kohlen dann vom Deck der „Agnes" aus in die Bunker geschüttet wurden.

Am Nachmittage des 23. Februar hatten die beiden Maschinisten Lendrath und Schmidt gemeinsam den Condensator einer Prüfung unterzogen und mehrere Rohre desselben gedichtet. Als die Arbeit gegen 4 Uhr Nachmittags beendet war, schlug Schmidt vor, die Condensatordeckel sogleich wieder zu schließen. In Rücksicht auf die Schwierigkeit der Arbeit — sie erfordert vier Mann, einen Flaschenzug und etwa 1½ Stunde Zeit — erklärte aber Lendrath, der erste Maschinist, daß sie bis zum anderen Tage Zeit habe. Während der Arbeit an den Condensatorrohren war das Ausstoßventil, welches damals 1½ Fuß über Wasser lag und während der letzten 18 Monate niemals geschlossen worden war, offen geblieben. Auf eine bei Beginn der Arbeit von Schmidt gestellte Frage, ob etwa das Ausstoßventil geschlossen werden solle, hatte Lendrath dies für überflüssig erklärt.

Um 5 Uhr 30 Minuten Abends wurde im Maschinenraume Feierabend gemacht. Die Feuer waren ausgebrannt, die noch glühenden Schlacken wurden zurückgeschoben, die vier Heizer entfernten sich. Kurz vor 6 Uhr ging Maschinist Lendrath von Bord, 10 Minuten nach 6 Uhr verließ Schmidt als letzter den Maschinenraum, ihn hinter sich abschließend. Er hatte hierzu die ausdrückliche Erlaubniß des ersten Maschinisten, wie denn auch an den vorhergehenden Tagen nach Feierabend Niemand im Maschinenraum und überhaupt nur ein Mann als Deckwache an Bord zurückgeblieben war.

Wie bei den Bunkern, so wurde nach 6 Uhr auch noch im Vorderraume des Schiffes gearbeitet, wo Zimmerleute ein Hülfsschott anzubringen hatten. Hier führte in Abwesenheit des Schiffers Steuermann Zielke die Aufsicht. Dieser bemerkte gegen 7 Uhr, daß sich die Riemen im Boden allmählich mit Wasser füllten und vernahm gleichzeitig ein auffälliges Rauschen im Maschinenraum. Durch das einfallende Licht mittelst einer Leiter in den Maschinenraum kletternd stellte er fest, daß dort das Wasser bereits 7 Fuß hoch stand und stetig wuchs durch neues aus dem Condensator sich ergießendes Wasser. Durch das Vollschütten der Bunker auf der einen Seite hatte das Schiff Schlagseite nach Land zu bekommen, so daß das Ausstoßventil unter den Wasserspiegel hinabgedrückt war. Das hier eindringende Wasser ergoß sich durch den offen stehenden Condensator in den Maschinenraum. Mit Hülfe der Maschinisten des in der Nähe liegenden dänischen Dampfers „Vendyssel" gelang es dem Zielke, zunächst das Ausstoßventil von außen mit Säcken zu verstopfen und dann auch von innen abzudichten, worauf der zufällig von See kommende Lootsendampfer „Dove" das Wasser aus dem Maschinenraum auspumpen konnte.

Die Schuld an diesem Unfalle, welcher leicht für den Dampfer und den Hafenverkehr hätte verhängnißvoll werden können, fällt offensichtlich dem ersten Maschinisten Lendrath zur Last. Zwar ging Lendrath fort zu einer Zeit als der zweite Maschinist Schmidt noch anwesend war; er wußte aber, daß dieser sich auch unmittelbar darauf entfernen wollte, daß dann der Maschinenraum unbeaufsichtigt und verschlossen sein werde gemäß dem auch an den vorhergehenden Tagen geübten Gebrauche. Unter diesen Umständen war es die Pflicht des Lendrath, vor dem Weggang alles so in Stand zu setzen, daß nichts Bedenkliches passiren konnte. Condensatordeckel und Ausstoßventil gleichzeitig offen zu lassen, die Arbeit des Schließens, welche an jenem Nachmittage noch sehr wohl geschehen konnte, auf den andern Tag zu verschieben und fortzugehen, ohne irgend welche Anordnungen zu treffen, war ein Leichtsinn, der nicht genug getadelt werden kann. Bei einiger Ueberlegung hätte sich Lendrath sagen müssen, daß dieses Verhalten große Gefahren für den Dampfer mit sich bringe. Auf Schmidt kann er auch nicht den kleinsten Theil seiner Schuld abschieben. Schmidt hatte gewünscht, die Condensatordeckel sofort wieder ordnungsmäßig zu verschließen; daß es nicht geschah, beruhte auf Lendrath's Anordnung. Schmidt hatte ausdrücklich Urlaub auf 6 Uhr erhalten; wünschte Lendrath, daß er vorher noch etwas besorge, so mußte er ihn ausdrücklich dazu beauftragen. Die anfänglich aufgestellte Behauptung, er habe durch die Worte: „Wir wollen den Ausguß schließen", dem Schmidt die Schließung des Ausstoßventils aufgetragen, hat Lendrath selbst im Laufe der Verhandlung nicht aufrecht zu erhalten vermocht. Wäre sie wahr, so würde sie ihn doch nicht entschuldigen, denn immerhin wäre es Pflicht des Lendrath gewesen, sich vor dem Weggange zu überzeugen, ob sein in so unbestimmter

Form gegebener Befehl befolgt sei. Die Wahrheit ist aber, daß Lendrath in seinem Leichtsinn an das Ausstoßventil, welches seit 18 Monaten unberührt geblieben war, überhaupt nicht gedacht hat.

Trotz der klar vorliegenden Schuld des Lendrath erscheint es aber doch nicht angezeigt, ihm dem Antrage des Reichscommissars gemäß sein am 30. April 1895 ausgestelltes Patent als Maschinist II. Klasse zu entziehen. Als schuldmildernd fällt ganz wesentlich in's Gewicht, daß die „Agnes" im Hafen lag, daß dadurch natürlicherweise Lendrath in ein gewisses Gefühl der Sicherheit versetzt war, und daß es bei der langen Zeit, während welcher das Ausstoßventil stets offen gewesen war, etwas fern lag, an eine durch sein Offenstehen veranlaßte Gefahr zu denken. Dazu kommt, daß die immerhin etwas unvorsichtige Art und Weise, in welcher die Bunker aufgefüllt wurden, hinzutreten mußte, um ein Einlaufen des Wassers durch das Ausstoßventil zu ermöglichen. Bedenkt man, daß das Ausstoßventil vor dem Auffüllen der Bunker 1 1/2 Fuß über dem Wasserspiegel lag, so mußte allerdings eine ganz erhebliche Schlagseite eintreten, ehe Gefahr vorlag. Daß Lendrath diese Gefahr nicht vorher gesehen hat, ist zwar nicht entschuldbar, aber verzeihlich.

70. Spruch des Seeamts zu Hamburg vom 8. Juni 1897, betreffend den Zusammenstoß des Schraubendampfers „Fürst Bismarck" mit der britischen Fischersmack „Try Again" in der Nordsee.

Der Spruch des Seeamts lautet:

Als Ursache des Zusammenstoßes des Dampfers „Fürst Bismarck" mit der britischen Fischersmack „Try Again" aus Yarmouth, welcher am 4. Juni 1897 in der Nordsee stattfand, und der das Sinken der Smack sowie den Tod von 4 Personen der Besatzung und eines Passagiers zur Folge hatte, ist der damals herrschende Nebel zu betrachten.

Auf Seiten des Dampfers „Fürst Bismarck" liegt kein Verschulden an dem Unfalle vor. Auf demselben sind die vorgeschriebenen Nebelsignale gegeben, auch hat der Dampfer seine Geschwindigkeit soweit vermindert, daß dieselbe im Sinne des Art. 13 der Kaiserlichen Verordnung als gemäßigt anzusehen ist.

Nach dem Zusammenstoß ist seitens des „Fürst Bismarck“ sofort die nöthige Hülfe geleistet.

Thatbestand. Der, der Hamburg-Amerikanischen Packetfahrt-Actien-Gesellschaft gehörige, zu Hamburg heimathsberechtigte Doppelschraubendampfer „Fürst Bismarck“, Unterscheidungs-Signal RJGV, von 12644,7 cbm = 4463,58 britischen Register-Tons Netto-Raumgehalt, besitzt eine Maschine von 16400 indicirten Pferdekräften und gehört zu den auf der Linie Hamburg-New-York fahrenden Schnelldampfern. Das Schiff wird geführt von Schiffer Gottfried Adolph Matthias Albers.

Das britische Fischerfahrzeug „Try Again“, mit welchem der „Fürst Bismarck“ am 4. Juni 1897 zusammenstieß, Unterscheidungs-Signal YH789, ist in Yarmouth beheimathet, war Eigenthum eines Capitain Right und hatte einen Netto-Raumgehalt von 53 britischen Register-Tons.

Seine Besatzung bestand aus 6 Personen; außer diesen befand sich als Passagier James Spenks an Bord, ein Freund des Sohnes des Schiffers. Führer des Schiffes war Charles Clarton. Von der Besatzung des Fischerfahrzeugs ertranken fünf Personen; gerettet wurden nur der Schiffer und dessen Sohn Robert Clarton.

Bei der über diesen Zusammenstoß stattgehabten Seeamtsverhandlung sind die Führer und die Decksmannschaft und der an Bord befindliche Elblootse, sowie von der britischen Fischersmack die beiden geretteten Personen vor dem Seeamte vernommen worden. Letztere waren nur im Stande, die Namen des ertrunkenen Passagiers und des Steuermanns des Fischerfahrzeugs anzugeben; dieser hieß Robert Eastake aus Yarmouth. Die Namen der übrigen drei Ertrunkenen vermochte Schiffer Clarton nicht anzugeben.

Das Ergebniß der Beweisaufnahme ist folgendes:

Der „Fürst Bismarck“ fuhr nach dem Verlassen von Cherbourg auf seinem Wege nach Hamburg schon während des ganzen Tages am 4. Juni mit reducirter Maschinenkraft im Nebel. Am Nachmittag um 4 Uhr 30 Minuten machte die Maschine nur 39 Umdrehungen per Minute, so daß das Schiff nur eben Steuerfähigkeit hatte. Der Dampfer befand sich damals in der Nähe von Haaks Feuerschiff. Schiffer Albers war mit dem ersten Steuermann Tesdorpf, dem zweiten Steuermann Wiehr, dem dritten Steuermann von Luckner und dem Elblootsen Holm auf der Commandobrücke. Am Ruder befand sich Quartermeister Zühlke, auf der Back auf Ausguck Matrose Häusler, im Krähennest im Fockmast Matrose Castellani. Zu der angegebenen Zeit schien der Nebel etwas aufzuklaren, und gab Schiffer Albers deshalb das Signal „Halbe Kraft“. Kurz darauf hörten die auf der Brücke Befindlichen, sowie die Ausguckleute an Steuerbordseite voraus nahebei eine Glocke läuten. Vom Ausguck wurde dieses Signal ebenfalls gemeldet, und gab Schiffer Albers daraufhin das Commando „hart links Ruder“, da er annahm, daß jenes Glockensignal von einem vor Anker liegenden Fischerfahrzeuge herrührte. Die Backbord-Maschine wurde gestoppt und auf halbe Kraft rückwärts gesetzt, gleich darauf auch die Steuerbord-Maschine gestoppt und reversirt. Als das Schiff etwa 3/4 Strich von seinem Curse abgefallen war — der „Fürst Bismarck“ hatte N52°O angelegen — kam plötzlich vorne nahezu vor dem Bug des Schiffes eine Fischersmack unter Segel in Sicht, die anscheinend quer vor dem „Fürst Bismarck“ vorüber lag. Ehe Weiteres geschehen konnte, fand bereits der Zusammenstoß statt, und schien es den auf der Brücke befindlichen Personen, als ob das Fischerfahrzeug gegen den Steven des „Fürst Bismarck“ anlief. Das Bugspriet des Fischerfahrzeugs brach ab, ebenso die Stenge, und fielen Großsegel mit Baum auf das Deck des Fischers. Dann klappte das Fischerfahrzeug an Steuerbord längsseits und trieb an dem nur geringe Fahrt voraus machenden Dampfer entlang achteraus. Man bemerkte vom Dampfer aus sofort, daß das Fischerfahrzeug in sinkendem Zustande sich befand, und wurde deshalb der Befehl gegeben, schleunigst zwei Boote fertig zu machen. Schon während das Fahrzeug bei dem Dampfer vorbeiglitt, wurden von Decksleuten und Passagieren Korkfender und Rettungsgürtel über Bord geworfen. Ehe jenes Fahrzeug noch aus Sicht war, sah man dasselbe bereits, mit dem Steven voran, untersinken. Anscheinend waren die an Deck befindlichen Leute, welche fast sämmtlich ohne Kopfbedeckung an Deck umherliefen, damit beschäftigt, ein Boot auszusetzen, doch kam dasselbe nicht mehr zu Wasser. Der „Fürst Bismarck“ war mit Hülfe seiner beiden Maschinen inzwischen auf dem Flecke gedreht und der Unfallsstelle wieder zugesteuert worden. Dann wurde eines der inzwischen klar gemachten Boote mit dem zweiten Steuermann und zwei Leuten zu Wasser gelassen und eiligst nach den umhertreibenden Trümmern hingesandt. Dem Boote gelang es, zwei Mann der Besatzung, welche die vom Dampfer aus über Bord geworfenen Rettungsbojen erfaßt hatten, zu retten. Nachdem noch längere Zeit vergeblich nach den übrigen Personen der Besatzung des Fischerfahrzeugs ausgesehen war und von den Geretteten bestätigt wurde, daß ihre Gefährten theils nicht wieder aufgetaucht, theils vor ihren Augen ertrunken seien, wurde das Boot wieder an Bord genommen und die Reise fortgesetzt. Die beiden Geretteten waren der Schiffer Claxton und dessen 18jähriger Sohn.

Nach den Angaben der Geretteten war die Fischersmack am 3. Juni von Ymuiden aus zum Fischen wieder in See gegangen, wohin sie ihren früheren Fang gebracht hatte. Schon bald nach dem Auslaufen war die Fischersmack von Nebel betroffen worden. An dem fraglichen Nachmittage lag das Fahrzeug bei leichter NOzOBriese über Backbordbug NW an. Sämmtliche Segel einschließlich des großen Topsegels standen, und war das Netz über Steuerbord ausgeworfen. Der junge Claxton bediente an jenem Nachmittage das Nebelhorn, während der Steuermann abwechselnd mit einer Glocke Signale gab. Der Schiffsjunge hatte nach der Erklärung des Schiffers Claxton das Essen gerade aufgetragen, und war die Mannschaft im Begriff, unter Deck zu gehen. Schon einige Zeit vorher hatte man die dumpfen Töne eines Nebelhorns gehört, und hatte Schiffer Claxton anfänglich geglaubt, daß jenes Nebelsignal von dem Haak Feuerschiff herrühre, in dessen Nähe die Smack sich befinden mußte. Man war schließlich doch zu der Ansicht gelangt, daß jenes Signal von einem herankommenden Dampfer gegeben werde, und hatte demzufolge die erwähnten Signale regelmäßig gemacht. Plötzlich sah man jenen großen Dampfer aus dem Nebel auftauchen, und ehe noch Weiteres geschehen konnte, traf der Dampfer die Smack ungefähr 6 Fuß vom Steven und riß das ganze Vordertheil des Schiffes auf. Da der Großbaum mit dem von oben kommenden Segel quer über das an Deck liegende kleine Boot des Fischerfahrzeugs fiel, gelang es nicht, dieses sogleich über Bord zu setzen. Als man das Boot schließlich nahezu geklart hatte, sank die Smack bereits in die Tiefe und zog die noch an Deck befindliche Mannschaft mit unter Wasser. Schiffer Claxton, dessen Sohn und die sogenannte dritte Hand kamen wieder an die Oberfläche. Der junge Claxton schwamm nach dem umgekehrt treibenden Boot und hielt sich an diesem über Wasser. Der andere Mann suchte das Boot gleichfalls zu erreichen, sank indeß in kurzer Entfernung von demselben wieder in die Tiefe. Schiffer Claxton ergriff einen der ausgeworfenen Rettungsgürtel des Dampfers und rief dann auch seinem Sohne zu, einen zweiten, in der Nähe treibenden Ring zu erfassen. Auf diese Weise gelang es diesen beiden Leuten, sich zu helfen, und wurden sie dann in sehr erschöpftem Zustande von dem Boote des Dampfers aufgenommen.

Gründe. Bei der Beurtheilung dieses Falles ist die Frage nach der Ursache des Zusammenstoßens beider Schiffe dahin zu beantworten, daß als solche der damals herrschende dichte Nebel zu bezeichnen ist, welcher ein früheres Sichten des Fischerfahrzeugs verhinderte, so daß ein rechtzeitiges Ausweichen des Dampfers nicht mehr möglich war. Erst durch das Glockensignal des „Try Again" erhielt die Führung des „Fürst Bismarck" von der Nähe desselben Kenntniß und ist dann auch sofort bestrebt gewesen, zweckentsprechende Maßregeln zu treffen, um einen Zusammenstoß zu vermeiden. In der gegebenen Lage blieb dem Dampfer „Fürst Bismarck" nichts anderes übrig, als nach der Seite hin auszuweichen, die derjenigen, von welcher der Schall der Glocke ertönte, entgegengesetzt war, gleichzeitig aber wurde durch Rückwärtsarbeiten der Backbord-Maschine und durch ferneres Rückwärtsstellen der Steuerbord-Maschine diejenige Anordnung getroffen, um die Fahrt des Schiffes, so weit irgend thunlich, zu mindern. Dies entsprach durchaus den gesetzlichen Vorschriften, und hat die Verhandlung in keiner Weise ergeben, daß durch anderweitige Maßregeln irgend etwas zur Vermeidung des Zusammenstoßes sich hätte ausführen lassen. An Aufmerksamkeit hat man es nicht fehlen lassen. Die mit der Führung des Schiffes betrauten Personen waren sämmtlich auf ihren Posten, und gaben alle diese Zeugen eine völlig übereinstimmende unverfängliche Darstellung der Vorgänge, so daß das Seeamt nicht den geringsten Zweifel darüber hegt, daß diese Darstellung auch der Wahrheit durchaus entspricht.

Es könnte nur noch die Frage aufgeworfen werden, ob der Dampfer „Fürst Bismarck" mit der im Gesetze vorgeschriebenen mäßigen Geschwindigkeit zur Zeit der Collision gefahren sei. Die Beweisaufnahme hat aber auch in dieser Beziehung kein schuldvolles Verhalten des Führers ergeben. Zwar ist kurz vor dem Augenblick, als der Ton der Glocke gehört wurde, die Maschine auf „halbe Kraft" gesetzt, doch unmittelbar danach ist aber diese Gangart wieder in der angegebenen Weise reducirt, so daß nicht angenommen werden kann, daß der „Fürst Bismarck" eine gesetzwidrige Fahrt gehabt hat.

Es erübrigt noch darauf hinzuweisen, daß nach dem Glockensignal die Annahme der Führer des „Fürst Bismarck" gerechtfertigt war, es mit einem vor Anker liegenden Fahrzeuge zu thun zu haben, was um so weniger auffällig war, als man sich quer ab von der holländischen Küste befand, und die Fischer dieser Gegend bei Nebel und flauer Briese häufig ankern. Da dies aber nicht der Fall war, hätte correcterweise nur die Abgabe von Nebelhorn-Signalen erfolgen sollen. Indeß zu einer Irreleitung der Führung des Dampfers hat jenes nicht der Sachlage entsprechende Signal nicht geführt, denn in der gegebenen Lage ließen sich seitens des Dampfers „Fürst Bismarck" zur Vermeidung der Collision auch einem in Fahrt befindlichen Schiffe gegenüber keine anderen Maßregeln treffen. Mit Steuerbordruder hinterum zu gehen, wäre dem Dampfer sicher nicht gelungen; mit jener Ruderlage würde er die Fischersmack ohne Zweifel recht mittschiffs getroffen und sofort zum Sinken gebracht haben.

Das Seeamt befindet sich in dieser Beurtheilung in völliger Uebereinstimmung mit dem Reichscommissar, der insbesondere auch anerkennt, daß nach dem Zusammenstoße seitens des Dampfers prompt Hülfe geleistet worden ist. Wenn seitens des Schiffers Clarton erwähnt wird, daß ihm und seinem Sohne erst nach 20 Minuten Hülfe geworden sei, so kann diese Behauptung den völlig unverdächtigen Aussagen der Besatzung des „Fürst Bismarck" gegenüber nicht in's Gewicht fallen. Daß den mit dem Tode Ringenden die Zeit der Rettung reichlich lang erschienen sein mag, ist völlig begreiflich. Nach der Aufmerksamkeit aber, die auf jenen Schnelldampfern gerade dem Rettungswesen geschenkt wird, und die dazu geführt hat, eine eigene Inspection der Rettungsvorrichtungen bei jener Rhederei herbeizuführen, erscheint es an der Hand der bezeugten Einzelheiten jenes Vorganges des Zuwasserlassens der Rettungsböte völlig ausgeschlossen, daß jene Rettung nicht mit der größten Promptheit ausgeführt sei. Schon die bewährte Tüchtigkeit des Führers des „Fürst Bismarck" bürgt hierfür.

Dem unglücklichen Umstande, daß das von der herabgestürzten Takelage bedeckte Boot der Smack nicht schnell genug zu Wasser gebracht werden konnte, ist es zuzuschreiben, daß fünf Menschenleben verloren gingen. Die Besatzung des „Fürst Bismarck" trifft hierfür keine Schuld.

71. Spruch des Seeamts zu Hamburg vom 8. Juni 1897, betreffend den Seeunfall des Vollschiffs „Maipo" von Hamburg.

Der Spruch des Seeamts lautet:

Die Strandung des Vollschiffs „Maipo" auf den Zuider Haaks Gründen ist einestheils auf einen zu östlich gesetzten Curs zurückzuführen, dessen östliche Richtung durch zu häufiges Abhalten nach Osten, um Fahrzeugen auszuweichen, vermehrt wurde, besonders aber darauf, daß Steuermann Külsen das Kykduin Feuer während nahezu einer Stunde für das Feuer eines Fischerfahrzeugs ansah und durch zeitweiliges Abhalten bis zu 4 Strich das Schiff direct auf den Strand laufen ließ.

Dem Steuermann Külsen wird die Befugniß zur Ausübung des Schiffergewerbes unter Belassung der Befugniß zur Ausübung des Gewerbes als Steuermann entzogen.

Thatbestand und Gründe. Am 25. März 1897 strandete das Vollschiff „Maipo" auf den vor der Insel Texel liegenden Zuider Haaks an der holländischen Küste. Nachdem ein Theil der aus 23 Mann bestehenden Besatzung bei dem Eintritt stürmischen Wetters das Schiff verlassen hatte, kam der „Maipo" wieder vom Grunde ab und segelte in den Texelstrom ein.

Die über diesen Unfall stattgehabte Untersuchung hat folgenden Thatbestand ergeben:

Das Vollschiff „Maipo", Unterscheidungs-Signal RJSD, Heimathshafen Hamburg, ist im Jahre 1893 zu Geestemünde aus Stahl erbaut, hat einen Netto-Raumgehalt von 4798,0 cbm = 1693,70 britischen Register-Tons und stand unter der Führung des Schiffers Detlef Thedens. Als erster Steuermann fungirte Henning Külsen an Bord (Schifferpatent auf großer Fahrt, ausgestellt Hamburg den 18. Juni 1882). Das Schiff hatte Caleta Buena in Chile am 17. December 1896 mit einer Ladung Salpeter verlassen, traf am 21. März bei den Scilly Islands ein und steuerte bei nebeligem Wetter durch den englischen Kanal. Am 24. März passirte man Morgens 5 Uhr Dungeneß, um 7 Uhr 30 Minuten Dover und hatte um 9 Uhr 30 Minuten East Goodwin Feuerschiff dwars in zwei Seemeilen Abstand. Schiffer Thedens setzte nun seinen Curs, nachdem er den Chronometerstand für richtig befunden und die Gesammtmißweisung auf 18° West bestimmt hatte, auf NOzO ab und steuerte mit westlichen Winden in die Nordsee hinein, zwischen dem Galoper- und Northinder-Feuerschiff hindurch. Das Wetter war schön, die See ruhig. Mittags befand man sich nach Beobachtung auf 51° 20' Nordbreite, sowie nach Besteckrechnung auf 1° 59' Ostlänge. Man steuerte diesen NOzOCurs dann weiter mit 7—10 Knoten Fahrt bei auffrischenden westlichen Winden und lothete von 5 Uhr Nachmittags an zweistündlich. Gegen 8 Uhr Abends ging Schiffer Thedens unter Deck, da er in den letzten Tagen ziemlich angestrengt gewacht hatte. Er konnte indeß nicht schlafen und kam schon um 9 Uhr wieder an Deck. Bis 11 Uhr blieb er oben, legte sich dann aber zum Schlafen nieder, nachdem er dem zweiten Steuermann den Auftrag gegeben hatte, ihn zu wecken, wenn Feuer in Sicht kämen oder sonst etwas Bemerkenswerthes sich ereignen sollte. Der Wechsel der Wachen um 12 Uhr vollzog sich ohne weitere Meldung an den Schiffer. Der zweite Steuermann Breckwoldt meldete nur dem Steuermann Külsen, daß er um 9 und 11 Uhr gelothet und Tiefen von bezw. 20 und 19 Faden mit feinem grauen Sande gefunden habe, und setzten beide Steuerleute darauf in der Karte den Schiffsort ab, der keinen gefährlichen Curs ergab. Das Schiff lief zu jener Zeit 8 Knoten Fahrt, das Großsegel war aufgegeit, die Stagsegel weggenommen, im Uebrigen standen alle Raasegel bis auf das Bagiensegel. Der Wind war westlich, also nahezu platt von hinten. Um 1 Uhr Nachts lothete Steuermann Külsen persönlich und fand 17 Faden Wasser mit grauem Sande. Fischerfahrzeuge halber mußte während dieser Wache wiederholt ausgewichen werden. Steuermann Külsen erklärte dem Seeamte, daß er meistens nach Norden abgehalten habe, während die Rudersleute Janssen und Güldenpfennig, welche von 1 bis 2 bezw. von 2 bis 3 Uhr Nachts am Ruder standen, meistens nach Steuerbord abgehalten haben wollen, und zwar auf speciellen Befehl des Steuermanns. Gegen 2 Uhr Morgens erblickte man am Bord des „Maipo" in Lee voraus ein weißes festes Feuer, welches man ebenfalls für ein Fischerfahrzeug hielt. Man steuerte, um von diesem vermeintlichen Fahrzeuge frei zu kommen, zeitweilig bis zu 4 Strich östlich vom aufgegebenen Curse. Plötzlich lief dann, während jenes Licht an Backbord in Sicht war, das Schiff gegen 2 Uhr 45 Minuten auf Grund. Steuermann Külsen benachrichtigte den Schiffer Thedens von dem Geschehenen, der sofort an Deck eilte, die kleinen Segel aufgeien ließ und sofort das voraus befindliche Feuer als dasjenige von Kykduin erkannte. Nach etwa einer Stunde drehte sich das Schiff nach NW mit dem

Bug herum, fiel indeß bald wieder bis OSO ab, ohne frei zu kommen. Da der Wind immer heftiger wurde, ließ Schiffer Thedens Nothsignale machen, auf welche hin bei Tagwerden ein Lootsenkutter längsseite kam und die Mannschaft zum Verlassen des Schiffes aufforderte, weil dieses im Fall des Leckwerdens dem Kentern ausgesetzt sein würde. Schiffer Thedens sandte dann unter Führung des zweiten Steuermanns das Großboot mit 8 Mann an Bord des Lootsenkutters, blieb aber selbst mit dem Reste der Mannschaft am Bord zurück, weil das Schiff noch kein Wasser machte. In Folge des schweren Stoßens wurde auch das zweite Boot fertig gemacht, und war jetzt auch ein Rettungsboot im Schlepptau eines Dampfers zur Hülfeleistung in Sicht gekommen. Plötzlich kam das Hinterschiff vom Grunde ab, das Schiff bekam Fahrt voraus, und mit Hülfe einer am Bord befindlichen Specialkarte gelang es dem Schiffer Thedens, die Einfahrt des Texelstromes zu erreichen und unter Voraufsegeln des Lootsenkutters nach Nieuwediep Rhede zu gelangen. Später wurde dann das Schiff in beschädigtem Zustande nach Hamburg geschleppt.

Da sich bei der Nachprüfung der gesteuerten Curse eine Prüfung der magnetischen Verhältnisse am Bord des „Maipo" für wünschenswerth herausstellte, wurde von der Kaiserlichen Seewarte eine gutachtliche Aeußerung an der Hand des Schiffsjournals über jene Verhältnisse erbeten, der Folgendes entnommen wird:

In dem während der Reise geführten Schiffsjournal sind eigentliche Angaben über die Deviation des Regelcompasses nicht gemacht, nur hier und da findet sich im Journal die Gesammtmißweisung angegeben. Bei der Aufmachung des Bestecks ist dann die zur Verwandlung des mißweisenden Gesammtcurses in wahren Curs angewandte Mißweisung jeden Mittag verzeichnet. Diese Gesammtmißweisung des Regelcompasses scheint während der Reise häufiger beobachtet und unter Controle gehalten zu sein, wenngleich die Spalten „Abtrift", „Mißweisung" und „Oertliche Ablenkung" nie ausgefüllt und demnach für jeden einzelnen Curs nicht in Rechnung gezogen sind, so daß unter Spalte „Wahrer Curs" der mißweisende Curs bezw. Compaßcurs zu verstehen ist. Die verhältnißmäßig geringen Abweichungen zwischen den Ortsbestimmungen nach Loggerechnung und nach den astronomischen Beobachtungen lassen außerdem auf ein gutes Arbeiten der Compasse schließen. Die Seewarte nimmt danach an, daß die im Mittagsbesteck jedesmal angegebene Mißweisung im Mittel die Gesammtmißweisung für den mißweisenden

Gesammtcurs sein wird, und gelangt dann nach weiterer Prüfung zu der Ansicht, daß in der Nordsee auf dem gesteuerten Curse NOzO der Regelcompaß eine Deviation von mindestens 1/4 Strich Ost gehabt haben muß.

Prüft man hiernach und nach dem Beweisergebniß die Navigirung des Schiffes, so kommt man zu folgenden Erwägungen:

Man navigirte am Bord des „Maipo" nach einem Regelcompaß, der mittschiffs auf einer Brücke einwandsfrei aufgestellt und gut compensirt war. Den zu steuernden Compaßcurs gab man den Rudersleuten am Steuercompaß auf, der nach dem Regelcompaß berichtigt war. Es ergab sich dies aus der Verhandlung, und erklären sich hieraus die anscheinend abweichenden Angaben der Rudersleute über die von ihnen gesteuerten Curse von den im Journal eingetragenen Cursen.

Obwohl nun dieser Regelcompaß eine gute Aufstellung hatte, dürfte er trotz der Compensirung doch nicht auf allen Cursen frei von Deviation gewesen sein. Da im Schiffsjournal die directen Angaben über diese, für die sichere Navigirung so wichtige Größe fehlen, und ein Deviationsjournal, welches die laufenden diesbezüglichen Eintragungen enthalten haben würde, an Bord nicht geführt wurde, so ließ sich nicht ohne Weiteres angeben, daß und wie viel Deviation der Regelcompaß gehabt hat, und in wie weit die Angabe des Schiffers Thedens und der Steuerleute richtig sei, daß die Deviation gering und nur etwa 1 Grad westlich betragen habe. Der Schiffer will Morgens 18 °, der Steuermann Abends 16 ° Gesammtmißweisung beobachtet haben.

Durch eine Vergleichung der neuesten von der Deutschen Seewarte herausgegebenen officiellen Karten der magnetischen Declination mit der im Schiffsjournal des „Maipo" angegebenen Gesammtmißweisung für die betreffenden Schiffsorte im ganzen nordatlantischen Ocean stellte sich aber heraus, daß am Bord des „Maipo" nie jeder einzelne Curs für die Gesammtmißweisung verbessert, sondern stets nur einmal im Etmal der gesammtmißweisende Curs in rechtweisenden Curs verwandelt worden ist. Dies ist nun zweifellos eine sehr sorglose Art der Besteckrechnung, denn wenn sich auch reine magnetische Curse nach der Koppelung gemeinsam durch Anbringung der Mißweisung in wahre Curse verwandeln lassen, so ist doch ein solches Verfahren für Curse, welche verschiedene Deviation haben, nicht möglich, ohne daß Fehler begangen werden. Auf diesem indirecten Wege gelangte das Seeamt an der Hand der Feststellung der Kaiserlichen Seewarte mit Sicherheit zu der Ansicht, daß der Regelcompaß des „Maipo“ auf nordöstlichen Cursen eine Deviation von mindestens 1/4 Strich Ost gehabt haben muß, anstatt der von dem Schiffer und den Steuerleuten behaupteten Deviation von 1° West.

Bringt man nun diese Deviation mit nur 1/4 Strich Ost in Rechnung, so ergiebt sich, daß der gesteuerte Curs schon innerhalb des Haaks Feuerschiffs hindurch etwa 7—8 Seemeilen von der Strandungsstelle entfernt führt. Jede größere Deviation mußte das Schiff aber der Strandungsstelle entsprechend näher bringen. Offenbar ist nun die Behandlung der Deviation am Bord des „Maipo“ sehr vernachlässigt worden, und hat das Seeamt aus der Verhandlung des Falles die Ansicht gewonnen, daß sowohl bei Schiffer Thedens wie bei Steuermann Külsen hierbei sehr viel auf Unkenntniß der Materie beruht. Dieser Umstand hat in erster Linie das Schiff so nahe der holländischen Küste zugeführt.

Daß man aber schon am Nachmittage des 24. März östlicher stand, als nach dem gesteuerten Curse angenommen wurde, geht deutlich aus den beiden Lothungen um 5 Uhr und 7 Uhr Nachmittags hervor. Tiefen von 20 bezw. 19 Faden waren bei den gesegelten Distanzen nur östlich von der Curslinie möglich. Die späteren Lothungen waren wegen der größeren Fahrt des Schiffes und der gleichmäßigen Tiefe weniger zuverlässig und orientirend. Steuermann Külsen will freilich die späteren Lothungen selbst vorgenommen haben; beigedreht wurde bei diesen Lothungen, wie die Beweisaufnahme ergeben hat, indeß nicht, während dies früher geschehen war. Erfahrungsmäßig lothet man nun aber bei großer Fahrt, wenn man überhaupt Grund bekommt, stets zu viel Wasser, weil man die senkrechte Tiefe mit dem Loth nicht erreicht. Es ist daher auf die Lothungen während der Nacht weniger Gewicht zu legen.

Es kommt nun noch ferner hinzu, daß erfahrungsmäßig bei steifen Winden in der Nordsee eine mehr oder weniger starke Stromversetzung in der Richtung des Windes stattfindet, und ist das Schiff dadurch zweifellos noch weiter der Küste zugeführt. Hätte man aber die Angaben der Lothungen von vornherein mehr berücksichtigt und nicht überdies noch durch häufiges Abhalten, um den vielen Fischerfahrzeugen auszubiegen, sich noch mehr der Küste genähert, als durch den reichlich östlichen Curs schon bedingt war, so würde man von der Küste frei geblieben sein. Steuermann Külsen stellt freilich in Abrede, daß er meistens jenen Fischerfahrzeugen östlich ausgewichen ist, allein die Aussagen der Matrosen Güldenpfennig und Janssen haben dem Seeamte die Ueberzeugung gegeben, daß weit mehr östlich als nördlich abgehalten wurde. Trotzdem würde man bei Innehaltung des Curses wahrscheinlich noch eben von der Küste frei gekommen sein, wenn nicht Steuermann Külsen, nachdem er das feste weiße Feuer bei Nieuwediep in Sicht bekam, bis etwa 4 Strich abgehalten hätte, in der Meinung, daß dieses Feuer von einem mitsegelnden Fischerfahrzeuge gezeigt würde. Erst durch diesen, von der ihm aufgegebenen Cursrichtung abliegenden Curs wurde das Schiff zum Stranden gebracht.

Völlig unbegreiflich ist es nun aber, daß man jenes weiße feste Feuer von Kykduin, welches man fast eine Stunde lang in Sicht hatte, immer nur für das Feuer eines Fischers hielt, anstatt bei dem Beobachten jenes Lichtes auch einmal auf den Gedanken zu kommen, daß es möglicherweise doch auch ein Landfeuer sein könne. Bei einiger Umsicht hätte sich Steuermann Külsen doch sagen müssen, daß die Möglichkeit einer Versetzung nach Land zu immerhin vorlag, und daß bei dem feuersichtigen Wetter nach Osten hin denn doch auch die Küstenfeuer zu sehen sein würden.

Man hat sich aber anscheinend so sehr auf die Richtigkeit seines Bestecks verlassen, daß man Haaks Blinkfeuer immer nur auf Steuerbord erwartete, und da dies nicht dort erschien, jenes Licht für dasjenige eines Fischerfahrzeugs genommen. Zur Zeit der Strandung muß der „Maipo" gut im Feuerkreise von Haaks gewesen sein, welches aber an Backbord liegen mußte, da die Strandungsstelle nahezu querab von jenem Feuer liegt.

Daß Steuermann Külsen aber jenes Kykduin Feuer, ein Licht erster Ordnung, während der ganzen Zeit des Insichtseins nur für dasjenige eines Fahrzeugs hielt, zeugt von sehr geringer Beobachtungsgabe.

Es kommt noch hinzu, daß Steuermann Külsen sich doch in einer ihm wohlbekannten Gegend befand, die er seit Jahren als selbständiger Schiffer befahren hat, und darf von ihm doch erwartet werden, daß er mit den Verhältnissen dieser Gegend besser vertraut sein solle.

Die ganze Navigirung an Bord des „Maipo" zeugt hiernach von großer Oberflächlichkeit, und ist dieser Vorwurf auch dem Schiffer Thedens nicht zu ersparen.

Direct herbeigeführt hat Steuermann Külsen die Strandung durch sein unbegreifliches Verhalten, welches dem Seeamte die Ueberzeugung hat gewinnen lassen, daß er gegenwärtig wesentlicher, zur Ausübung des Schiffergewerbes unentbehrlicher Eigenschaften ermangelt.

Aus diesem Grunde war auch dem Antrage des Reichscommissars, ihm die Ausübung des Gewerbes, als Schiffer zu fahren, abzusprechen, Folge zu geben; dagegen mußte ihm die Befugniß, als Steuermann zu fahren, belassen werden, da nicht angenommen werden kann, daß ihm bei dem langjährigen Betriebe seines seemännischen Gewerbes alle in verantwortlicher Stellung erforderlichen Eigenschaften abgehen.

72. Spruch des Seeamts zu Hamburg vom 9. Juni 1897, betreffend den Seeunfall der Bark „Hans" von Hamburg.

Der Spruch des Seeamts lautet:

Die Strandung der Bark „Hans" auf Carriacau (kleine Antillen), welche den Verlust des Schiffes zur Folge hatte, ist durch unvorsichtige Navigirung herbeigeführt und besonders dadurch, daß Schiffer Zielke es versuchte, bei eintretender Dunkelheit durch die gefährliche Passage zwischen Carriacau und Little Martinique hindurchzusegeln.

Das Verhalten des Schiffers Zielke und seiner beiden Steuerleute Addicks und Mohr ist in dieser Beziehung zu tadeln.

Thatbestand und Gründe. Am 4. April 1897, Abends 8 Uhr, strandete die Bark „Hans" auf der Insel Carriacau (Grenadines) und wurde total wrack.

Die aus 12 Mann bestehende Besatzung rettete sich im Schiffsboote nach der Insel.

Die über diesen Unfall stattgehabte Untersuchung hat folgenden Thatbestand ergeben:

Die Bark „Hans", Heimathshafen Hamburg, Unterscheidungs-Signal RHQS, war im Jahre 1867 zu Glasgow erbaut, führte früher unter britischer Flagge den Namen „Balcarry" und war zu 1312,1 cbm = 463,16 britischen Register-Tons Netto-Raumgehalt vermessen. Das Schiff war Eigenthum einer Partenrhederei zu Hamburg und hatte bei dem Bureau Veritas die Classe I. 3/3 L. 1. 1. Versichert war das Casco zu 48000 M.—.

Führer des Schiffes war Schiffer Friedrich Wilhelm Paul Zielke.

In Port of Spain (Trinidad) hatte das Schiff 300 Tons Asphalt in Fässern und 485,2 Tons losen Asphalt geladen, mit welcher Ladung es einen Tiefgang von vorne 16 Fuß 3 Zoll und hinten 16 Fuß 5 Zoll hatte.

Am 3. April Morgens 8 Uhr 30 Minuten wurde der Anker gelichtet und mit einer leichten östlichen Briese Port of Spain verlassen, mit der Bestimmung nach Amsterdam. Man steuerte zunächst durch die Bocca de Navios, um den Weg abzukürzen, und dann NNO, um zu luvward der Grenada Inseln zu passiren. Während der Nacht frischte der Wind etwas auf, und traf man hohe Dünung aus Ost und Nordost an. Um 5 Uhr 30 Minuten Morgens sichtete man die Insel Grenada, und schien der Wind mehr südlich zu holen. Man steuerte NOzN längs jenen Inseln entlang bei schönem, klarem Wetter. Das von beiden Steuerleuten aufgemachte Mittagsbesteck ergab nach astronomischer Beobachtung 12° 6′ Nordbreite und 61° 27′ Westlänge. Nachmittags 4 Uhr sichtete man die Insel Carriacau. Der Wind flaute allmählich ab und schien sich mehr nördlicher zu drehen. Um 7 Uhr übernahm der zweite Steuermann die Wache, doch blieb Schiffer Zielke an Deck und ließ sich auch dorthin sein Abendbrod bringen. Schiffer Zielke sprach mit den Steuerleuten darüber, daß, falls der Wind nicht stärker werden würde, er gezwungen würde, zwischen der Insel Carriacau und Little Martinique hindurchzugehen, da ein Ueberstaggehen bei dem schwachen Winde so viel hieße, als denselben Weg, den man gekommen, wieder zurückzusegeln. Er sah dann mit dem ersten Steuermann seine Karte ein (Caribbee Islands, London, Imray & Son, 1877), und da ihm die Küste zwischen beiden Inseln rein zu sein schien, wurde der Kurs längs Carriacau beibehalten und jener Passage zugesteuert. Bei Eintritt der Dunkelheit meldete der auf Ausguck stehende Matrose Gallas ein Licht an Backbordseite voraus und bald nachher „Land" voraus. Der erste Steuermann ging nach vorne und sah längere Zeit mit dem Nachtglas aus, während Steuermann Mohr, welcher beim Rudersmann stand, denselben hieß, hart anzuluven. Kurze Zeit nachdem der erste Steuermann sich von der Back entfernt hatte, rief der Ausgucksmann „Brandung voraus". Schiffer Zielke und der erste Steuermann eilten voraus, um nach der Brandung auszusehen, doch ehe sie noch nach vorne kamen, stieß das Schiff bereits. Steuermann Mohr versuchte sogleich, das Schiff durch den Wind zu bringen, doch gelang dies nicht. Der „Hans" trieb vielmehr landwärts, weiter auf das Riff hinauf. Dem Anschein nach war das Schiff noch etwa 2—3 Seemeilen vom Festlande entfernt. Man peilte jetzt sofort die Pumpen und fand, daß das Schiff erheblich Wasser machte. Da das Stoßen in der Brandung zunahm und die Takelage von oben zu kommen drohte, sah die Besatzung sich genöthigt, die Boote zu besteigen. Während der Nacht hielt man sich in der Nähe des Schiffes auf und landete am nächsten Morgen auf der Insel selbst. Der zweite Steuermann war während der Nacht noch einmal an Bord, um die Kleidungsstücke der Frau des Kapitäns zu bergen, fand indeß hierbei schon die Kajüte halb voll Wasser. Am nächsten Morgen hatte sich die Lage des Schiffes bereits wesentlich verschlimmert, das Schiff lag jetzt stark nach Steuerbord über. Es wurde noch der Versuch gemacht, Effecten der Mannschaft zu bergen, was auch zum großen Theil gelang. Schiffer Zielke sandte dann einen Theil der Mannschaft nach Hillsborough und requirirte dort von dem britischen Magistrat Hülfe, die ihm indessen nur insofern zu Theil wurde, als der Magistrat die Bewachung des Schiffes übernehmen zu wollen erklärte. Schon im Laufe des Tages kam eine große Anzahl Eingeborener an Bord, die vieles von dem Inventar und der Ladung fortschafften. Später wurde das Schiff vollständig wrack, und kehrte die Besatzung über Barbadoes nach Europa zurück.

Durch die Untersuchung wurde bei Absetzung der im Journal angegebenen Curse festgestellt, daß die Angabe der rechtweisenden Gesammtcurse im Journal um 13°, die Gesammtdistanz um 1 Seemeile verkehrt sei. Die Koppelung der Curse vom Abfahrtsorte bis zum Mittag des 4. April ergab den rechtweisenden Curs N34°O, die Distanz 85 Seemeilen. Schiffer Zielke erklärte dem Seeamte sodann, daß er an jenem Mittag ausnahmsweise das Besteck nicht nachgerechnet, sondern die Ausrechnung seinen beiden Steuerleuten überlassen habe. Steuermann Addicks giebt an, daß das Besteck mit den Beobachtungen genau übereingestimmt habe, daß er Länge und Breite mit dem zweiten Steuermann verglichen und übereinstimmend gefunden habe. Steuermann Mohr erklärt, daß er zunächst mit dem Steuermann Addicks in seiner Berechnung übereingestimmt habe, daß er dann aber während seiner Wache zur Koje das Besteck nochmals nachgerechnet und hierbei eine Stromversetzung von 30 Seemeilen gefunden habe. Von dieser Differenz habe er indeß weder dem Schiffer noch dem ersten Steuermann etwas gesagt. Er habe dies nicht für nöthig gehalten, da man in Sicht von Land fuhr. Bei der in Barbadoes abgelegten Verklarung habe er dies indeß zu Protocoll gegeben. Jene dem Seeamt eingesandte Verklarung bestätigte diesen Umstand.

Prüft man hiernach das vorliegende Beweismaterial, so zeigt es sich, daß es von vornherein ein wenig überlegtes Unternehmen des Schiffers Zielke war, ostwärts der kleinen Antillen entlang segeln zu wollen. Bei dem flauen OzSOWinde, mit welchem das Schiff bei NNO bezw. NOzN Curs von Mitternacht des 3. bis Mittag des 4. April eine durchschnittliche Fahrt von 4,2 Seemeilen lief, mußte das Schiff bei der westlichen auf die Insel zu setzenden Strömung (31 Seemeilen nach WNW¼W in 21 Stunden) dieser bedenklich nahe kommen.

Es würde auch kein großer Umweg gewesen sein, in Lee der Insel zu passiren, vor Allem wäre jener Weg aber der sichere gewesen, da der Weststrom das Schiff in freies Wasser hineingetrieben hätte, während das Schiff luvwärts der Insel den sie umgebenden Riffen bedenklich nahe kommen mußte. Die Passage in Lee der Insel nach dem Atlantic würde ferner weiter im Norden z. B. bei Sonbrero auch ungefährlich gewesen sein. Die verkehrte Aufrechnung des Bestecks am Mittag des 4. April, nach welcher sich eine Stromversetzung von nur 15 Seemeilen nach rechtweisend 75° West = WNW¾W ergab, während die richtige Berechnung der Strömung 31 Seemeilen nach WNW¼W ergiebt, also mehr als das Doppelte, wurde dem Schiffe insofern verhängnißvoll, als die Eintragung des richtigen Curses in die Karte am Mittag des 4. April und die Vergleichung dieses Ortes mit dem durch astronomische Beobachtungen festgestellten, den Schiffer Zielke jedenfalls auf das Vorhandensein einer stärkeren westlichen Strömung aufmerksam gemacht und ihm das Gefahrvolle des Beibleibens auf dem nordöstlichen Curse klar gemacht haben würde.

Wie es möglich war, daß beide Steuerleute bei ihrer Berechnung denselben Fehler machen konnten, ist unerklärlich, und ist auch aus den sehr unordentlich geführten Berechnungsaufzeichnungen des Steuermanns Mohr nicht herauszufinden. Ernstlich zu tadeln ist das Verhalten des Steuermanns Mohr, daß er von dem Ergebnisse seiner zweiten Berechnung weder dem Schiffer noch dem Steuermann Addicks Mittheilung machte, denn dann wäre Schiffer Zielke doch sicher nicht auf dem Curse an der Ostseite der Insel geblieben, besonders da der Wind nach 4 Uhr Nachmittags ganz abflaute. Schiffer Zielke würde dann wahrscheinlich die reine Passage nördlich von Grenada bezw. südlich von Carriacau gewählt haben, welche man ungefähr um 6 Uhr Nachmittags querab in Lee passirte.

Bei aufmerksamer Beobachtung und öfterer Peilung des Landes, auf welches das Schiff offensichtlich mehr zusetzte, hätte dem Schiffer Zielke das Unhaltbare seines Unternehmens wohl klar werden können. Daß dies nicht geschehen, zeugt von einer wenig sorgfältigen Navigirung, und ist einer solchen lediglich der Unfall zuzuschreiben.

Nach der Strandung ließ sich zur Abbringung des Schiffes nichts weiter thun.

73. Spruch des Seeamts zu Tönning vom 4. Februar 1897 und Entscheidung des Kaiserlichen Ober-Seeamts vom 16. Juni 1897, betreffend den Seeunfall des Besahnevers „Anna Rebecca" von Geversdorf.

Der Spruch des Seeamts lautet:

Der Besahnever „Anna Rebecca" ist auf der Reise von Geversdorf nach Esbjerg am 11. Mai 1896 Abends an der Südspitze von Fanö leck geworden, hat dann am Abend des 12. d. M. in unmittelbarer Nähe der Heul- und Leuchtboje vor Esbjerg das Backbordschwert verloren und ist, nachdem der Schiffer den Ever einige Stunden hat seewärts laufen und hierauf mit dem herrschenden NNWWinde hat treiben lassen, von der Mannschaft verlassen und am Vormittage des 13. Mai in der Nähe des Rothekliff-Feuers auf Sylt gestrandet und wrack geworden.

Das Verhalten des Schiffers Heinrich Hellwege bei diesem Unfall ist ein derartig pflichtwidriges und unseemännisches, daß demselben die Befugniß zur Ausübung des Schiffergewerbes hat entzogen werden müssen.

Gründe. Das Königliche Strandamt zu Keitum zeigte dem Seeamt unterm 14./16. Mai 1896 an, daß am 13. d. M. Vormittags 11 Uhr der mit Mauersteinen nach Esbjerg bestimmte Ever „Anna Rebecca" aus Geversdorf ohne Mannschaft unterm Kliff bei Kampen angetrieben und vor dem Strande gesunken sei.

In Folge dieser Anzeige ist die seeamtliche Untersuchung eingeleitet worden.

Das Seeamt hat in zwei Sitzungen über den vorliegenden Unfall verhandelt. Aus dem Ergebnisse derselben wird zunächst festgestellt, daß es sich hier um den in Geversdorf beheimatheten Besahnever „Anna Rebecca" mit dem Unterscheidungs-Signal KNFM und einem Netto-Raumgehalte von 32,73 Register-Tons, ein im Jahre 1866 aus Holz erbautes Fahrzeug mit plattem Boden handelt. Die „Anna Rebecca" war mit zwei Mann besetzt, dem Schiffer Johann Hinrich Hellwege aus Geversdorf, welcher ein Zeugniß über die Befähigung zum Schiffer auf Küstenfahrt d. d. Stade den 26. Januar 1888 besitzt und dem Matrosen Heinrich Söhl aus Neuhäuserdeich. Das Fahrzeug ist zuletzt im Jahre 1893 auf der Werft des Schiffszimmermanns Behrens in Geversdorf auf der Helling gewesen und mit einem Kostenaufwande von ungefähr 400 M. reparirt worden. Versichert war das Schiff bei der Versicherungsgesellschaft auf Gegenseitigkeit in Osten bei Neuhaus a/O. für 4 800 M. Von dieser Summe hat Hellwege 3 600 M. ausbezahlt erhalten.

Die letzte Reise der „Anna Rebecca" hat sich nach den Aussagen der uneidlich vernommenen Besatzung in Verbindung mit dem Inhalte der zur Verlesung gebrachten Schriftstücke im Wesentlichen folgendermaßen gestaltet.

Schiffer Hellwege nahm am 28. April 1896 in Geversdorf für eigene Rechnung eine Ladung Mauersteine ein, welche derselbe in Esbjerg zu verkaufen beabsichtigte. Die Ladung bestand aus 29 500 Falzsteinen und ist von Hellwege mit 10 M. pro 1 000 Stück baar bezahlt worden. Die Steine waren naß. Das Gewicht eines Steins ist auf ungefähr 2 kg geschätzt. Das Gewicht der Ladung betrug hiernach ungefähr 59 000 kg. Der Tiefgang der „Anna Rebecca" war nach Schätzung 5½—5¾ Fuß; ihre Auswässerung mittschiffs 4 Zoll. Die Ladung war gut verstaut. Die Luken waren gedichtet und mit Persenningen versehen. Der Ever befand sich in einem durchaus guten und dichten Zustande. Die beiden kupfernen Pumpen, welche mittschiffs standen, waren gebrauchsfähig.

Die Reise ward am 29. April 1896 angetreten. Am 2. Mai wurde Cuxhaven erreicht. Wegen contrairen Windes wurde der Ever daselbst vor Anker gelegt. Erst am 8. Mai konnte man wieder unter Segel gehen. Am 9. Mai wurde das Außenfeuerschiff der Eider, in der Nacht vom 10. auf den 11. das Kampen-Feuer und am 11. d. M. die Südspitze von Fanö passirt. Am Abend des letzteren Tages wehte es aus NW, das Fahrzeug arbeitete beim Kreuzen ziemlich stark und nahm viel Wasser über Deck. Zwischen

10 und 11 Uhr Abends entdeckte man, als der Bestmann auf Anweisung des Schiffers die Pumpe anschlug, daß die „Anna Rebecca" leck geworden sei. Die Mannschaft arbeitete nun etwa 1 Stunde lang bei den Pumpen, um sie lenz zu bekommen, mußte aber auch fernerhin bis zum 12. Mai Abends in jeder Stunde zweimal wohl 1/4 Stunde pumpen. Um diese Zeit, es war Abends 7 oder 7 1/2 Uhr und man befand sich etwa 2 Schiffslängen von der Heul- und Leuchtboje von Esbjerg entfernt, — brach beim Ueberstaggehen, während der Ever das Großbesahn- und Focksegel sowie den Klüver gesetzt hatte, der Bolzen des Backbordschwerts. Nun wurde das Leck stärker und die Pumpen mußten von jetzt ab stets im Gange gehalten werden. Nach dem Verluste des Backbordschwerts hat der Schiffer den Ever zunächst 1 bis 1 1/2 Stunden seewärts laufen und dann, nachdem man 2 Reffe ins Großsegel gesteckt und die übrigen Segel weggenommen, auch das Ruder festgebunden hatte, treiben lassen. Am 13. Mai Morgens 3 Uhr ward das Feuer von Rothekliff-Leuchtthurm gesichtet. Das Wasser im Raume war mittlerweile, trotz fortwährenden Pumpens und obgleich man etwa 1000 Steine von der Ladung geworfen hatte, immer mehr gestiegen. Man glaubte, daß der Ever nicht lange mehr zu halten sei und setzte deshalb der Schiffer die Nothflagge. Die Mannschaft, welche schon vorher ihre nasse Kleidung mit trockener vertauscht hatte, brachte darauf ihr Kojenzeug in das Boot und verließ am 13. Mai Morgens zwischen 6 und 7 Uhr den Ever. Nach einer Fahrt von 5—10 Minuten nahm ein auf das gegebene Nothsignal herangekommener englischer Fischdampfer die Schiffbrüchigen auf. Mittags gegen 12 Uhr nahm der deutsche Fischdampfer „Nixe", Schiffer Schumann, die Besatzung der „Anna Rebecca" an Bord und landete dieselbe Abends in Bremerhaven.

Der Schiffer Hellwege hat weder ein Journal noch ein Tagebuch geführt. Er will über die Reiseerlebnisse einige Notizen niedergeschrieben haben, ohne jedoch angeben zu können, wo dieselben geblieben sind. Seine Aussagen vor dem Amtsgerichte Bremerhaven und vor dem Seeamte sind nach dem Gedächtniß gemacht. Unter diesen Umständen kann es wohl erklärlich erscheinen, daß der Schiffer über das Setzen und Wegnehmen der Segel, über die verschiedenen Windrichtungen, über die Reihenfolge der Geschehnisse im Verlauf eines Tages einige abweichende Angaben gemacht hat, Angaben übrigens, welche für die Beurtheilung des vorliegenden Falles nicht wesentlich ins Gewicht fallen. In hohem Grade hat es aber befremden müssen, daß Schiffer Hellwege über Umstände, welche von so einschneidender Bedeutung sind, daß sie, zum Theil schon nach Verlauf einiger Tage, in dem Gedächtniß eines geistig gesunden Menschen von dem Alter und der seemännischen Erfahrung des Schiffers sich nicht haben verwischen, oder gar dem Gedächtniß haben entschwinden können, widersprechend geäußert, daß er solche falsch dargestellt oder verschwiegen hat.

In dieser Richtung soll das Nachstehende hervorgehoben werden.

Nach Auskunft der Seewarte in Hamburg — Schreiben derselben vom 27. October und vom 27. Mai 1896 — wehte am 11. Mai bei Esbjerg bei klarer Luft ein leichter bis frischer nördlicher bis westlicher Wind, der die See leicht bewegte. In der Nacht vom 11. auf den 12. d. M. wehte bei Keitum meistens ein leichter oder mäßiger NWWind, der gegen Morgen auffrischte. Am 12. Mai hat dann unter der Wechselwirkung eines barometrischen Minimums an der dänischen Küste nahe bei Esbjerg ein starker bis steifer, vielleicht stürmischer NNW geherrscht, welcher die See mäßig bis grob bewegte und von wolkigem, möglicherweise auch böigem, gewitterhaftem Wetter begleitet war.

Demgegenüber hat der Schiffer in der Nachtragsverklarung vom 10. September ausgesagt und beeidigt, am 11. Mai Abends 10 Uhr 30 Minuten habe ein steifer NNW eingesetzt und einen hohen Seegang hervorgerufen, in welchem das Schiff stark gearbeitet und so viel Wasser übergenommen habe, daß das Deck beständig überschwemmt gewesen sei.

In der am 15. Mai belegten und beschworenen Verklarung findet sich für den 11. d. M. nur die Bemerkung, daß die Südspitze von Fanö passirt sei; eine Angabe über die Wind- und Wetterverhältnisse fehlt. Dagegen ist daselbst in wesentlicher Uebereinstimmung mit dem Berichte der Seewarte angegeben, am Abend des 12. Mai, als man sich bei der Leuchtboje im großen Tief befunden und versucht habe, in die Einfahrt von Esbjerg einzulaufen, habe eine steife Briese aus NNW geweht, welche bis zum Sturm angewachsen sei.

Bedenklicher noch erscheint die verschiedene Art und Weise, in welcher Hellwege sich über die Zeit, zu welcher das Leck im Schiffe entdeckt ist, sowie über die in Folge dessen nothwendig gewordene Arbeit an den Pumpen ausgelassen hat.

Nach der Verklarung vom 15. Mai ist am Abend des 12. Mai

bemerkt, daß das Schiff Wasser mache; das Wasser habe trotz angestrengten Pumpens zugenommen, die Mannschaft sei beim Verlassen des Schiffes durch das 24stündige Pumpen total erschöpft gewesen. Bei seiner zweiten Vernehmung vor dem Seeamte hat Hellwege auf Befragen erklärt, die Versicherungsgesellschaft habe Anstand genommen, die Versicherungssumme auszuzahlen, weil die Behauptung, daß 24 Stunden lang gepumpt sei, nicht im Einklange stehe mit der Angabe, daß das Leck am Abend des 12. Mai, also ungefähr 12 Stunden vor dem Verlassen des Fahrzeugs entdeckt sei. Aus diesem Grunde habe er, Hellwege, die Nachtragsverklarung abgelegt. In dieser steht nun, daß am Abend des 11. Mai etwa 10 Uhr 30 Minuten bemerkt sei, daß der Ever Wasser mache und daß man von diesem Augenblick an gezwungen gewesen sei, fortwährend zu pumpen. Entspricht diese Angabe der Wahrheit, so ist bis zum Morgen des 13. Mai gegen 6 Uhr nicht 24 Stunden, wie es in der Verklarung vom 15. Mai heißt, sondern 31 bis 32 Stunden lang gepumpt. Es ist aber, wie der Schiffer bei seiner zweiten Vernehmung hat zugeben müssen, seit Entdeckung des Lecks keineswegs unausgesetzt gepumpt, sondern zuerst nur eine Stunde lang, dann in jeder Stunde zweimal wohl ¼ Stunde; erst vom Abend des 12. Mai an hat die Pumpe stets im Gange gehalten werden müssen.

Am schwersten aber belastet den Schiffer der Umstand, daß er sowohl in seiner Verklarung vom 15. Mai wie bei seiner ersten Vernehmung vor dem Seeamte verschwiegen hat, daß er nach Verlust des Backbordschwerts am Abend des 12. Mai den Ever 1—2 Stunden lang hat seewärts laufen lassen. Das hat er erst in der Verhandlung vom 4. Februar 1897 eingeräumt, während er vorher behauptet hatte, das Schiff sei seewärts getrieben.

Hellwege hat sich auch am 4. Februar nicht dazu verstehen wollen, genauere Angaben über die Zeit, während welcher er nach Verlust des Backbordschwerts seewärts gesegelt ist und über die dabei zurückgelegte Entfernung zu machen. Er meint, der Ever sei 1½ bis 2 Stunden nach SW gesteuert und habe eine Fahrtgeschwindigkeit von etwa 1 Seemeile in der Stunde gehabt. Als der Schiffer bei seiner Vernehmung am 4. Februar aufgefordert wurde, die von der Heulboje vor Esbjerg in See gesegelte Distanz auf der Karte abzusetzen, leistete er keine Folge, verharrte vielmehr in trotzigem Schweigen. Erst auf eindringliches Zureden ergriff er, nachdem er geäußert hatte, daß er die Entfernung wohl absetzen könne, daß er das aber vorher nicht habe thun wollen, den Zirkel und bezeichnete heftig und ohne genau nachzumessen, mit demselben auf der Karte die Distanz. Diese betrug aber nicht 2 Seemeilen, sondern ungefähr 10 Seemeilen.

Das Seeamt hat nach dem ganzen Verhalten und Auftreten des Schiffers Hellwege den Eindruck gewonnen, daß es ihm von Anfang an darum zu thun gewesen ist, den wahren Sachverhalt zu verdunkeln und zwar aus wohlbegründeter Furcht vor der Verurtheilung seiner Handlungsweise.

Diese ist in der That eine so schuldvolle und unseemännische, daß der von dem Reichscommissar gestellte Antrag, dem Schiffer die Befugniß zur Ausübung des Schiffergewerbes zu entziehen, als durchaus gerechtfertigt hat erachtet werden müssen.

Es mag richtig sein, daß die leck gewordene „Anna Rebecca" beim Bruch des Backbordschwerts am Abend des 12. Mai zu südlich war, um bei dem herrschenden steifen NNW nach Esbjerg hineinlaufen zu können. War das der Fall, dann lag es für den Schiffer, welcher sich dicht vor Esbjerg, nur 2—3 Schiffslängen von der Heul- und Leuchtboje entfernt und in einem Revier befand, welches von zahlreichen Schiffen, namentlich auch von Fischdampfern befahren wird, am nächsten, die Nothflagge zu setzen, beizudrehen und abzuwarten, bis Hülfe kam. Wenn Hellwege das aber nicht wollte, so durfte er jedenfalls nicht mit dem stark lecken, durch den Verlust des Backbordschwerts in seiner Manövrirfähigkeit beschränkten Schiffe nach See zu halten. Er mußte abhalten und das Lister Tief zu gewinnen suchen, wo er das Schiff nach Werfen der Ladung vermuthlich hätte retten können. Die Erklärung des Schiffers, er sei früher nicht im Lister Tief gewesen und habe dasselbe nicht anzulaufen gewagt, ist nichts als eine leere Ausflucht. Nach dem Segelhandbuche für die Nordsee I. Theil 3. Heft S. 81 ist das Lister Tief in Folge seiner guten Beleuchtung und Betonnung der am leichtesten zugängliche Eingang einer sicheren Rhede an der ganzen Küste nördlich von der Elbe; es wird daher besonders von Küstenfahrern als Zufluchtshafen vielfach benutzt. Hellwege hat sein Schiff am Lister Tief vorbeitreiben lassen und dasselbe dann, nachdem erst im letzten Augenblick die Nothflagge gesetzt worden war, unter Mitnahme des Kojenzeugs verlassen.

Hellwege hat nicht gehandelt, wie ein vorsichtiger und rechtschaffener Schiffer. Derselbe hat, abgesehen von der Arbeit an den Pumpen, für die Erhaltung von Schiff und Ladung nichts unternommen und dadurch, daß er das beschädigte Fahrzeug vom Lande ablaufen und dann treiben ließ, ohne die Nothflagge zu setzen, ohne den Versuch zu machen, das Lister Tief anzulaufen, den dringenden Verdacht gegen sich heraufbeschworen, daß es seine Absicht gewesen ist, den Verlust der „Anna Rebecca" herbeizuführen, um die Versicherungssumme einzuheimsen. Will man aber auch eine solche Absicht nicht annehmen, so steht nach dem Ergebnisse der Untersuchung jedenfalls so viel fest, daß Hellwege einen solchen Grad von Leichtsinn und einen solchen Mangel an denjenigen Eigenschaften und Fähigkeiten, welche bei einem Schiffsführer vorausgesetzt werden müssen, an den Tag gelegt hat, daß demselben fernerhin die Leitung eines Schiffes nicht anvertraut werden darf.

Die Entscheidung des Ober-Seeamts lautet:

Auf die Beschwerde des Schiffers Johann Hinrich Hellwege zu Geversdorf gegen den Spruch des Königlich preußischen Seeamts zu Tönning vom 4. Februar 1897 über den Seeunfall des Besahnevers „Anna Rebecca" von Geversdorf hat das Kaiserliche Ober-Seeamt in seiner zu Berlin am 16. Juni 1897 abgehaltenen öffentlichen Sitzung nach mündlicher Verhandlung der Sache entschieden,

daß der Spruch des Königlich preußischen Seeamts zu Tönning vom 4. Februar 1897 zu bestätigen und die baaren Auslagen des Verfahrens dem Beschwerdeführer zur Last zu legen.

Gründe. Die Sachlage ist in dem Spruche des Seeamts zutreffend geschildert; sie stellt sich nach den Auslassungen des Schiffers Hellwege vor dem Ober-Seeamt unverändert dar. Auch in der Beurtheilung der Sachlage findet das Ober-Seeamt nur in Einzelheiten Veranlassung zu Bemerkungen. Zunächst hat das Ober-Seeamt genügende Anhaltspunkte für den vom Seeamt und Reichscommissar ausgesprochenen Verdacht gegen den Schiffer Hellwege, als hätte er sein Fahrzeug absichtlich wegsetzen wollen, nicht für vorliegend erachtet. Gegen eine solche Absicht spricht schon die Thatsache, daß Schiffer Hellwege durch die Strandung seines Fahrzeugs einen Verlust von 2500 M. erlitten hat; auch hat die Versicherungsgesellschaft die versicherte Summe, ohne Bedenken zu erheben, ausgezahlt. Es kann ferner dem Schiffer darin Recht gegeben werden, daß es in Anbetracht des herrschenden Nordwestwindes in Stärke 6—7, welcher für ein so kleines Fahrzeug, wie die „Anna Rebecca", recht unbequem war und gefährlich werden konnte, zu verstehen ist, wenn Schiffer Hellwege am Abend des 12. Mai 1896 Bedenken getragen hat, in der Nähe der Heulboje vor Esbjerg zu Anker zu gehen, und es vorgezogen hat, sein Schiff nach See zu legen. Dagegen war es vollkommen unseemännisch und nicht zu rechtfertigen, daß Schiffer Hellwege, obwohl er nach seiner eigenen Angabe beabsichtigte, bei Tagesanbruch in die Lister Tiefe einzulaufen, an den in Sicht gekommenen Feuern derselben vorbei und weiter südlich gelaufen ist. Der Versuch des Schiffers, diesen Fehler dadurch zu entschuldigen, daß er noch niemals in Esbjerg und im Lister Tief gewesen sei, muß als verfehlt bezeichnet werden; denn er ist, wie er selbst angegeben hat, im Besitz der zur Verhandlung des Ober-Seeamts benutzten vorzüglichen Karte gewesen, auf welcher auch ohne Leuchtfeuerbuch und Segelanweisung die für die Navigirung werthvollen Angaben von einem kundigen Schiffer ersehen werden können. Wenn Schiffer Hellwege überhaupt die für jeden Schiffer, der in ihm fremden Wassern fahren will, unentbehrlichen Kenntnisse und Fähigkeiten besessen hätte, so hätte er unter keinen Umständen bei der Lister Tiefe vorbeilaufen dürfen, sondern hätte seine Fahrt mäßigen oder das Schiff beidrehen und bei Tagesanbruch in den Einlauf zum Lister Tief gelangen müssen. Daß er daran vorbeilief und dadurch in die Lage kam, gegen den steifen Nordnordwestwind aufkreuzen zu müssen, sofern er die Lister Tiefe gewinnen wollte, beweist seine Unfähigkeit zur Führung eines Schiffes.

Auch das Ober-Seeamt hat sich in der mündlichen Verhandlung davon überzeugt, daß Schiffer Hellwege nicht im Stande ist, eine Seekarte richtig zu lesen und für Zwecke der Navigirung zu benutzen, er hat nicht einmal vermocht, einfache Curse abzusetzen, und hatte vom magnetischen und wahren Curs keine Ahnung; es hat daher für erwiesen erachtet werden müssen, daß dem Schiffer Hellwege die nothwendigen Fachkenntnisse für den Schifferberuf mangeln. Wenn er bisher einen Unfall nicht erlitten oder verschuldet hat, so mag dies seinen Grund darin haben, daß er, vom Glück begünstigt, niemals in eine bedenkliche Lage gekommen ist, und daß er seine Fahrten nicht über die ihm bekannten Gegenden hinaus unternommen hat. Bei der verhängnißvollen Fahrt hat er sich auf ein Gebiet gewagt, welches zwar innerhalb der Grenzen der Küstenschiffahrt liegt, ihm aber fremd war, und hierbei hat er sich seiner Aufgabe nicht gewachsen gezeigt. Der nachgewiesene Mangel solcher Eigenschaften, welche zur Ausübung des Schiffergewerbes erforderlich sind, hat den Verlust der „Anna Rebecca“ zur Folge gehabt, wie das Seeamt mit Recht angenommen hat. Dieser Mangel ist so schwerwiegend, daß im Interesse der Sicherheit von Menschenleben und Nationaleigenthum dem Schiffer Hellwege die Befugniß zur Ausübung des Schiffergewerbes entzogen werden muß. Den dahin lautenden Spruch des Seeamts hat das Ober-Seeamt daher lediglich zu bestätigen vermocht.

Da der Schiffer die Beschwerde ohne Erfolg eingelegt hat, so waren ihm die baaren Auslagen des Beschwerdeverfahrens zur Last zu legen.

74. Spruch des Seeamts zu Tönning vom 4. Februar 1897 und Entscheidung des Kaiserlichen Ober-Seeamts vom 16. Juni 1897, betreffend den Seeunfall des Evers „Preciosa" von Warstade.

Der Spruch des Seeamts lautet:

Der Schiffer Hinrich Martens vom Besahnever „Preciosa" aus Warstade hat sein Fahrzeug, nachdem dasselbe am 12. Mai 1896 unweit der Heul- und Leuchttonne vor dem Bestimmungshafen Esbjerg die Großstange verloren hatte, von dem Besahnever „Adele", Schiffer J. D. Hellwege aus Geversdorf ins Schlepptau nehmen lassen, um es nach der Elbe zu bringen, während er bei den herrschenden, verhältnißmäßig günstigen Wind- und Wetterverhältnissen bedacht sein mußte, das Lister Tief anzulaufen, oder jedenfalls in der Nähe der Heul- und Leuchttonne abwarten konnte, bis Hülfe aus Esbjerg kam. Nachdem der Ever „Preciosa" von der „Adele" einige Stunden geschleppt war, ist die Schlepptrosse gebrochen. Der Ever „Preciosa" ist hierauf beim Ellenbogen-Westfeuer auf Sylt an den Strand getrieben und wrack geworden.

Das Verhalten des Schiffers Martens bei diesem Unfall ist schuldvoll und unseemännisch in dem Maße, daß demselben die Befugniß zur Ausübung des Schiffergewerbes entzogen werden mußte.

Gründe. Die vorliegende seeamtliche Untersuchung hat zum Gegenstande den Untergang des Besahnevers „Preciosa" aus Warstade — Unterscheidungs-Signal KNLT —, welcher in Folge seiner am 13. Mai 1896 in der Nähe des Lister Westfeuers erfolgten Strandung eingetreten ist.

Der Sachverhalt hat bei dem Mangel eines Schiffsjournals und einer ordnungsmäßig belegten Verklarung nach den ungenauen und widerspruchsvollen Angaben des Schiffers Martens und nach der offenbar nicht unbefangenen Aussage des interessirten Zeugen Hellwege hinsichtlich aller Einzelheiten mit voller Bestimmtheit nicht festgestellt werden können. Im Wesentlichen hat sich aus der Beweisaufnahme nur das Nachstehende zur Ueberzeugung des Seeamts ergeben:

Der Besahnever „Preciosa", ein im Jahre 1877 aus Holz erbautes Fahrzeug mit einem Netto-Raumgehalte von 28,58 britischen Register-Tons war Eigenthum des mit einem Zeugniß über die Befähigung zum Schiffer auf Küstenfahrt d. d. Stade den 7. Februar 1888 versehenen Schiffers Hinrich Martens aus Warstade und bei dem Versicherungsverein für Schiffe an der unteren Oste versichert. Die „Preciosa" war zu 7 600 M. taxirt; die im Falle des Totalverlustes auszuzahlende Summe betrug 5 700 M. Schiffer Martens hat diese Summe erhalten. Der Ever ist zuletzt im Jahre 1896 auf der Goos'schen Werft zu Oberndorf gründlich nachgesehen und reparirt. Derselbe befand sich beim Antritt der letzten Reise in durchaus dichtem und seetüchtigem Zustande. Seine Ausrüstung war hinreichend. An Bord waren außer einem Warpanker zwei Anker vorhanden, von denen der Steuerbordanker 75 kg, der Backbordanker 85 kg schwer war; die Ketten dieser Anker waren bezw. $^{11}/_{16}$ Zoll und $^{3}/_{4}$ Zoll stark und bezw. 45 und 30 Faden lang. Die beiden gußeisernen Pumpen waren gebrauchsfähig.

Am 5. Mai 1896 nahm die „Preciosa" eine Ladung von 36000 Mauersteinen für Esbjerg ein. Das Gewicht der Ladung betrug nach dem angegebenen Gewichte von $1^{3}/_{4}$ kg pro Stein ungefähr 63000 kg. Der Tiefgang war vorn 6 Fuß, achter etwas weniger; die Auswässerung mitschiffs etwa 3 Zoll.

Nachdem die Luken dicht gemacht und geschalkt waren, ging man am Abend des vorgedachten Tages unter Segel. An Bord befand sich außer der Mannschaft ein Knabe Namens Hinrich Suhr, welcher die Reise nach Esbjerg zum Vergnügen mitmachen wollte. Bis zum 12. Mai verlief diese auch ohne besondere Vorfälle. An diesem Tage kreuzte die „Preciosa" Nachmittags bei einer frischen Briese aus NNW im Grautief; man hatte Großsegel, Besahn, Stagfock und Klüver gesetzt. Um 2 Uhr Nachmittags hatte die „Preciosa" über Backbordbug anliegend, die Heul- und Leuchttonne vor Esbjerg in ONO mit $1^{1}/_{2}$ Seemeilen Abstand. Als dieselbe nun über Stag gehen wollte, brach die Stange des Großmastes eben oberhalb der

Wanten und fielen in Folge dessen das Großsegel und die Vorsegel herunter. Es blieb also nur der Besahn stehen. Auf das sofort gesetzte Nothsignal kam der in der Nähe kreuzende Ever „Adele“ aus Geversdorf, Schiffer J. D. Hellwege, heran und erbot sich zur Hülfeleistung. Martens nahm das Erbieten an und rief dem Führer der „Adele“ zu, er möge ihn ins Schlepptau nehmen und nach der Elbe bringen. Hellwege hat letzteres angeblich nicht verstanden, er hat aber auch seinerseits die Fahrt nach der Elbe sofort ins Auge gefaßt und nachdem es nach mehreren vergeblichen Versuchen gelungen war, durch die an Bord der „Adele“ geholte, ungefähr 40 Fuß lange Trosse der „Preciosa“ die Schleppverbindung zwischen den beiden Schiffen herzustellen, seinen Curs dorthin gerichtet. Damals war es 4 Uhr Nachmittags. Etwa eine Stunde später brach auf der „Preciosa“ das Bugspriet und zwar dergestalt, daß das Vordergeschirr lediglich durch die Wasserstagkette mit dem Fahrzeuge zusammenhing. Die Kette ist nicht beseitigt. Der Schiffer Martens hat sich bemüht, dieselbe mit Hammer und Beitel zu zersprengen, jedoch ohne Erfolg. Er hat dann, um das Rammen des am Bug niederhängenden Vorgeschirrs möglichst zu verhindern, dasselbe mit einer Stange abgehalten. Nachdem die „Preciosa“ etwa 5 Stunden im Schlepp der „Adele“ gewesen war, brach die Trosse. Es war gegen 10 Uhr Abends und man peilte damals das Lister Westfeuer in SOzO, hatte auch das Listostfeuer in Sicht. Nach dem Brechen der Trosse trieb der Ever „Adele“ ab und man verlor sich gegenseitig aus dem Gesicht. Die „Preciosa“ war nun sich selbst überlassen. Dieselbe war, wie man sich sofort durch Anschlagen der Pumpen überzeugte, dicht geblieben. Es gelang auch, die Stagfock wieder zu setzen; das Schiff war aber nicht in Fahrt zu bringen, weil das Vorgeschirr am Bug herunterging, und wurde am Morgen des 13. Mai am Ellenbogenstrand unweit des Westfeuers auf Grund getrieben. Als die „Preciosa“ festsaß, ist sofort das Boot klar gemacht. Der Schiffer holte aus der Kajüte, in welche von oben her Wasser eingedrungen war, sein Geld, sein Certifikat und Befähigungszeugniß. Dann stiegen die Mannschaften und der Knabe Suhr ins Boot und wurden mit demselben durch eine Brandungswelle an den Strand geworfen. Das Inventar ist später größtentheils geborgen; das Schiff selbst ist von der See zerschlagen.

Der Reichscommissar hat den Antrag gestellt, dem Schiffer Martens die Befugniß zur Ausübung des Schiffergewerbes zu entziehen.

Dieser Antrag muß für durchaus gerechtfertigt erachtet werden.

Es wird nicht verkannt, daß die „Preciosa" nach dem Brechen der Großstange sich in einer gewissen Nothlage befand. Mit dem Großsegel waren auch die Vorsegel heruntergefallen und in Folge dessen war das Schiff zunächst in seiner Manövrirfähigkeit beschränkt. Für den Schiffer lag aber absolut keine Veranlassung vor, so zu handeln, wie er gehandelt hat. Wie ihm unter den obwaltenden Umständen überhaupt der Gedanke hat kommen können, den Schiffer Hellwege zu beauftragen, die „Preciosa" nach der Elbe zurückzuschleppen, ist unerfindlich, wenn man nicht annehmen will, daß Schiffer Martens sich von einer unlauteren Absicht hat leiten lassen. Für die Annahme, daß dieses in der That der Fall gewesen ist, giebt sein unseemännisches, geradezu frivoles Verhalten während der kritischen Zeit, wie sein ränkevolles Auftreten vor dem Seeamte, wesentlichen Anhalt.

Als die „Preciosa" die Großstange verlor, befand dieselbe sich etwa 1 ½ Seemeilen von der Heul- und Leuchttonne vor Esbjerg, ihrem Bestimmungshafen. Das Schiff machte kein Wasser, das Wetter war nicht schlecht, wie sich daraus ergiebt, daß der tiefgehende Ever bis dahin mit vollen Segeln gekreuzt hatte. Mit der „Preciosa" kreuzten mehrere andere Fahrzeuge in demselben Revier, u. A. die „Adele" des Schiffers J. D. Hellwege. Der Hafen von Esbjerg ist ein sehr verkehrsreicher; er wird namentlich auch von Fischdampfern frequentirt. Martens konnte daher fast mit Sicherheit darauf rechnen, daß ihm von dort aus Hülfe geleistet werde. Und es ist denn auch, nachdem von einem in Esbjerg einlaufenden Fischerkutter, welcher die Nothflagge auf der „Preciosa" gesehen hatte, Meldung gemacht war, alsbald ein Dampfer zur Hülfeleistung hinausgeschickt worden. Mittlerweile war aber die „Preciosa" im Schlepp der „Adele" verschwunden. Der Zustand und die Lage der „Preciosa" war also durchaus nicht gefahrdrohend. Unter diesen Umständen hätte der Schiffer zunächst zu Anker gehen müssen. Das war auf einer gelotheten Wassertiefe von 8 Faden angängig und unterlag bei den herrschenden Wind- und Wetterverhältnissen keinem Bedenken. Bei einigem guten Willen wäre es der Mannschaft dann zweifellos gelungen, die Stagfock wieder zu setzen, wie dies später, nach dem Brechen der Schlepptrosse, unter weit schwierigeren Verhältnissen gelungen ist. Der Schiffer Martens hätte hiernach, falls er nur so zu Werke gegangen wäre, wie seemännische Erfahrung und redliche Gesinnung geboten, vielleicht sogar ohne fremde Hülfe den Bestimmungshafen erreichen können.

Wollte Schiffer Martens aber nicht zu Anker gehen, so mußte er jedenfalls, um Schiff und Ladung zu bergen, darauf bedacht sein, das Lister Tief zu gewinnen. Martens war mit dem Fahrwasser vertraut, er wußte, daß das Lister Tief ein vielfach benutzter Zufluchtshafen ist, dessen Einsegelung keine Schwierigkeiten bietet, und hätte mit raumem Winde hineinfahren können. Er will auch, als das Bugspriet gebrochen war, die Einsegelung in das Lister Tief ins Auge gefaßt und dem Schiffer Hellwege mehrmals zugerufen haben: „Lister Tief." Das hat aber weder dieser noch der Bestmann Hagenah gehört. Die Behauptung des Martens wird daher wohl eine der zahlreichen Unwahrheiten sein, deren derselbe sich im Laufe der Untersuchung schuldig gemacht hat. Seine fernere Angabe, er habe, nachdem die Schlepptrosse gebrochen und dann die Stagfock wieder gesetzt war, die Absicht gehabt, in das Land-Tief hineinzusegeln, wird kaum ernsthaft zu nehmen sein, da Martens wissen mußte, daß das Land-Tief eine schmale, nicht betonnte Fahrrinne ist, welche sich häufig ändert und in welcher auch bei mäßigen Winden eine starke Brandung steht.

Daß die Strandung der havarirten „Preciosa" schließlich nach dem Brechen der Schlepptrosse nicht mehr abzuwenden gewesen ist, will das Seeamt nach den vorliegenden Thatsachen als erwiesen annehmen, wenn sich auch schwerlich eine hinreichende Erklärung dafür finden läßt, daß das Vorgeschirr, welches mit dem Schiffe nur durch die leichte und unter Anwendung des an Bord befindlichen Hammers mit geringer Anstrengung zu sprengende Wasserstagkette verbunden war, nicht beseitigt worden ist. In verhängnißvolle Lage ist aber die „Preciosa" zweifellos durch das unseemännische und schuldvolle Verhalten des Schiffers Martens gebracht. Auf dieses hat der Untergang der „Preciosa" in erster Linie zurückgeführt werden müssen.

Soviel zur Aufhellung und Beurtheilung des vorliegenden Seeunfalls. Die nachfolgenden Bemerkungen stehen mit der Sache selbst in keinem directen Zusammenhange. Sie verfolgen nur den Zweck, zur Charakteristik des Schiffers Martens einiges beizubringen und seinen moralischen Unwerth ins gehörige Licht zu setzen.

Es ist eine bekannte Thatsache, daß Küstenschiffer, wenn sie überhaupt die Begebenheiten der Reise zu Papier bringen, dies in der Form eines Tagebuchs zu thun pflegen. Die Angabe des Schiffers Martens, er habe bis zum 12. Mai ein ordnungsmäßiges Journal geführt und in dasselbe die Distanzen und Curse eingetragen, verdient daher von vornherein keinen Glauben, ganz abgesehen davon, daß der

Bestmann Hagenah seinen Schiffer niemals hat schreiben sehen. Das Schiffsjournal soll bei der Strandung verloren gegangen sein. Das hat Martens sowohl in dem nach seiner Anweisung aufgesetzten Schriftsatze vom 12. Juni 1896, der sog. Verklarung, wie bei seiner wiederholten Vernehmung behauptet. Im Widerspruch damit steht der Inhalt des bei den Untersuchungsakten befindlichen, mit H. Martens unterzeichneten Briefes d. d. Ellenbogen den 2. Mai 1896, wonach Martens das Schiffsjournal mit seinem Kleidersack nach Hause geschickt hat und dasselbe demnächst nach Friedrichstadt senden will.

Weiter liegen dann über die Entstehung dieses Briefes verschiedene Versionen vor. Zuerst hat Martens angegeben, der Brief sei nach seiner Instruction von seiner Frau geschrieben, während er krank im Bette gelegen habe. Das hat er später widerrufen und behauptet, er habe den Brief selbst geschrieben. Diese Behauptung hat Martens aufrecht erhalten, trotzdem durch die von ihm in der Verhandlung vom 4. Februar 1897 gelieferte Schriftprobe unumstößlich nachgewiesen ist, daß der Brief nicht von seiner Hand herrühren kann.

Mit dem in dem Briefe gebrauchten Ausdrucke Schiffsjournal hat Martens angeblich nicht ein solches, sondern seine aus dem Gedächtniß niedergeschriebenen Notizen bezeichnen wollen. Er hat aber gar keine Notizen gemacht und den Verfasser der sog. Verklarung mündlich instruirt.

Nach der von Martens gelieferten Beschreibung seines Schiffsjournals bestand dasselbe aus einem in steifem Pappdeckel gebundenen Buch, welches vorgedruckte Formulare enthielt. Von diesem Journal will Martens, als er am Tage nach der Strandung wieder an Bord seines Schiffes gekommen war, nur einige Fetzen in dem in der Kajüte stehenden Wasser herumschwimmen gesehen haben.

Martens giebt an, im Journal habe die Inventarienrolle gelegen. Er habe das Journal auf einem Regal in der Kajüte verwahrt. Auf einem etwa 3 Zoll höher angebrachten Bord hätten sich sein Patent und das Certificat befunden. Die letztgedachten Papiere hat Martens gerettet; das Journal nicht, natürlich aus dem einfachen Grunde nicht, weil ein Journal überhaupt nicht existirte.

Martens war nach Art. 470 des Handelsgesetzbuchs verpflichtet, seine Verklarung ohne Verzug zu bewirken. Er hat aber überall keine Verklarung belegt, obgleich er sich wochenlang in Sylt aufgehalten hat. Seine Entschuldigung, er sei so schlecht zu Fuß, daß er die weite Tour von Ellenbogen nach Westerland, dem Sitze des Königlichen Amtsgerichts, nicht habe machen und er habe Fuhrwerk nicht bekommen können, ist nichts als eine leere Ausrede. Martens ist, wie durch die amtliche Auskunft des Zollamts in Keitum festgestellt worden, zweimal, am 24. oder 25. Mai und am 4. Juni, bei dieser Behörde erschienen. Keitum und Westerland liegen aber ganz nahe bei einander. Die Ursache, daß Martens es unterlassen hat, auf Sylt seine Verklarung zu belegen, ist lediglich seine Pflichtvergessenheit.

Einem Schiffer, welcher in dem Maße, wie es nach dem Ergebniß der Untersuchung bei Martens der Fall ist, wenn nicht seine vollständige Unfähigkeit, so jedenfalls den bedenklichsten Mangel an gutem Willen korrect zu verfahren, documentirt, der überdies sich als ein höchst unzuverlässiger und verlogener Mensch erwiesen hat, darf nach Ansicht des Seeamts die Führung eines Fahrzeugs fernerhin nicht mehr anvertraut werden.

Die Entscheidung des Ober-Seeamts lautet:

Auf die Beschwerde des Schiffers Heinrich Martens zu Warstade gegen den Spruch des Königlich preußischen Seeamts zu Tönning vom 4. Februar 1897 über den Seeunfall des Evers „Preciosa" von Warstade hat das Kaiserliche Ober-Seeamt in seiner zu Berlin am 16. Juni 1897 abgehaltenen öffentlichen Sitzung nach mündlicher Verhandlung der Sache entschieden,

> daß der Spruch des Königlich preußischen Seeamts zu Tönning vom 4. Februar 1897 dahin abzuändern, daß dem Schiffer Martens die Befugniß zur Ausübung des Schiffergewerbes zu belassen, und die baaren Auslagen des Verfahrens außer Ansatz zu lassen.

Gründe. Die Unfälle welche den vom Schiffer Martens geführten Besahnever „Preciosa" getroffen haben, sind in dem Spruche des Seeamts und in den Ausführungen des Reichscommissars mit Recht auf Umstände und Ursachen zurückgeführt, für welche der Schiffer nicht zur Verantwortung gezogen werden kann.

Den Schiffer trifft kein Verschulden bei dem Brechen der Großstenge, durch welches der Ever in seiner Manövrirfähigkeit beeinträchtigt worden ist, und ebensowenig bei dem späteren Brechen des Bugspriets.

Der Vorwurf, welcher dem Schiffer Martens nach der Ansicht des Reichscommissars und des Seeamts zu machen ist, betrifft seinen Entschluß, nach dem Brechen der Großstenge die Reise nach Esbjerg aufzugeben und sich nach der Elbe schleppen zu lassen; hierdurch und durch sein weiteres Verhalten soll er den als Folge des Seeunfalls eingetretenen Verlust des Schiffes verschuldet haben. Sowohl der Reichscommissar als auch das Seeamt erblicken in jenem Entschlusse einen schweren seemännischen Fehler und halten es für richtiger, wenn Schiffer Martens in der Nähe von Esbjerg geankert und dort Hülfe erwartet hätte oder in das Lister Tief eingelaufen wäre, und kommen schließlich zu der Ueberzeugung, daß der Schiffer einen bedenklichen Mangel an dem guten Willen, seine Pflichten redlich zu erfüllen, an den Tag gelegt habe, und daß sein Verfahren unerklärlich sei, wenn man nicht annehmen wolle, er habe sich von unlauteren Absichten leiten lassen.

Das Ober=Seeamt vermag dem seeamtlichen Spruche und seiner Begründung nicht beizutreten.

Die Untersuchung des Seeunfalls hat ergeben, daß die „Preciosa" zu der Zeit, als ihre Großstenge brach und das Fahrzeug dadurch in seinen Bewegungen beeinträchtigt wurde, ungefähr 1½ Seemeilen von der Heultonne zu Esbjerg entfernt gewesen ist, und daß damals eine frische Briese aus NNW in Stärke 7—8 geweht hat. Bei diesem Winde war eine entsprechend hohe See, so daß es für die „Preciosa" ausgeschlossen war, zu Anker zu gehen, da mit Sicherheit erwartet werden konnte, daß die Ketten brechen müßten und das Schiff dann auf den Strand treiben würde. Wäre dies geschehen, so hätte dem Schiffer mit Recht der Vorwurf unvorsichtigen und unseemännischen Handelns gemacht werden müssen.

Daß Schiffer Martens, nachdem er durch die von ihm nicht verschuldeten Umstände gezwungen worden war, die Weiterreise nach Esbjerg aufzugeben, schließlich in der Richtung nach der Elbe sich hat schleppen lassen, kann ihm ebenfalls nicht zur Last gelegt werden, da der Schiffer Hellwege vom Ever „Adele" nach seiner eidlichen Aussage zu dem Entschlusse, die „Preciosa" nach der Elbe zu schleppen, nicht durch einen ihm von Martens ertheilten Auftrag, sondern durch seine eigene Beurtheilung der Sachlage bestimmt worden ist. Wenn Martens einen solchen Auftrag ertheilt hat, was nach seiner Aussage anzunehmen ist, so hat Hellwege ihn nicht verstanden. Aber selbst wenn Martens die Verantwortung hierfür auferlegt wird, so ist der Entschluß, unter den obwaltenden Umständen sich nach der Elbe schleppen zu lassen, nicht derart verfehlt, daß daraus ein Schluß auf die Unfähigkeit für den Schifferberuf gerechtfertigt wäre. Da die „Preciosa" durch Havarie seeunfähig geworden war, so mußte Schiffer Martens darnach trachten, das Schiff baldigst wieder in seetüchtigen Zustand zu setzen. Dies hätte er beim Anlaufen des Lister Tiefs voraussichtlich nicht erreichen können, da an jenem Ort Einrichtungen für Reperatur von Schiffen nicht vorhanden sind. Das Schiff war aber noch schwimmfähig und hätte wohl bis zur Elbe geschleppt werden können, wenn nicht die Trosse gebrochen wäre. Der Entschluß, die sich ihm in dieser Richtung darbietende Hülfe anzunehmen, kann daher als unseemännisch nicht bezeichnet werden, er entspricht vielmehr der Sachlage.

Daß nach dem Brechen der Schlepptrosse nicht das Lister Tief aufgesucht worden ist, gereicht dem Schiffer Martens gleichfalls nicht zum Vorwurf, da die „Preciosa“ zu dieser Zeit derartig havarirt war, daß sie ihre Segel kaum zum Cursteuern gebrauchen konnte, geschweige denn an ein Kreuzen zu denken war. Es muß auch hervorgehoben werden, daß die Einfahrt in das Lister Tief, namentlich zur Ebbezeit nicht so ganz leicht ist, wie das Seeamt annimmt. Im Segelhandbuch für die Nordsee ist auf diese Gefahr an derselben Stelle hingewiesen, welche vom Seeamt für die Leichtigkeit der Befahrung dieses Gewässers angezogen wird.

Für den vom Seeamt und Reichscommissar angedeuteten Verdacht, Schiffer Martens habe sein Schiff aus unlauteren Beweggründen wegsetzen wollen, hat die Untersuchung keine Unterlage gegeben. Der Entschluß, nach dem Brechen der Stenge in die Elbe zu laufen, kann als Beweis dafür aus den oben angeführten Gründen nicht angesehen werden. Es ist auch unerfindlich, was den Schiffer hätte veranlassen sollen, eine mühsame Reise nach Esbjerg zu unternehmen, um sein Schiff, welches er für 10,000 M. gekauft und dann mit großen Unkosten noch kurz vor der Reise wieder in Stand gesetzt hatte, absichtlich wegzusetzen, wenn man bedenkt, daß er im günstigsten Falle von den 7500 M., für welche es versichert war, nur 5700 M. zurückzuerhalten, also einen Verlust von etwa 5000 M. zu erleiden Aussicht hatte. Wollte er sein Schiff versenken, so hätte er dies früher thun können und hätte sich sicherlich nicht noch die Unkosten gemacht.

Aus diesen Gründen hat sich das Ober-Seeamt der im Spruche des Seeamts dargelegten Beurtheilung des Seeunfalls und seiner Folgen sowie der Verurtheilung des Verhaltens des Schiffers Martens nicht angeschlossen. Es hat daher, wie geschehen, der Spruch der ersten Instanz dahin abgeändert werden müssen, daß dem Schiffer Martens die Befugniß zur Ausübung des Schiffergewerbes belassen wird.

Die übrigen gelegentlich der seeamtlichen Untersuchung zu Tage getretenen Ungehörigkeiten und Unzuverlässigkeiten des Schiffers Martens, welche den vom Seeamt ausgesprochenen Tadel verdienen, bleiben für die Beurtheilung des Seeunfalls außer Betracht, da sie in keinem ursächlichen Zusammenhange mit dem Seeunfall oder mit den Folgen desselben stehen.

Die baaren Auslagen des Verfahrens bleiben außer Ansatz, weil die Beschwerde des Schiffers Martens von Erfolg gewesen ist.

75. Spruch des Seeamts zu Stralsund vom 23. Januar 1897 und Entscheidung des Kaiserlichen Ober=Seeamts vom 17. Juni 1897, betreffend den Seeunfall des Schraubendampfers „Reihefahrer" von Stralsund.

Der Spruch des Seeamts lautet:

Die Collision ist dadurch erfolgt, daß der Schiffer Prahm fälschlicherweise vor dem in voller Fahrt befindlichen Zeeskahn hat vorüber fahren wollen, statt daß er den ebenfalls in voller Fahrt befindlichen Dampfer gestoppt hat, und den Zeeskahn vorbeifahren ließ, daß die Schuld der Collision allerdings auf diese fehlerhafte Navigation des Schiffers Prahm zurückzuführen, demselben auch hierfür, wie hiermit geschieht, ein Verweis zu ertheilen, indessen Veranlassung nicht vorliegt, demselben das Patent als Schiffsführer zu entziehen.

Gründe. Der Schraubendampfer „Reihefahrer", Unterscheidungs=Signal JPKS, von Eichenholz 1878 in Grabow erbaut, vermessen zu einem Netto=Raumgehalte von 138 cbm gleich 30 britischen Register=Tons, hatte unter Führung des Schiffers Prahm mit einer Ladung Stückgüter am 28. October 1896 den Hafen von Stettin, nach Stralsund bestimmt, verlassen und am 29. October das kleine Stettiner Haff erreicht, als der Mann am Ruder in weiter Entfernung an der Backbordseite einen Zeeskahn bemerkte, der anscheinend vor seinen Netzen trieb, indessen wie sich später herausstellte, mit vollen Segeln fuhr.

Nach Darstellung der Stettiner Ostsee=Zeitung hat der Dampfer bei Annäherung des Zeeskahns mehrmals seinen Curs geändert.

Der Schiffer Prahm hat dies indessen ausdrücklich bestritten und die Sache so dargestellt, daß er von vornherein die Absicht gehabt habe, vor dem Kahn, der unter Führung des Schiffers Strentz mit Curs NNO beim Winde segelte, — der Dampfer verfolgte bei frischer Briese aus ONO den Curs WNW — vorüber zu fahren.

Nach der ferneren Angabe des Schiffers Prahm hat der Zeeskahn indessen größere Fahrt gehabt, als er d. h. Prahm angenommen hatte, und sei mit vollen Segeln auf den Dampfer losgesteuert und ihm in die Seite gelaufen.

Der Schiffer Strentz hat dagegen ausgesagt, daß der Dampfer zunächst versucht habe, hinter dem Zeeskahn vorbei zu kommen; demnächst habe er manövrirt um vorne vorüber zu fahren.

Es kann als festgestellt angesehen werden, daß der Schiffer Prahm gehofft hat, mit seinem Curse und seiner Fahrt vor dem Zeeskahne vorbei zu kommen und das Ruder erst Backbord gelegt hat, als der Zusammenstoß nicht mehr vermieden werden konnte. Es steht ferner fest, daß der Schiffer Prahm im Angesicht der Gefahr eines Zusammenstoßes weder den Curs geändert noch die Maschine gestoppt hat, auch nachher sich um den Zeeskahn oder seine Besatzung nicht weiter gekümmert hat, angeblich weil er sein eigenes Schiff für leck und in Gefahr befindlich angesehen, auch geglaubt habe, daß der Zeeskahn bald Land erreichen könne und der Hülfe nicht weiter bedürfe.

Der Schiffer Prahm ist der Ansicht, daß der Zusammenstoß hätte vermieden werden können, wenn der Kahn, der über Backbordbug gelegen, näher an den Wind gehalten hätte, was indessen der Führer des Zeeskahns, Strentz, ausdrücklich bestritten hat, da derselbe behauptet, seinen Curs nicht haben ändern zu können und auch nicht zu ändern verpflichtet gewesen sei.

Das Seeamt hat aus den gepflogenen Verhandlungen die Ueberzeugung gewonnen, daß die Collision hätte vermieden werden können, wenn der Schiffer Prahm sich nach der Verordnung vom 7. Januar 1880 gerichtet hätte, derzufolge jedes Dampfschiff, welches sich einem anderen Schiffe in solcher Weise nähert, daß dadurch die Gefahr eines Zusammenstoßes entsteht, seine Fahrt zu mindern, oder, wenn nöthig zu stoppen und rückwärts zu gehen hat.

Der Schiffer Prahm hat diese Vorschriften zweifellos verletzt. Er hat an dem mit vollen Segeln heransteuernden Zeeskahn vorbeifahren wollen und sich noch dazu über die Größe der Fahrt des Kahns einer argen Täuschung hingegeben. Der Führer des letzteren konnte und durfte den Curs nicht ändern (cfr. Art. 22 l. c.); die Ansicht des Schiffers Prahm, daß der Zeeskahn näher an den Wind hätte steuern müssen und dadurch die Collision hätte vermeiden können, muß als durchaus irrig bezeichnet werden.

Der Schiffer Prahm hat aber auch die Vorschrift der Verordnung vom 15. August 1876, betreffend das Verhalten der Schiffer nach einem Zusammenstoß, insofern verletzt, als er nach dem Zusammenstoß sich um den Zeeskahn und seine Besatzung nicht weiter bekümmert, sondern seine Fahrt fortgesetzt hat, obgleich der Schiffer Strentz um Hülfe und auch um den Namen des Dampfers und des Schiffers gebeten hatte. Trotz dieser recht erheblichen Verstöße gegen die bestehenden Bestimmungen hat das Seeamt sich nicht entschließen können, dem schon alternden Schiffer Prahm die Concession zu entziehen und dabei einerseits die Schwerhörigkeit desselben, andererseits seine bisherige Unbescholtenheit in Berücksichtigung gezogen und demzufolge den Spruch, wie geschehen, abgegeben.

Die Entscheidung des Ober-Seeamts lautet:

Auf die Beschwerde des Reichscommissars gegen den Spruch des Königlich preußischen Seeamts zu Stralsund vom 23. Januar 1897 über den Seeunfall des Dampfschiffs „Reihefahrer" von Stralsund hat das Kaiserliche Ober-Seeamt in seiner zu Berlin am 17. Juni 1897 abgehaltenen öffentlichen Sitzung, nach mündlicher Verhandlung der Sache entschieden,

> daß der Spruch des Königlich preußischen Seeamts zu Stralsund vom 23. Januar 1897 dahin abzuändern, daß dem Schiffer Heinrich Gustav Prahm die Befugniß zur Ausübung des Schiffergewerbes zu entziehen, und die baaren Auslagen des Verfahrens außer Ansatz zu lassen.

Gründe. Das Seeamt hat ausgesprochen, daß die Schuld an dem Zusammenstoße dem Führer des Dampfers „Reihefahrer" beizumessen sei, weil derselbe fälschlicherweise vor dem in voller Fahrt befindlichen Zeesenkahn habe vorüberfahren wollen, anstatt zu stoppen; gleichwohl hat das Seeamt mit Rücksicht auf des Schiffers Prahm tadellose Vergangenheit geglaubt, von der Patententziehung Abstand nehmen zu sollen. Die vom Reichscommissar gegen diese Entscheidung eingelegte Beschwerde muß für begründet erachtet werden.

Die Sicherheit der Schiffahrt auf See erfordert, wie vom Ober-Seeamt in vielen Entscheidungen ausgeführt worden ist, daß die Vorschriften über das Ausweichen auf See gewissenhaft befolgt und Verletzungen dieser Pflicht mit Strenge beurtheilt werden.

Nach der Kaiserlichen Verordnung zur Verhütung des Zusammenstoßens der Schiffe auf See ist jeder Dampfer verpflichtet, einem Segelschiffe aus dem Wege zu gehen, während das Segelschiff seinen Curs unverändert beizubehalten hat. Es war daher durchaus ungerechtfertigt, daß Schiffer Prahm, wie er vor dem Seeamt und vor dem Ober-Seeamt geltend gemacht hat, von dem Führer des Zeesenkahns erwartete und forderte, daß derselbe zur Verhütung eines Zusammenstoßes anluven sollte. Hätte der Zeesenkahn dies gethan, wäre der Führer also von seinem Curse abgewichen, so würde er für den Unfall — wenn derselbe sich unter diesen Umständen ereignet hätte — verantwortlich zu machen gewesen sein. Richtig ist nur, daß später, als die Gefahr des Zusammenstoßes durch die falschen Manöver des Dampfers unmittelbar nahe gerückt war, der Führer des Zeesenkahns nach Artikel 23 der Verordnung hätte anluven und dadurch vielleicht die Collision vermeiden können. Hieraus kann aber zu Gunsten des Schiffers Prahm unter den obwaltenden Umständen ein Entlastungsgrund nicht hergeleitet werden.

Nach der eigenen Aussage des Schiffers Prahm kreuzte der Curs seines Dampfers — WNW — den des beim Winde segelnden Zeesenkahns — NNO — rechtwinkelig, also in einer Art, die für die Beurtheilung der Geschwindigkeit des letzteren als die denkbar günstigste bezeichnet werden muß. Die Ansicht, daß der Kahn vor seinen Netzen treibe, hätte sich daher bei sachgemäßer Beobachtung der Bewegungen dieses Fahrzeugs lange bevor die Gefahr eines Zusammenstoßes eintrat, als irrig herausstellen müssen.

Schiffer Prahm, der sich hätte bewußt sein müssen, daß ihm allein die Verpflichtung zum Ausweichen oblag, hätte daher ohne jegliche Schwierigkeit rechtzeitig jede Gefahr eines Zusammenstoßes vermeiden können, wenn er den deutlichen und klaren Vorschriften der Kaiserlichen Verordnung vom 7. Januar 1880 zur Verhütung des Zusammenstoßens der Schiffe auf See Folge geleistet hätte. Es war eine Kleinigkeit, die Maschine zu stoppen und den nur kurzen Zeesenkahn vorüberzulassen; der dadurch verursachte Zeitverlust konnte nicht in Betracht kommen. Aber auch nachdem sich beide Schiffe soweit genähert hatten, daß der Dampfer den Zeesenkahn auf vier Strich an Backbord hatte und die Gefahr eines Zusammenstoßes augenscheinlich war, hätte sich derselbe noch vermeiden lassen, wenn gestoppt und das Ruder hart Steuerbord gelegt worden wäre. Statt dessen behielt der Dampfer die volle Fahrt bei und versuchte, vor dem Zeesenkahn vorbeizugehen.

Diese Handlungsweise des Schiffers Prahm beweist, daß er sich entweder der einfachsten Pflichten, die ihm als Führer eines Dampfschiffs oblagen, nicht bewußt gewesen ist, und dieselben aus Unkenntniß gröblich verletzt hat, oder daß er eine unverzeihliche Nachlässigkeit bei der Führung seines Schiffes, wenn nicht gar eine vorsätzliche Zuwiderhandlung gegen das Wegerecht der Schiffe auf See sich hat zu Schulden kommen lassen. In jedem von diesen Fällen ist der Schluß gerechtfertigt, daß es dem Schiffer Prahm an Eigenschaften, welche zur Ausübung des Schiffergewerbes erforderlich sind, fehlt. In Folge dieses Mangels hat er den Unfall verschuldet. Eine Veranlassung zu milder Beurtheilung des Verhaltens des Schiffers Prahm vermag das Ober-Seeamt unter diesen Umständen weder aus der Thatsache zu entnehmen, daß die Schäden an den zusammengestoßenen Schiffen nicht sehr bedeutend gewesen sind, noch auch daraus, daß der Schiffer Prahm bei seiner bisherigen langjährigen Schiffsführung noch keinen Unfall erlebt oder herbeigeführt hat. Es war daher entsprechend dem Antrage des Reichscommissars der seeamtliche Spruch dahin abzuändern, daß dem Schiffer Prahm die Befugniß zur Ausübung des Schiffergewerbes, soweit sie mit dem Besitze des Befähigungszeugnisses eines Steuermanns verbunden ist, entzogen wird.

Der weitere gegen den Schiffer Prahm erhobene Vorwurf, nach dem Zusammenstoße nicht in gehöriger Weise auf die Hülfeleistung für das angerannte Schiff bedacht gewesen zu sein, ist nicht begründet. Denn auf der einen Seite ist glaubwürdig erwiesen, daß sich nach dem Zusammenstoß in dem Raume des Dampfers eine beträchtliche Menge Wasser befand und daß erst nachträglich festgestellt werden konnte, wie dieses Wasser nicht — wie anfänglich befürchtet werden mußte — durch ein bedeutendes Leck eingedrungen, sondern bei dem tief beladenen Schiffe von oben übergenommen sei. Der Schiffer Prahm war daher nach der Kaiserlichen Verordnung vom 15. August 1876 berechtigt, zunächst diejenigen Manöver zu unternehmen, welche zur Sicherung seines eigenen, anscheinend schwerer beschädigten Schiffes erforderlich schienen. Andererseits konnte schon bald nach dem Zusammenstoße festgestellt werden, daß eine Gefahr für den Zeesenkahn nicht vorhanden war, da in seiner Nähe mehrere gleichartige Kähne segelten, er selbst auch mit vollen Segeln direct auf Wollin Curs genommen hatte.

Den Schiffer Prahm trifft sonach in Bezug auf die oben angezogene Verordnung nur der Vorwurf, dem Führer des Zeesenkahns auf seine Frage nach dem Namen des Schiffes nicht geantwortet zu haben.

Schließlich ist zu bemerken, daß das Seeamt im Tenor seines Spruches auf einen „Verweis" gegen den Schiffer Prahm erkannt hat. Zweifellos sind die seeamtlichen Behörden zu einer Be- und Verurtheilung des Verhaltens eines Schiffers berechtigt; der obige

Ausspruch des Seeamts klingt jedoch an die Ausdrucksweise der mit Disciplinarstrafgewalt ausgestatteten Behörden an. Wenn das Seeamt den Ausdruck in diesem Sinne angewendet haben sollte, so müßte darauf hingewiesen werden, daß die Obliegenheiten und Befugnisse der seeamtlichen Behörden in Bezug auf die Schiffer durch §§ 4 und 26 des Gesetzes vom 27. Juli 1877 festgestellt sind und daß sich darunter die Befugniß, auf einen Verweis zu erkennen, nicht vorfindet.

Die baaren Auslagen des Verfahrens waren außer Ansatz zu lassen, weil die Beschwerde vom Reichscommissar eingelegt ist.

76. Spruch des Seeamts zu Danzig vom 23. Juni 1897, betreffend den Seeunfall des Flußdampfers „Mannheim VII".

Der Spruch des Seeamts lautet:

Der am 30. März 1897 in der Ostsee erfolgte Untergang des Dampfers „Mannheim VII" ist der Construction des Schiffes als Flußdampfer und dem während der Fahrt eingetretenen schweren Unwetter zuzuschreiben.

Es ist zu tadeln, daß in Pillau das Ruderblatt vergrößert wurde, ferner daß Schiffer Schmidt nicht, als er des Sturmsignals bei Leba ansichtig wurde, umkehrte, um Schutz unter Hela zu suchen und daß zur Rettung der Mannschaft Korkwesten nicht an Bord gewesen sind. Es empfiehlt sich, Flußdampfer, wenn sie eine Seereise zu machen gezwungen sind, nur in den Sommermonaten abgehen zu lassen.

Gründe. Im Auftrage der Mannheimer Dampfschleppschiffahrts-Gesellschaft zu Mannheim hatte die Firma F. Schichau zu Elbing im März 1897 einen für den Verkehr auf dem Rheine bestimmten Seitenrad-Schleppdampfer von 69 m Länge, 9,2 m Breite und 3,5 m Höhe fertiggestellt, welcher den Namen „Mannheim VII" erhielt. Das nach dem Querspanten-System aus 10—12 mm starken Stahlblechplatten gebaute Schiff hatte einen vollständig platten Boden und Spanten von 75 × 50 × 7 mm Stärke, welche 55 cm von einander abstanden. Die dreicylindrige Compound-Maschine von etwas über 1 000 indizirten Pferdekräften lag mittschiffs vor dem Kessel, zu dessen beiden Seiten sich die Kohlenbunker befanden. Ueber dem Kessel- und Maschinenraume war das aus Platten von 6 mm Stärke hergestellte Hauptdeck erhöht; dies erhöhte Deck war durch Treppen zugänglich gemacht. — Um die durch den Niveau-Unterschied der Decktheile bewirkte Stabilitäts-Minderung auszugleichen, waren die Seitenplatten der Erhöhung auf 10 mm verstärkt und die tiefer gelegenen Decktheile in den Maschinen- und Kesselraum hineinragend gemacht. Die Zahl der eisernen Schotte war 7, von welchen 3 vom Boden bis zum erhöhten Hauptdeck hinaufragten. Die Kammern für die Mannschaft waren hinten und vorn unter Deck eingebaut; hinten und vorn befand sich auch je ein zur Aufnahme von Wasserballast bestimmter Raum. Von den beiden zur Aufnahme von Waaren bestimmten Räumen lag der eine in der Nähe des Steuerruders, der andere unmittelbar hinter dem Maschinen- und Kesselraume. Ueber dem Maschinenraume befand sich ein durch das Steuerhaus bedeckter Dampfsteuerapparat mit zwei vertikal stehenden Cylindern von sechs Zoll Durchmesser und sechs Zoll Hub, dessen Steuerkette sich auf einer Kettentrommel auf- und abwickelte. Auf dem Hinterdeck war ein Pavillon erbaut. Die Takelung bestand aus einem Maste mit Breitfockraae, die sonstige Ausrüstung auf Deck aus einem Dampf-Ankerspill und zwei Rettungsbooten. Korkwesten waren an Bord nicht vorhanden. Das Schiff hatte zwei Schornsteine und vor wie hinter dem erhöhten Decktheile eine Schanzkleidung in Höhe von zwei Fuß.

An Ladung waren nur zwei in ihre Theile zerlegte Reserveräder für einen anderen Dampfer der Mannheimer Gesellschaft im Gesammtgewichte von 25 500 kg eingenommen. Hiervon waren etwa 150 Ctr. auf dem Vordeck am Mast, etwa 150 Ctr. in dem Waarenraume an der Deckserhöhung, etwa 150 Ctr. in dem Raume am Steuerruder und etwa 50 Ctr. auf dem hinteren Deck verstaut. Wasserballast wurde nicht eingenommen. Die Ueberführung des Dampfers nach dem Rhein war dem Schiffer Ernst Schmidt aus Pillau anvertraut, einem erfahrenen Seemann, der sich durch die glückliche Ueberführung einiger Torpedoboote von Elbing nach China Ruf erworben hatte. Ihm zur Seite stand als Steuermann der Schiffer A. Bognitz aus Groß-Stepenitz bei Stettin, gleichfalls ein bewährter Schiffsführer. Die übrige Besatzung des Schiffes bestand aus den Maschinisten:

Wilhelm Schattschneider aus Elbing,
Philipp Jacobsen aus Hamburg,
Julius Deppner aus Elbing und
Richard Büchner daher,

aus den Heizern:

Albert Wolkowski,
Paul Hildebrand,
Hermann Neumann und
Johann Grüzahn,

sämmtlich aus Elbing, aus dem Koch August Borchard daher und den Matrosen:

Reinhold Riemke,
August Arndt,
August Funk und
August Klein
aus Elbing.

Bei der Fahrt des Dampfers von Elbing nach Pillau zeigten sich insofern Mängel, als der dem Steuerapparat entströmende Dampf störend wirkte und das Schiff dem Ruder nur mangelhaft gehorchte. In Pillau wurde deshalb das Abdampfrohr des Steuerapparats tiefer gelegt und das Ruderblatt erhöht. Diese Erhöhung bestand aus einer 2,60 m langen und 0,50 m hohen, 1/2 Zoll starken Eisenblech-Platte, welche hochkant durch fünf Paar Laaschen so auf das Steuerblatt aufgesetzt wurde, daß sie auf der einen Seite 80 cm vom Ruderpfosten und auf der anderen Seite 25 cm vom Ende des Ruderblatts entfernt war. Die Fläche des Steuerruders wurde dadurch von 5,794 auf 6,776 qm vermehrt.

Nachdem die bezeichneten Arbeiten beschafft waren, wollte Schiffer Schmidt am 28. März mit seinem nur 1,045 m tief liegenden Dampfer in See gehen, schob die Abreise aber auf, weil in Pillau während dieses ganzen Tages das Sturmwarnungssignal „atmosphärische Störung" (Signalball) gehißt war. Als dieses Signal Abends 6 Uhr eingezogen war, wurde die Abreise auf den anderen Tag festgesetzt. Der 29. März brachte schönes Wetter, leicht bewegte See und mäßigen Wind aus SSO; das Barometer stand um 8 Uhr Morgens auf 747. Um 11 Uhr Vormittags verließ der Dampfer den Hafen; die Fahrt ging Anfangs glatt und ruhig von Statten. Das Schiff ließ sich vorzüglich steuern und Schiffer Schmidt sprach seine Befriedigung über die am Steuerruder vorgenommene Veränderung aus. Um 4 Uhr Nachmittags flaute der Wind völlig ab; das Barometer hatte einen auffallend niedrigen Stand. Um 5 Uhr war man quer ab von Leba und sah, daß dort der Sturmball gehißt war. Schiffer Schmidt sprach sich dahin aus, daß zwar böses Wetter im Anzuge sei, er aber für die Nacht noch auf ruhiges Wetter rechne und ungefährdet um 4 Uhr Morgens Swinemünde zu erreichen hoffe. Als man um 8 Uhr

Abends das Leuchtfeuer von Scholpin an Backbord und dasjenige von Jershöft voraus hatte, sprang eine leichte Briese aus SW auf, die sich im Laufe der nächsten Stunden zum Sturm aus Westen steigerte. Das Schiff stampfte gewaltig und nahm viel Wasser über, hielt sich aber gut und gehorchte dem Steuer.

Schmidt und Bognitz beriethen sich und beschlossen, Stolpmünde als Nothhafen anzulaufen, einstweilen aber noch vorwärts zu dampfen, weil ein Einlaufen in den Stolpmünder Hafen während der Nacht unmöglich sei und man also nicht vor Tagesanbruch vor Stolpmünde ankommen dürfe. Um 1 Uhr 45 Minuten Nachts, als man Funkenhagen-Feuer an Backbord voraus hatte, befahl Schiffer Schmidt zu wenden. Nachdem dies geschehen und die Geschwindigkeit vermindert war, lag das Schiff erheblich ruhiger und lief mit etwa 10 Knoten Geschwindigkeit vor dem Winde, eine Entfernung von 6—8 Seemeilen von der Küste einhaltend. Um 2 Uhr 30 Minuten zersprang ohne besondere sichtbare Veranlassung mit lautem Knall der Dampfsteuerapparat. Die Untersuchung ergab, daß die Welle unmittelbar hinter der Kettentrommel, der Ausrucker, die Klaue und der Steuerbock gebrochen waren. Schiffer Schmidt ließ nun sofort die Dampfsteuerung abkuppeln und alle Mann auf Deck rufen um eine Nothsteuerung herzustellen. Es wurden Taljen an der Ruderpinne befestigt und, da mit diesen das Ruder nicht zu bewältigen war, die vier Kettentaljen, in welchen die Rettungsboote hingen, an die Ruder angelegt. Nachdem dies geschehen war, konnte unter Anspannung der ganzen Besatzung das Ruder je nach Erfordern steuerbord oder backbord gelegt werden.

Die Fahrt ostwärts fortsetzend, war man bei fortwährend schlechtem Wetter und hoher See um 9 Uhr Morgens in die Nähe von Scholpin gekommen, als plötzlich, während die Mannschaft gerade an den Taljen mit Umlegen des Steuerruders beschäftigt war, ein Krach ertönte und das Schiff in der Mitte sank, während Bug und Hintertheil sich aus dem Wasser hoben. Das Schiff war in der Mitte unmittelbar hinter dem erhöhten Deck gebrochen. Schiffer Schmidt, erkennend, daß das Schiff unrettbar verloren sei, gab sofort den Befehl zum Klarmachen der beiden Rettungsboote, welche bei Entnahme der Kettentaljen auf Deck gestellt waren. Es gelang auch das Backbordboot zu Wasser zu bringen und das Steuerbordboot nach der Backbordseite hinüberzuschaffen. Dieses Boot konnte aber nicht mehr zu Wasser gebracht werden, da das Schiff von der Mitte aus zu schnell wegsank. Eine Eintheilung der Mannschaft für die beiden

Boote wurde nicht vorgenommen. Schon im Wasser stehend sprangen 7 Mann — Schattschneider, Deppner, Büchner, Borchard, Riemke, Funk und Klein — in das Backbordboot und stießen ab. Ihnen rief Bognitz zu: „Leute, wollt Ihr Euch denn mit Gewalt ersäufen?"

Die Radkasten waren damals schon unter dem Wasser verschwunden; das Hintertheil des Schiffes mit dem Steuerruder stand aufrecht; nur das Vorderende bot den Zurückgebliebenen noch Raum. Von diesen ist einer auf den Mast geklettert, aber alsbald weggespült. Die Uebrigen scheinen in dem Steuerbordboote Platz genommen zu haben und mit diesem beim Sinken des Dampfers von Deck gespült zu sein. Von dem erstgenannten Boote aus, welches Dank seinen Luftkasten trotz der bewegten See nach sechsstündiger harter Arbeit mit allen Insassen östlich von Leba an Land kam, ist das Steuerbordboot etwa 5 Minuten lang schwimmend mit vier aufrecht und unthätig darin stehenden Männern gesehen, dann ist es verschwunden. Hiernach kann es keinem Zweifel unterliegen, daß Schiffer Schmidt, Steuermann Bognitz, der Maschinist Jacobsen, die Heizer Wolkowski, Hildebrand, Neumann und Grüzahn und der Matrose Arndt ihren Tod in den Wellen gefunden haben.

Die Ursache der Katastrophe ist darin zu erblicken, daß das nur für den Flußverkehr gebaute Schiff einem so schweren Wetter, wie es in der Nacht vom 29. zum 30. März 1897 in der Ostsee herrschte, nicht gewachsen war. Die „Mannheim VII" ist offenbar vorn und hinten gleichzeitig von zwei hohen Wellenbergen gehoben, so daß die über dem Wellenthale befindliche Mitte des Schiffes frei gelegen und jeder tragenden Unterstützung entbehrt hat. Bei dieser Lage hat der Boden des Schiffes das schwere Gewicht von Maschine, Kessel und Kohlen nicht zu tragen vermocht und ist durchgebrochen. Wie die durch den Sachverständigen, Schiffsbaumeister Johannzen aus Danzig, vorgenommene Prüfung der von der Firma F. Schichau eingereichten Zeichnungen ergeben hat, ist das verunglückte Schiff durchaus solide und für einen Flußdampfer sogar besonders stark gebaut gewesen. Die verhältnißmäßig große Länge des Schiffes, das große Gewicht der besonders starken Maschine und Kessel, die durch Erhöhung des mittleren Decktheils bewirkte Stabilitäts-Minderung und die Verstauung von 150 Centner Ladung unmittelbar neben den Kesseln haben zusammengewirkt, die Gefahr der durch den Sturm geschaffenen Lage des Schiffes zu erhöhen. Der Erbauerin, welche eine solche Lage des Schiffes nicht in Rechnung ziehen konnte, und den Dampfer seiner Bestimmung entsprechend construirte, kann kein Vorwurf gemacht werden.

Eine andere Frage ist, ob nicht eine Unvorsichtigkeit darin erblickt werden muß, daß der Dampfer unter den damaligen Witterungsverhältnissen in See ging. Durch Erfordern amtlicher Auskunft vom Königl. Lootsen-Commandeur zu Pillau ist festgestellt, daß dort am 29. März 1897 das Barometer

um 8 Uhr Morgens auf 747,0
um 12 Uhr Mittags auf 741,8
um 5 Uhr Nachmitt. auf 739,5

gestanden hat, und daß das am Tage vorher Abends 6 Uhr eingezogene Sturmwarnungssignal erst Mittags 12 Uhr wieder gehißt ist. In Stolpmünde ist am 29. März 1897 der Barometerstand um 8 Uhr Morgens 738,2 gewesen und das Sturmwarnungssignal ist dort um 11 Uhr 10 Minuten Vormittags gehißt. Für Neufahrwasser hat das Küstenbezirks-Amt I den Barometerstand des genannten Tages angegeben auf

741,1 um 8 Uhr Morgens,
738,3 um 2 Uhr Nachmittags,
739,5 um 8 Uhr Abends.

Das Sturmwarnungssignal auf Hela ist um 12 Uhr 45 Minuten Mittags gehißt worden.

Diese Daten ergeben, daß für Schiffer Schmidt keine dringende Veranlassung vorlag, die Ausreise am 29. März zu verschieben, wie er sie am 28. verschoben hatte. Als die „Mannheim VII" um 11 Uhr Vormittags den Hafen von Pillau verließ, war der Barometerstand nicht geradezu beunruhigend und das Sturmwarnungssignal war noch nicht gehißt; als dies gehißt wurde, war der Dampfer schon zu weit entfernt, als daß es noch hätte bemerkt werden können. Auf Hela war, als die „Mannheim VII" dort passirte, der Warnungsball gehißt; von den Ueberlebenden hat ihn aber Niemand bemerkt. Der Dampfer ist auch jedenfalls dort in so großer Entfernung vorbeigekommen, daß das Signal nicht sichtbar gewesen ist. Schiffer Schmidt würde sonst wohl in der Danziger Bucht Schutz gesucht haben. Als man um 5 Uhr Nachmittags bei Leba das Sturmwarnungssignal erblickte, wäre es richtiger gewesen, sofort umzukehren, statt weiter zu dampfen. Man hätte noch vor Ausbruch des Sturmes Neufahrwasser erreichen können. Das damals noch schöne Wetter hat aber im Schiffer die Hoffnung erzeugt, noch zeitig genug Swinemünde erreichen zu können. Als sich diese Hoffnung als trügerisch erwies und der Sturm bis zur Windstärke 10 angeschwollen war, blieb dem Schiffer nichts anderes übrig, als das Schiff vor den Wind zu bringen.

Auffallend ist dabei, daß der Schiffer sein Schiff stets in einer verhältnißmäßig großen Entfernung von der Küste gehalten hat, während er bei dem geringen Tiefgange des Dampfers unbesorgt bis auf eine Seemeile herangehen und dadurch die Gefahr mindern und die eventuelle Rettung durch Boote erleichtern konnte. Vielleicht ist dies darauf zurückzuführen, daß Schiffer Schmidt der Steuerfähigkeit seines Dampfers nicht recht getraut hat. Die vernommenen Matrosen Riemke, Funk und Klein bekunden, daß das Schiff nach der Umkehr bald näher bald weiter vom Lande gewesen sei, und daß Schiffer Schmidt darüber gescholten habe, daß der Mann am Steuer stets zu viel Ruder gebe. Diese beiden Umstände führen auf die Vermuthung, daß durch das schwere Wetter der Ruderstamm in sich selbst verdreht worden ist, so daß der Zeiger am Steuerapparat eine andere Stellung angegeben hat, als der Wahrheit entsprach.

Die Vergrößerung des Steuerruders in Pillau war ein Fehler. Die ursprüngliche Steuerfläche genügte vollständig, dem Schiffe auf See eine gute Steuerfähigkeit zu geben. Wenn die Steuerfähigkeit auf der Fahrt von Elbing nach Pillau schlecht gewesen ist, so ist der Grund dafür in dem flachen Wasser des Haffs zu erblicken. Entgegen der Anordnung des Schiffers Schmidt wäre es rathsam gewesen, das Ruder für die Ueberführung nach Rotterdam zu verkleinern und erst für die Flußfahrt, bei welcher die Steuerfähigkeit geringer wird, eine Vergrößerung vorzunehmen.

Ist es richtig, daß durch die übermäßig große Steuerfläche und das schwere Wetter eine Verdrehung des Ruderstamms bewirkt ist, so erklärt sich auch leicht der sonst räthselhafte Bruch des Dampfsteuer-Apparats. Die Firma Clarke, Chapman & Co. genießt eines wohlbegründeten Rufes, und die von ihr gelieferten Steuerapparate haben sich stets bewährt. Die Welle ist fast 3 Zoll stark gewesen. Die Bruchstelle hat, wie Maschinist Schattschneider festgestellt hat, nicht die geringste Spur eines Schadens oder eines Fehlers im Material gezeigt. Unter diesen Umständen ist kaum anzunehmen, daß blos der Druck des Wassers auf das Ruder den Bruch herbeigeführt hat. Wenn aber der Zeiger am Apparat falsch zeigte, und der Mann am Steuer während das Ruder z. B. bereits hat Backbord lag, in der Meinung, es noch mehr Backbord legen zu müssen, weiter drehte, so ist leicht erklärlich, daß am Apparat etwas reißen oder brechen mußte.

Aus der Verwendung der Kettentaljen, in welchen die Boote hingen, zur Herstellung einer Handsteuerung kann dem Schiffer kein Vorwurf gemacht werden, denn die unverzügliche Wiederherstellung der

Steuerfähigkeit des Schiffes war in jenem Augenblicke das Wichtigste. Freilich ist dadurch die spätere Benutzung des größeren Steuerbordbootes gehindert worden. Die Ausrüstung der Boote, von denen jedes nach dem Zeugnisse der Ueberlebenden mit Luftkasten, zwei Paar Riemen und einem Rettungsringe versehen war, läßt nichts vermissen. Dagegen ist es zu tadeln, daß Korkwesten für die Besatzung nicht an Bord waren.

Daß eine Eintheilung der Mannschaft für die beiden Boote nicht stattfand, und daß die Geretteten ohne Befehl des Schiffers in das zu Wasser gebrachte Backbordboot sprangen, ist zwar ungehörig, erklärt sich aber durch die Plötzlichkeit der Katastrophe, die Nothwendigkeit, das sinkende Schiff auf das Schleunigste zu verlassen und die anscheinend von Schmidt wie Bognitz getheilte Ueberzeugung, daß jede Rettung ausgeschlossen sei.

Der Unfall, welcher acht Seeleuten das Leben gekostet hat, mahnt zur größten Vorsicht, wenn Flußdampfer eine Seereise zu machen haben. Die Frühlingsmonate mit ihrem rasch wechselnden Wetter sind dazu ungeeignet. Ohne zwingende Veranlassung sollten dazu nur die Sommermonate benutzt werden.

Inhalt (Fortsetzung von Seite 2 des Umschlags).

FSC
www.fsc.org
MIX
Papier | Fördert gute Waldnutzung
FSC® C083411

Kolibri 360 GmbH
Ferdinand-Jühlke-Straße 7
99095 Erfurt, Deutschland
produktsicherheit@kolibri360.de